红二、六军团在湘西塔卧时期革命活动研究

田修胜◎著

中国言实出版社

本书系湖南省社科基金资助项目
“湘西少数民族地区红色文化基因传承研究”
（项目编号：18YBA353）阶段性研究成果

图书在版编目（CIP）数据

红二、六军团在湘西塔卧时期革命活动研究 / 田修胜著 . -- 北京 : 中国言实出版社，2019.11

ISBN 978-7-5171-3209-7

Ⅰ . ①红… Ⅱ . ①田… Ⅲ . ①红二军团—军队史—研究②红六军团—军队史—研究 Ⅳ . ① E297.2

中国版本图书馆 CIP 数据核字（2019）第 213582 号

出 版 人 王昕朋
总 监 制 朱艳华
责任编辑 敖 华
责任校对 霍 瑶
出版统筹 刘 力
责任印制 佟贵兆
封面设计 刘 云

出版发行 中国言实出版社

地 址：北京市朝阳区北苑路 180 号加利大厦 5 号楼 105 室
邮 编：100101
编辑部：北京市海淀区北太平庄路甲 1 号
邮 编：100088
电 话：64924853（总编室） 64924716（发行部）
网 址：www.zgyscbs.cn
E-mail：zgyscbs@263.net

经　　销 新华书店
印　　刷 北京虎彩文化传播有限公司
版　　次 2019 年 11 月第 1 版　2019 年 11 月第 1 次印刷
规　　格 710 毫米 ×1000 毫米　1/16　15.5 印张　**字　　数** 230 千字
定　　价 45.00 元　ISBN 978-7-5171-3209-7

内容提要

1934年10月24日，贺龙、关向应、夏曦领导的红三军与任弼时、萧克、王震率领的红六军团在贵州省印江县木黄镇胜利会师。根据党中央的指示，红三军恢复红二军团的番号。两军会师后，红二、六军团在任弼时、贺龙、关向应、萧克等领导下统一行动。10月28日，红二、六军团主力经短暂休整之后就向湘西的永顺、保靖、龙山、桑植、大庸等地挺进，开展湘西攻势。11月26日，遵照中共中央电示，在大庸成立以任弼时为书记的中共湘鄂川黔临时省委，以贺龙为司令员、任弼时为政治委员的湘鄂川黔省军区以及省革命委员会，湘鄂川黔革命根据地宣告成立。12月10日，湘鄂川黔革命根据地迁至永顺塔卧。1935年4月12日，湘鄂川黔革命根据地撤离塔卧，结束了在当地122天的革命历史。

本书分四个部分，主要从四个不同的视角对湘鄂川黔革命根据地在湘西塔卧时期红二、六军团的革命活动进行研究。

第一部分，红二、六军团的发展历程。

1928年8月1日，革命军在桑植乐育召开南昌起义一周年纪念大会，贺龙在会上宣布成立中国工农革命军第四军（即红四军）。贺龙任军长，恽代英任党代表（未到职），参谋长由湘西特委派来的黄埔军校一期生黄鳌担任。1930年7月4日，红四军与周逸群、段德昌等人组建的鄂西红六军在湖北省公安县会师。7月7日，两军在公安召开联席会议，红四军改称红二军。随后两军开始北渡，几天后在湖北江陵县普济观召开红二军团前委会，正式成立红二军团。贺龙任总指挥，周逸群任前委书记兼政治委员。1931 年 3 月底，红二军团在湖北省长阳县枝柘坪召开会议，决定按照中共中央的指示，将红二军团缩编为红三军，贺龙任军长，邓中夏任政治委员。1934 年 10 月 24 日，贺龙、关向应、夏曦领导的红三军与任弼时、萧克、王震率领的红六军团在贵州省印江县木黄镇胜利会师。10 月 26 日，两军团在川、贵边界的南腰界举行了隆重的庆祝会。会上，任弼时宣读了中央贺电。按照中央的决定，红三军恢复红二军团的番号，贺龙任红二军团军团长，任弼时任政委。红六军团军团长为萧克、政委为王震。从此，红二、六军团在贺龙、任弼时、关向应和萧克、王震等同志的领导指挥下，结成了一个团结战斗的整体。

第二部分，湘鄂川黔革命根据地的光辉历史。

第一，阐述了湘鄂川黔革命根据地的形成过程。1928 年，贺龙、周逸群、邓中夏、段德昌、贺锦斋等在湘鄂边进行游击战争，开创了湘鄂边革命根据地，成立了中国工农革命军第四军（即红四军）。1930 年，周逸群、段德昌等开创了洪湖革命根据地，成立了中国工农红军第六军。1930 年 7 月，红四军、红六军在湖北公安县会师，组成中国工农红军第二军团。湘鄂边、洪湖两个根据地连成一片，形成了湘鄂西革命根据地。红二军团在湘鄂西革命根据地的革命过程中，1931 年 3 月按照中共中央的指示缩编为红三军。红三军在湘鄂西革命根据地的革命斗争失败后，1934 年 6 月转战至黔东。6 月 19 日，红三军进驻沿河之枫香溪。湘鄂西中央分局在此召开会议，决定创建黔东苏区。6 月 27 日，红三军在枫香溪召开了群众大会，并通过了《沿河县第五区革命委员会斗争草案》，为创建黔东根据地的中心区域迈出了第一步。截至 1934 年 9 月，黔东苏区拥有印江、德江、沿河、松桃、酉阳等五县部分地域，纵横近 200 里，人口 10 万以上，并建立了特区党的工作委员会和青年团工作委员会，发展了部分新党员，建立了 17 个区革命委员会、67 个乡苏维埃，分配了土地，黔东革命根据地全面形成。1934 年 8 月，中共湘鄂西中央分局决定，红三军一方面要巩固和发展黔东特区根据地，另一方面要东出湘西，在湘鄂川边恢复老根据地，发展新根据地，以形成湘鄂川黔革命根据地的大局面。

1934 年 10 月 24 日，红六军团与红三军在贵州省印江县木黄镇胜利会师。

10月26日，两军在南腰界举行了庆祝会师大会，红三军恢复了红二军团的番号。从此，来自两个战略区的两支红军，结成了一个团结战斗的整体。10月28日，红二、六军团从南腰界出发，向湘西发动了攻势。11月7日，红二、六军团占领了湘西重镇永顺县城，取得了湘西攻势的初步胜利。11月16日，红二、六军团取得十万坪大战的胜利，为创建湘鄂川黔革命根据地奠定了坚实的基础。11月26日，根据中共中央书记处及中革军委电示，中共湘鄂川黔边临时省委、湘鄂川黔边军区在湖南省大庸县成立。同时，成立中华苏维埃共和国湘鄂川黔省革命委员会。这标志着湘鄂川黔革命根据地正式形成。

第二，论述了湘鄂川黔革命根据地的战略地位。首先，湘鄂川黔革命根据地是策应中央红军胜利长征的战略基地。湘鄂川黔革命根据地时期，红二、六军团共吸引了30多万敌人，成功地配合了中央红军的战略转移。红二、六军团开辟湘鄂川黔革命根据地，掩护了红一方面军与红四方面军的胜利会师。红二、六军团经过两个多月的苦战，接连占领了咸丰、来凤、永顺、大庸、桑植、龙山、慈利、宣恩、鹤峰等地域，开辟了新的革命根据地，威胁了追击红一方面军的敌人的后方和进击红四方面军的敌人的侧翼，迫使敌人不得不分兵来对付红二、六军团。其次，湘鄂川黔革命根据地还是孕育红二方面军的肥沃土壤。红二方面军就是在红二、六军团的基础上发展起来的。湘鄂川黔革命根据地在湘西建立后，不断地巩固和发展，使得红二、六军团有了稳定的立足地而得以不断发展壮大。1936年7月1日，红二、六军团与红四方面军在甘孜会师。7月5日，红二、六军团与红三十二军合编成红二方面军。从一定意义上可以说，红二、六军团是红二方面军的雏形。再次，湘鄂川黔革命根据地是增强当地少数民族对中国共产党认同感的实践中心。湘鄂川黔革命根据地各少数民族与红二、六军团全体官兵并肩作战、同舟共济，共同书写了一段光辉的历史。在根据地的革命斗争中，红二、六军团始终保持与根据地人民群众的血肉关系，坚持人民的利益高于一切，坚决维护根据地人民群众的根本利益，涌现出了诸如“一条裤子”、“两个红薯”、“100块大洋”、“不拿群众一针一线”

等不计其数的感人事迹。这些感人的细节正是中国共产党人热爱人民群众的精神品质的生动体现，增强了当地少数民族对中国共产党的认同感。正是在中国共产党领导的红军将士们的高尚品质的感染下，涌现出一大批少数民族的英雄儿女，他们积极参加红军，支援前线，照顾伤员，为根据地建立与建设作出了不可磨灭的贡献。最后，湘鄂川黔革命根据地是提供以弱胜强战斗范例的军事平台。红二、六军团在湘鄂川黔边区这块广袤的战场上所进行的反“围剿”战争，都是面对强大的敌人，但由于打得机动灵活，有声有色，所以提供了许多红军以弱胜强的光辉战斗范例。

第三，记叙了湘鄂川黔革命根据地在塔卧时期红军的主要革命活动。湘鄂川黔革命根据地于1934年11月26日在大庸建立，12月10日迁至永顺塔卧，1935年4月12日离开塔卧，历时4个多月共122天。在这122天时间内，红军开展了一系列革命活动。例如，建立各级党组织及革命政权、建设革命武装、发展根据地财政经济文化、开展土地革命斗争、开展扩红运动、清剿地主武装和土匪等。

第四，记叙了湘鄂川黔革命根据地时期红军在永顺及周边发动的重要战役。如十万坪大战、血染天堂、后坪之战、陈家河—桃子溪战斗、围困龙山、板栗园之战等。

第五，论述了湘鄂川黔革命根据地的成功经验。如认真学习和深入研究遵义会议决议，深刻地认识到必须以坚决的胜利的战斗才能创造新的苏区，必须在领导机关中建立集体领导、团结一致才能创造新苏区等。

第三部分，湘鄂川黔革命根据地时期永顺人民的历史贡献。

湘鄂川黔革命根据地时期，永顺县各族人民积极支持红军，他们为根据地的建立、苏维埃政权的巩固、根据地各项建设、反对敌人的反革命“围剿”、策应中央红军的长征、照顾红军伤员、保护红军留下的重要文物等方面作出了巨大的贡献，用大无畏的牺牲精神谱写了一段光辉的历史。在反“围剿”战争开始后，永顺人民无论土家、苗、汉等民族，也无论男女老少，人人以不怕牺牲的精神投入了保卫苏维埃的战斗，全县有8万多人参加和支援红军作战，11800多人牺牲。

第四部分，红色的记忆。

首先，展示了湘鄂川黔革命根据地时期红军的重要文件、电报、通知、决议等。例如，《红二、六军团决定东进湘西给中革军委的电报》、《红二、六军团东进湘西途中给中革军委的电报》、《中共湘鄂川黔边区临时省委通知（第一号）》、《湘鄂川黔省革命委员会没收和分配土地的条例》、《中共湘鄂川黔省委制定的分田工作大纲》、《中央政治局关于战略方针之决定》、《中共湘鄂川黔省委关于新区党的组织问题决定》、《中共湘鄂川黔省委、军区政治部关于游击队中党的工作的指示》、《中共湘鄂川黔省委关于旧历年关斗争的决定》、《关于粉碎敌人大举进攻最后的彻底的粉碎敌人五次“围剿”前面党的紧急任务——任弼时在中共湘鄂川黔省委第二次党的活动分子会议上的报告》、《红六军团政治部关于党团员在战斗中的任务》、《中共湘鄂川黔省委关于土地问题的决定》等。

其次，收录了流传在永顺的民间歌谣。例如，《好比儿女望爹娘》、《穷人天天盼红军》、《穷人只望贺龙军》、《听说红军翻了界》、《翻身日子就要到》、《红军到了我的家》、《对待百姓亲一家》、《红军是我穷人军》《想红军来爱红军》、《定把江山夺回来》、《村里来了贺龙军》、《红军进了村》、《最好队伍是红军》等。

最后，记录了流传于永顺的红色故事。例如，《智算“华容道”》、《巧摆“骄兵计”》、《扔炸弹》、《马夫》、《稻草人》、《踩生》、《封条》、《神医》、《田三姐护伤员》等。

目录

第一章
红二、六军团的发展历程

红二、六军团的发展，经历了一个曲折的过程。1928 年 8 月 1 日，革命军在桑植乐育召开南昌起义一周年纪念大会，贺龙在会上宣布成立中国工农革命军第四军（即红四军）。1930 年 7 月 4 日，红四军与周逸群、段德昌等人组建的鄂西红六军在湖北省公安县会师，红四军改称红二军。随后两军开始北渡，几天后在湖北江陵县普济观召开二军团前委会，正式成立红二军团。1931 年 3 月底，红二军团在湖北省长阳县枝柘坪召开会议，根据中共中央的指示将红二军团缩编为红三军。1934 年 10 月 24 日，贺龙、关向应、夏曦领导的红三军与任弼时、萧克、王震率领的红六军团在贵州省印江县木黄镇胜利会师。10 月 26 日，两军团在川、贵边界的南腰界举行了隆重的庆祝会，决定红三军恢复红二军团的番号。从此，红二、六军团在贺龙、任弼时、关向应、萧克和王震等同志的领导指挥下，统一行动。

一、红四军

（一）贺龙回湘西

1927 年 8 月 1 日，周恩来、贺龙、叶挺、朱德、聂荣臻等在南昌发动起义，打响了武装反抗国民党反动派的第一枪。之后，经过几个月的苦战，起义军转战千里，最终在广东潮汕地区失利，部队大部分失散，少数队伍由朱德、陈毅等率领辗转上了井冈山。与此同时，共产党人在湘赣边界和广州等地也分别作了艰苦的努力，但都未能成功。这些努力失败后，白色恐怖几乎笼罩了全中国。起义失败后，贺龙、卢冬生等人曾辗转到香港，后抵上海。

根据当时革命的形势，中共中央通过会议讨论商量，决定派刘伯承、贺龙等人去苏联学习军事，为后续革命奠定基础。贺龙从周恩来口中得到消息后，通过再三考虑，决定放弃出国学习的机会，并向中央申请回湘西重拉队伍。最后，中共中央经过研究，同意了贺龙的请求，并决定由贺龙、周逸群、郭亮、柳直荀、徐特立等 5 人组成中共湘西北特委，由郭亮任特委书记，其余 4 人为委员。中共湘西北特委的任务是在湘西北发动群众，建立工农革命军，创建革命根据地，开展游击战争。同时，中央决定派原国民革命军第二十军第三师师长周逸群以及卢冬生、李良耀等 7 人随贺龙去湘西，并组织了以周逸群为书记的中共湘鄂边区前敌委员会。中共中央要求他们尽快在湘西地区拉起一支正规红军队伍，预定的番号是红四军。

1928 年 1 月中旬，在一个阴云低垂、北风凛冽的日子里，贺龙、周逸群、卢冬生、滕树云、史庶元等一行 10 余人化装成商人，由上海登上江轮，混在旅客中，乘船溯江而上，直赴汉口。当时，以郭亮为首的中共湖北省委正在策划武汉三镇起义，当他们知道贺龙一行到达武汉时，非常高兴，信心百倍。中共湖北省委委任贺龙为起义军总指挥，负责武汉三镇起义。于是，贺龙一行在汉口东方旅馆旁租了一间房子，作为起义总指挥部。

1 月 14 日晚，桂军破坏了印刷起义传单的工厂，查获了已经印好的全部宣传品，掌握了起义的情况，原计划趁当夜祭灶的爆竹声打响的武汉三镇的起义宣告流产。

1 月 15 日晚上，贺龙、卢冬生一行通过汉口江汉关码头乘坐江轮直奔湘鄂西。1 月 17 日，江轮抵达洪湖腹地。1 月 20 日，贺龙一行到达湖北监利县洪湖中的观音洲。在那里，他们消灭了一小股团防，为民除了害，搞到了 10 多条枪之后，离开了观音洲。

1 月 21 日，周逸群、贺龙等路过监利县，首先找到了由贺龙的堂弟、原南昌起义时第二十军的师长、共产党员贺锦斋领导的一支游击队，随后又与石首中心县委和鄂中特委取得了联系，决定参加他们正在组织的年关暴动，集中几支游击队，给反动派以有力的打击。1月底，吴仙洲领导的石首游击队和肖仁谷领导的鄂中游击队，先后同贺锦斋领导的游击队在监利的下车湾会合。这三支游击队共有500多人、300多支枪，编成3个大队，树起了四十九路工农革命军的旗帜。在周逸群、贺龙的领导下，经过10多天的连续战斗，攻克了上车湾、朱河、砖桥、长岗庙、调弦口等市镇，消灭了多股团防和土匪武装，缴枪100多支，并镇压了一批土豪劣绅，有力地配合了南县、华容、石首、江陵、公安、监利、沔阳等县的暴动。在这些暴动过程中又组成了以陈香波领导的江陵游击队和屈阳春领导的另一支石首游击队。2月18日，贺龙等率人进攻监利县城，攻城失利。

攻打监利县城失利后，周逸群、贺龙召集有关领导人在石首县（今石首市）焦山河举行会议，决定把所有部队交给石首中心县委和鄂中特委统一领导，周逸群、贺龙等前往湘西北完成中央赋予的任务，即在湘西北地区发动群众，组织武装开展游击战争，建立工农革命军，创建革命根据地。

1928年2月28日，周逸群、贺龙一行10余人回到了贺龙的故乡湘西北桑植县洪家关。

（二）故乡闹革命

周逸群、贺龙等来到洪家关时，正逢贺家的亲友旧部领导的武装之间发生冲突。贺龙当即予以制止，向他们晓以大义，并依照当时的情况，在保持各自的人枪、编制的条件下，把他们组织了起来。

1928年3月下旬，贺龙经过一个月的艰苦工作，终于调和了各方面的矛盾，由贺龙出面在桑植组织的武装已有10多支，分别由王炳南、刘玉阶、李云清、钟慎吾、谷志龙以及贺龙的大姐贺英领导。此时，当地武装共有3000多人，2000多支枪，他们打起工农革命军的旗帜。

4月2日，工农革命军正式成立，贺龙任军长，周逸群任党代表，黄鳌任参谋长，下辖一个师，师长贺锦斋。师以下设团，一团主要由李云清、钟慎吾、王炳南等贺龙旧部武装组成，团长李云清。二团主要由刘玉阶、刘子维、谷志龙等亲族武装组成，团长贺桂如。营、连建制基本上以原来各股武装为基础，以原各首领任主官。贺英、贺满姑的人枪编为直属队。每团编有1000余人，全军有枪2000多支，旗号是工农革命军。当天，贺龙率部从东、西、北门同时向桑植县城发起了进攻，战斗不到一小时，革命军就完全控制了桑植县城，升起了绣有镰刀、斧头的红旗。当夜，成立了中共桑植县委，李良耀为书记。4月3日上午，以李良耀为主任的桑植县革命委员会宣告成立，颁发了《工农革命军布告》，接管桑植县政权。

工农革命军大旗一举，立刻引起敌人的恐慌，"湘西王"陈渠珍听到这个消息后又气又恨，他急忙派人传令所部两个团火速进兵："探得贺龙有众两千，半系乌合。贺本人驻洪家关，另股盘踞县城。令向姜两团会商，先夺取县城，次攻洪家关，绝其根株。"

此时，贺龙考虑到桑植县城一面临澧水，其余三面山势陡峭，缺少回旋余地，就决定留一个团驻守县城，配合新成立的县委开展工作，自带着人马回驻洪家关，以便与县城形成犄角之势，互相呼应。

敌将姜文周在永顺接到陈渠珍命令，刚着手作出兵的准备，陈渠珍急如星火的督催令又接二连三地发到。于是，他顾不得许多，急匆匆地领着自己一团人马就上路了。

不料，还是被国民党黔军第四十三军第三师第五旅龙毓仁旅抢在了前头。4月初，龙毓仁兵分两路，一路进攻县城，一路直扑洪家关。在敌人进攻面前，工农革命军由于刚刚集中来不及整训，加之贺龙为筹备粮食、经费去了走马坪，部队缺乏统一指挥的核心人物，在梨树垭、洪家关、苦竹坪等地战斗失利，部队溃散，一些原地方武装首领带着自己的原班人马回到各自的山寨、地盘。一些零散小股、散兵流散在四周深山密林中。周逸群则转往鄂西的石首地区，从此很长一段时间与贺龙失去了联系。情急之下，贺龙只得带领卢冬生等10多个人在桑植、鹤峰两县边境的红土坪一带一边打听周逸群的下落，一边收集失散的部队。

到了5月初，经过20多天的往来奔波，贺龙又集合了400多人，在桑植、鹤峰边界活动。贺锦斋、陈协平、张一鸣、李良耀等人先后与贺龙汇合。各股部队之间也陆续取得了联络，一些零星人员还在陆续归队，贺龙领导的革命队伍很快又壮大起来。

龙毓仁毫不费力地击溃了贺龙领导的工农革命军后，自以为大功告成，顺顺当当地派人进驻桑植县城，再不去管革命军余部，而是向县城收缩兵力。

“湘西王”陈渠珍得知龙毓仁抢先于姜文周打了个便宜仗，心中本来就有几分不快，又闻龙毓仁有长期盘踞、经营桑植的打算，不禁大为光火。

陈渠珍一面派人与龙毓仁交涉，一面指令已入桑境的两个团会同桑植地方团防监视、限制黔军的行动，同时以“清剿残匪”为名调兵遣将，向龙毓仁施加压力。

龙毓仁看出桑植不可久留，只好做出捞一把再走的主意，日日上门要粮要款要械弹。

此时在桑植、鹤峰边界活动的贺龙正全心全意地加紧收拾、整理革命的队伍，忙得不亦乐乎。

6 月份，黔军龙毓仁所部碍于桑植地方的态度和陈渠珍的进逼，只得从桑植西撤。6 月下旬，龙毓仁所部主力已经进入鄂西境内，桑植只剩下小部分辎重，由参谋长张策负责收拾押运。贺龙决定抓住这个机会，打击敌人。6 月 25 日，张策的部队在澧水边的小埠头被贺锦斋与王炳南收拾，张策被流弹击中，当场毙命。正在顽抗的黔军看见张策死去，连忙举枪投降。王炳南带着一部分战士率先冲到黔军跟前，缴了他们的械。当贺龙赶来巡视战场时，100 多支好枪和几十担粮食、布匹、子弹、银元、烟土等五花八门的物资已经集中堆成了几大堆，几十个垂头丧气的黔军士兵靠崖坐了一大片。贺龙对俘虏们进行了一番教育，然后吩咐贺锦斋给他们每人发点路费，放他们回去了。

贺龙的工农革命军毙了张策的消息不胫而走，在当地及周边产生了很大的影响。桑植城里几个头面人物还没来得及高兴就又过起了提心吊胆的日子。这时，4 月间与贺龙失散的小股队伍、零散人员闻讯也纷纷寻来归队。

为继续扩大影响，贺龙大张声势地扯起红旗搞宣传。所到之处贴标语、开大会，行军途中逢村过寨呼口号、唱革命歌曲，以此发动群众。

在强大的宣传攻势下，贺家亲戚也是贺龙旧部的文南浦带着手下几百人赶来加入革命军。4 天之内，队伍由 500 来人急增到 1500 余人。

6 月 29 日，贺龙率部一路扩军，并乘胜重占洪家关。

就在贺龙重占洪家关的当夜，姜文周、陈策勋从桑植县城内外率部倾巢而出，悄悄摸到洪家关附近，只等天亮就突然袭击。

第二天一早，贺龙得到姜、陈率部杀到的消息时，四周已经枪声大作。不一会儿，一团团长李云清就中弹牺牲。贺龙一下子折了一员大将，心知仓促应战已经不利，再要消耗下去更是危险。迫不得已，他率领部队且战且退，退往乐育山区休整。

7 月初，湘西特委派来的陈协平费尽周折寻到乐育，并带去了湖南省委和湘西特委的指示。贺龙见了陈协平带来的指示大喜过望。自与周逸群失散后，贺龙一直苦于与上级组织断了联系。因此，对于陈协平的到来，贺龙非常高兴。

湖南省委和湘西特委的指示非常明确，即湘西北特委撤销，并入湘西特委，在红军中成立党的湘西前敌委员会，以加强对湘鄂边武装斗争的领导，管辖红军及红军所在地区地方党组织。贺龙、陈协平、李良耀、贺锦斋、张一鸣 5 人组成湘西前敌委员会，贺龙为书记。同时，将部队改名为工农革命军第四军。

1928 年 8 月 1 日，正是南昌起义一周年的日子。在这个值得纪念的日子里，湘西前敌委员会在乐育召集全军举行南昌起义一周年纪念大会。

贺龙在会上宣布：成立中国工农革命军第四军（即红四军）。全军 1500 余人。贺龙任军长，恽代英任党代表（未到职），参谋长则由湘西特委派来的黄埔军校一期生黄鳌担任，秘书长由陈协平担任。第四军下辖一个师和两个大队。师长贺锦斋，师党代表张一鸣，约 800 人，是红四军的主力。一大队大队长为王炳南，二大队大队长为文南浦。部队随即进行了政治改造。

在这一时期，湘西、鄂西党的一些领导同志陆续来到红四军工作，如临澧县委书记汪毅夫、慈利县委书记邓侠清、湘西特委宣传部长陈协平、湘西特委委员张一鸣等。他们的到来，对红四军的建设及尔后创建和发展苏区，都起到了核心领导作用。

红四军的组建，使部队在组织编制和领导指挥上得到了统一。自此，贺龙领导的湘西红军形式及面貌上已经焕然一新，初步具备了正规红军的特征。但是，部队成分比较复杂，思想也比较混乱，不少人对革命认识不清，对党的一些政策有不满情绪，有些人存在升官发财、坐山为王等错误思想。

在编组红四军的同时，湘西前委决定：（1）原有的部队必须渐进地予以彻底改造，故加紧下级干部和士兵训练工作，同时吸收进步的士兵为党的中坚分子；（2）扩大土地革命和苏维埃政权的宣传，掀起广大的农民起来斗争。

（三）苦战湘鄂边

1928 年 7 月 22 日，正值贺龙退守桑植乐育休整补充之时，彭德怀、滕代远、黄公略等人在湘东平江县城起义。两天后，平江县苏维埃宣告成立，所部 2000 余人改编为中国工农红军第五军。这使得湖南军阀大为恐慌，慌忙调集 10 多个团的兵力会同湘鄂赣边境地区地方武装进攻平江。

7 月 30 日，彭德怀率部与敌人激战一昼夜之后，撤出平江县城，转往湘赣边界黄金洞一带大山中，与“进剿”的敌军周旋。

在此情况下，中共湖南省委及湘西特委指示贺龙率红四军立即东进到石门县活动，配合石门、临澧、澧县、常德、桃源地区的斗争，力求以猛烈的进攻拖住湘军兵力，以支持石门南乡暴动、声援湘东彭德怀领导的红五军。

接到湖南省委及湘西特委的指示后，湘西前敌委员会马上召开了会议，商议支援南乡暴动及红五军的问题。最后，贺龙决定：“抓紧时间整理队伍，尽快把内部搞稳了再出兵。”会议开完之后，在师长贺锦斋和新上任的参谋长黄鳌以及王炳南等人的严格督导下，队列、射击、攻防演练等军事训练十分顺利。

8 月 20 日，红四军训练了短短的 10 多天就出发东征，矛头首先指向石门。8 月 25 日，贺龙率红四军进抵石门北乡磨岗隘后，会见了石门中共组织的负责人曾庆轩、覃甦、吴协仲、郭天民等，召开了联席会议，听他们汇报了当地的情况。贺龙决定首先恢复和发展石门北乡党组织，发动农民暴动，在磨岗隘、渫阳一带建立苏维埃政权，进而联合附近各县武装力量夺取石门，再向常德、桃源发展。

遗憾的是，这个计划是以湘西特委、石门县委所介绍的情况为依据的，而实际则与他们所述情况出入很大，石门北乡的中共党组织几乎不起作用，没有组织活动，工作毫无基础，以致红四军连向导都找不到，对敌情也不了解。因此，红四军的行动实际上成为一次缺乏群众支持的、孤立的、单纯的军事行动。恰在此时，湘西特委机关遭到破坏，特委委员蔡以诚等人被捕，供出了湘西特委“最近决定由贺龙割据石门，向澧县发展，联络南（县）、华（容）、安（乡）3县同时向常德进攻”的计划。

于是，湖南敌人集中3个师和几个县团防武装开赴石门进攻红四军。连这样严重的敌情，湖南省委、湘西特委都未通知贺龙，从而使红四军陷入了非常危险的境地。

9月5日，因石门南乡暴动已经失败，当地党组织和人民群众短时期内难以恢复元气，贺龙决定改变在石门建立苏维埃政权的计划，向澧县出击。

在贺龙的指挥下，红四军从驻扎了10来天的石门磨岗隘出发，奔袭澧县王家厂、大堰垱。贺锦斋率主力一昼夜疾驰180里扑进王家厂。没有想到的是，当地豪绅、团练已经闻讯逃遁，部队扑了个空。另一方面，进袭大堰垱的王炳南部也扑了个空。

当得知团练武装不知去向，其他情况不明朗而湘军第十四军李云杰教导师正向贺龙他们运动过来时，贺龙知道情况不妙。然而此次东征关系重大，不能轻易言退。

9月7日傍晚，侦察员报告，李云杰所部已经逼近。在此危急时刻，湘西前敌委员会开了个扩大会议，决定连夜转移到石门渫阳驻扎。第二天，红四军在渫阳遭到国民党第十四军教导师李云杰部袭击。红四军仓促应战不利，退到泥沙，再次遭到李云杰部和叛变的原石门县委军事部长罗效之率领的团防袭击。在遭敌两次袭击战斗中，红四军损失惨重。参谋长黄鳌牺牲于渫阳，第一师师长贺锦斋牺牲于泥沙，部队大部溃散。贺龙身边只带得王炳南、卢冬生等200余人西撤，9月底转战至鹤峰的堰垭一带大山中。

红四军此次奉命东征损失惨重，贺龙痛失两大得力臂膀，心情十分难受和郁闷。此时，贺龙非常怀念与周逸群共事的那段日子。在贺龙的心中，周逸群差不多就是党组织形象的化身。

红四军东下石门期间，桑植乐育一带又被反动团防占领，红四军失去了后方，人员补充和物资供应都发生了极大的困难。时近初冬，部队处于高寒山区，身穿单衣，缺乏粮食，没有医药，又有不少动摇分子逃走，部队减员至 100 多人。

在这种困难的情况下，贺龙始终相信的还是党组织。经过商量，贺龙决定派卢冬生去找上级党组织。

不知不觉，已过数日，没有收到卢冬生的任何信息。转眼间，冬雪降临，派出去的卢冬生仍然杳无音讯，部队已经陷入了绝境。

后来，在部队极端困难的时候，贺龙的大姐贺英送来了洋布、子弹和银元，解了红四军的燃眉之急，使他们不至于被冻死、饿死，使革命的力量得以保存。

贺龙在桑植、鹤峰交界一带堰垭、梅坪山区匿迹遁形，并未让“湘西王”陈渠珍放下心来。寒风刺骨、雪雨交加的隆冬季节，贺龙在陈渠珍和湖北五峰、鹤峰团防的联合“进剿”之下，被迫把饥寒交迫的队伍化整为零，隐藏待机。湘西前委根据几次遭受挫折的经验教训及贺英的建议，在堰垭着手整顿部队，遣散了老弱和动机不纯的分子，发展了党员、团员，加强了基层领导骨干的培养，严格管理教育。经过整顿，红四军全军仅剩下 92 人，长短枪 72 支，但人员觉悟高，立场坚定，并且形成了党的坚强领导，使红四军的政治素质有了巨大变化，面貌大为改观，从此以后便走上了胜利发展的道路。可以说，堰垭整顿在红四军的建设和发展史上是一个转折点。

湘西前委决定取消师的建制，设第一路军，由王炳南担任指挥官，下编一个大队，贺桂如当大队长；分为两个中队，计 9 个班，廖卓然当了中队长。

此时，湘西前委受湘西特委、鄂西特委的委托，负责领导湘鄂边地方党的工作，更名为湘鄂西前委，贺龙任书记，张一鸣、陈协平、李良耀、汪毅夫、罗统一为委员。此时，红四军的处境极端困苦。

11 月中旬，为了发展武装力量，创造根据地和避开敌军的进攻，湘鄂西前委决定红四军向宣恩、咸丰、利川、建始等地区活动，留贺英所部在毛坪、红土坪、梅坪一带坚持斗争，派汪毅夫到鹤峰邬阳关联络由共产党员陈宗瑜领导的，以伐木工人、烧炭工人为骨干的“神兵”。

11 月底，红四军在宣恩地区党组织的协助下，到达宣恩、咸丰、利川一带，发现施鹤部委实际上有名无实，只有部委书记杨维藩一个人在一股“神兵”中担任首领，而且并未开展党的活动和政治工作，其所掌握的“神兵”不过 60 人，而该地区的大部分“神兵”仍为地主豪绅所控制。在这种情况下，在这里建立根据地的可能性很小。于是，湘鄂西前委决定夺取部分“神兵”武装，然后迅速返回鹤峰、桑植地区。依此方针，红四军采取利用矛盾、分化“神兵”、争取下层、打击反动首领的策略，在半个多月的时间内，争取了黑洞的部分“神兵”，解决了利川县（今利川市）汪家营的“神兵”，红四军扩大到 300 多人、100 多支枪。

湘鄂西前委决定将部队编成王炳南、贺桂如两个大队和杨维藩负责的一个“神兵”特科大队，前委特派黄甫担任特科大队党代表。

12 月 15 日，红四军在汪家营稍作停顿后就出发向东转移了。12 月 23 日，红四军到达建始县的梭步垭时，得知建始县敌人不多，遂袭占了建始县城，接着又在前往邬阳关途中解决了崔家坝、王花寨的团防。三次战斗，共歼灭建始县长以下百余人，缴获枪支弹药一批，扩大了红军的政治影响，并且在沿途吸收了一部分贫苦农民参加红军。

12 月 31 日，红四军进到鹤峰县邬阳关。这时，汪毅夫已与陈宗瑜领导的“神兵”取得了联系，并在邬阳关附近组织了一支以伐木工人为主要成员的武装。这两部分共 300 多人编入了红军，大大充实了红四军。部队在邬阳关进行了一周时间的整编训练。

此时，蒋桂之战正在酝酿，马文德旅从鹤峰调走，湘鄂西前委抓住时机，在邬阳关群众的支援下，于 1929 年 1 月 8 日攻下了鹤峰县城，击毙了鹤峰县长，消灭了一部分团防。贺龙等人商议决定以鹤峰为根据地，一面放手镇压土豪劣绅，发动群众；另一面着手筹备鹤峰县委和苏维埃政权。

1929 年 1 月 13 日，湘鄂西前委在鹤峰县城召开群众大会，宣布成立中共鹤峰县委和县苏维埃政府，选出汪毅夫、陈宗瑜等 7 人为工农兵代表，并公布了《苏维埃大纲》和《耕田农有法令》，取消苛捐杂税，焚毁地主田契文约等。鹤峰县成为湘鄂西第一个建立了苏维埃政权的革命根据地。稍令人沮丧的是，辛辛苦苦发动、准备了几天的群众大会，仅有 600 来人参加。

贺龙深感这里的群众基础还很成问题，加上在此期间收到了中共中央 1928 年 10 月 4 日写的《关于军事策略问题给贺龙同志之指示信》。湘鄂西前委只好改变主意，暂回堰垭、走马坪一带进行整训。

在整训的同时，红四军进行了整编，军以下设第一路指挥部，以王炳南任指挥，张一鸣任党代表，下辖若干大队和中队，共约 1000 人，长短枪 300 多支。这时，独自在长阳一带游击的杨维藩特科一大队发生变故，大队长杨维藩拖枪叛逃，被党代表兼中队长的黄甫等人擒杀。贺龙只得立即调黄甫等人归队。经过这次变故，湘鄂西前委决定再次整顿收编的部队，将所有的"神兵"合编成一个特科大队，陈宗瑜任大队长。

正当贺龙带领部队帮助鹤峰县委轰轰烈烈地搞土地革命的时候，1928 年冬天派去寻找党组织的卢冬生回来了，还带来了周逸群以鄂西特委的名义写的密信。周逸群在信中不仅传达了中共中央的指示，介绍了自己在洪湖建党、建军、建立根据地的经验，还特别介绍了毛泽东的游击战"十六字诀"，即"敌进我退，敌驻我扰，敌疲我打，敌退我追"。看了周逸群的信，贺龙等人十分高兴，信心十足。

3 月 18 日，鹤峰团防头目王文轩，以湘鄂西民团联防总指挥的名义，纠集桑植刘子维、向凤翔以及五峰孙俊峰等 3000 人的团防武装，分数路联合进攻鹤峰，企图夺取县城，消灭红四军。湘鄂西前委以农民警卫团节节抗击刘子维、向凤翔部，集中红四军主力全力打击王文轩、孙俊峰部，在距鹤峰 20 里的张家坪与敌激战，毙伤敌一部，击毙王文轩。其他各路敌人闻风而退。

自从打败了王文轩，红四军在鹤峰暂时站稳了脚跟，部队休息了半个月后，就又向桑植发展。4 月上旬，进到桑植龙潭坪、土地坪一带，发动群众，开展地方工作。5 月上旬继续向南推进，占领桑植县城。在接下来的一个月左右的时间里，红四军四面出击，寻歼桑植境内团防股匪，肃清反动武装。各级工农民主政权、农会、赤卫队也相继建立健全，桑植、鹤峰两县连成一片，初步形成了湘鄂边红色根据地。红四军扩大到3000多人，各大队、中队整编为团。

1929年6月底，湘西军阀、湖南警备第一军军长陈渠珍为恢复对桑植的统治，令所属号称一个旅的向子云部进攻桑植。

7月初，向子云旅周寒之部千余人从永顺经碑里坪、水田坪、水井垭进占南岔。红四军决定让敌人渡过澧水，迫其背水作战。周部占领南岔后，分三路从水滩口、南岔、龚家嘴渡澧水向桑植县城前进。双方激战之后，周寒之团大部分被歼灭，周寒之本人被击毙，永顺县县长罗文述跳水逃得一条性命，红四军缴获枪支数百条。

向子云在永顺听得败兵回来报丧，顿感痛彻心扉，一面大骂周寒之无能，一面电告省主席何键说："即日亲赴桑植围剿，誓灭共魁，以报党国。"

7月15日，红四军在桑植县城大败向子云部，向子云命归赤溪河。

红四军这一仗继歼灭周寒之团之后，再歼灭向子云独立旅主力2000多人，缴枪1000多支，还有不少的小炮、机枪、被服，弹药更是堆积如山，获得建军以来的空前胜利。南岔、赤溪河大捷是红四军成立以来的空前大捷，震动了湘西，新创立的湘鄂边桑鹤根据地得以巩固下来。

战后，由于群众踊跃参军和补充了少数俘虏，红四军扩大到4000人，又进行了一次整编。军下设特务营、第一路指挥部及第二路指挥部。特务营营长贺沛卿。第一路指挥王炳南，党代表张一鸣。下设第一团，团长贺桂如，党代表龙在前；第二团，团长文南浦，党代表吴协仲；第四团，团长陈宗瑜，党代表覃甦；第五团，团长伍琴甫，党代表汪毅夫；补充团，团长胡海云。第二路（200多人）指挥覃辅臣。各连均成立了党支部和士兵委员会，同时还创立了政治训练班，用来培训军队和地方干部。

贺龙在训练班听课的过程中为湘鄂西前委"发现"了一名文书科长，就是蹇先任，贺龙听了几次蹇先任的讲课后，深为折服，将其调到湘鄂西前委任文书科长，随机关行动。

1929年8月，为扩大苏区，打击、分化和争取当地的国民党地方武装，湘鄂西前委率红四军向东南发展，进攻大庸县西教乡大地主熊相熙的反动武装。

出发前，前委决定由桑植县委负责人李良耀、县苏维埃负责人汪毅夫和部队首长胡海云3人组成留守委员会，统领第五团和第二旅保卫后方。主力则兵分两路：王炳南率二团由中湖佯攻飞塔坡，贺龙率大队由桥头向熊相熙主寨鼓子垭攻击前进。

8月13日清晨，经过6个昼夜的激烈战斗，大庸县西教乡大地主熊相熙7个寨堡全部被攻破。8月25日，慈利商业要地落入贺龙所部手中。8月29日，红四军攻占慈利县城。至此，红四军此番出击的预期目标已经全部实现。鉴于湘军吴尚部又酝酿“进剿”，贺龙率部迅速撤回桑植，休整备战。

9月2日，湘军第五十二师师长吴尚到达湘西门户常德，以阎仲儒旅向慈利攻击前进。阎仲儒旅9月6日占领慈利，9月22日又占领桑植，贺龙率主力弃城而走，转向鹤峰。此时，张发奎第四师前卫吴奇伟旅也到达石门，向慈利、永顺进攻过来。

形势日趋严峻，贺龙却处变不惊，在紧张的战斗间隙与蹇先任举行了一个简朴而又热闹的婚礼。

10月初，蒋介石与张发奎发生战争，双方军队纷纷向澧县、石门、常德一带集中。在湘鄂西前委尚未察明敌军大量集结的意图时，吴尚的第一五四旅阎仲儒部和慈利、桑植的几支团防即已逼近桑植。在这种情况下，前委决定党、政、军组织及革命人员家属撤离桑植县城和洪家关，转到桑植北部地区，首先避开强敌，待探明敌情后，再机动作战，收复桑植。当红四军向北转移时，由于侦察工作的失误和等候一支已经暗自脱离革命的小部队，延误了行动时间，因而在湖北樟耳坪遭敌袭击。

樟耳坪一仗，红四军大意失荆州，尽管击毙敌人不少，但自己也损失了300多人，贺桂如、陈宗瑜两位团长阵亡。部队元气大伤，暂无力再战，只得转往陈协平负责的鹤峰根据地休整。

然而，鹤峰的敌情同样严重。10月下旬，红四军向东北发展，部队在敌人兵力较弱的五峰、长阳地区活动。贺龙率部到长阳不久，即帮助当地党组织发动了茅坪起义，组成了一个长阳独立师，师长黄超群，党代表李步云。12月，红四军攻克了长阳县城，帮助中共长阳县委建立了苏维埃政权。同月，红四军转往建始方向。此后，长阳独立师因遭长阳、五峰团防联合进攻，并在五峰长茅司被伏击，损失惨重，红四军不得不回到鹤峰一带活动。

二、红二军团

（一）公安会师

1930年2月中旬，红四军已经从长阳回到鹤峰活动了近两个月时间。半个月前贺龙骑马摔伤了腿，此时腿刚刚痊愈，正着手准备按照鄂西特委的指示率军东下。

恰在此时，时任鄂西特委副书记的万涛奉命到鹤峰，向贺龙进一步传达了中央和鄂西特委关于红四军东下洪湖与周逸群等创立和领导的鄂西红六军会师的指示。

在周逸群等人的领导下，鄂西地区的革命形势有了很大的发展。周逸群在那里领导地方组织和各支小股游击武装，在十分艰苦的环境中坚持斗争，由于领导正确，政策得当，群众发动深入，鄂西地区已经建成了相当规模的根据地。各级政权和党、团组织以及群众团体已相当健全，根据地政治经济条件也比较好。

根据鄂西特委指示，湘鄂西前委立即安排了湘鄂边地区的工作，组成由汪毅夫为前委负责人兼鹤峰中心县委书记的党组织，领导桑植、鹤峰、五峰、长阳、宣恩五县的工作。同时，在鹤峰留下一个独立团，在桑植留下一支游击队，独立团与游击队统归鹤峰中心县委指挥，坚持湘鄂边的斗争。随后，贺龙率领红四军经长阳东下，预期在松滋、公安一带会合鄂西红六军。

然而，红四军东下的行动并不顺利。3月4日，红四军在宜都县（今宜都市）渔洋关附近遭到川军第二十六师郭汝栋部3个正规团和长阳、五峰团防的堵截，不得不折向五峰，乘虚占据县城，消灭了该县团防，拔掉了五峰、鹤峰边界的反动堡垒采花团防，肃清了长阳枝柘坪一带土匪武装，帮助长阳县恢复了红军独立团，改称独立五十师，尔后返回鹤峰休整。

贺龙第一次率部东下虽然未能到达洪湖，却在五峰、长阳一带消灭了多股极反动的团防武装，开辟了部分根据地，恢复了长阳革命武装，鼓舞了广大群众的斗志，扩大了影响。长阳独立师也得到了一定的恢复，并将番号改为独立五十师，由李步云任师长，江山任政委。

1930 年 3、4 月间，蒋介石与阎锡山、冯玉祥之间的中原大战一触即发，长江流域各省的国民党军主力大都陆续北调，形势对扩大红军和发展根据地极为有利。贺龙抓住这个时机，于3月20日再次率红四军东进。在五峰县湾潭，贺龙率部消灭了他的老对头——“大恶霸”孙俊峰团防，建立了五峰苏维埃政权。4月初，红四军进入松滋境内，拟逐步肃清松滋各地团防，开展地方工作。这时，国民党军独立第十四旅彭启彪部一个团及附近各县团防共 2000 多人来犯，红四军遂向澧县地区转移。松滋、澧县、石门反动武装纷纷出动，前来追击。红四军集中兵力在土地垭经过 7 个小时的艰苦战斗，击溃了石门团防罗效之部，俘敌 70 多人，缴枪 100 多支，报了 1928 年 7 月那一箭之仇。然而，红四军自身也是疲惫不堪，伤员增多，行动极不方便，只得再次折回五峰境内，安顿伤员，整理部队。第二次东下会师，又以失败告终。

5 月中旬，贺龙率红四军第三次东下，准备占领公安县城，以了解鄂西红六军的情况。部队推进到公安附近，贺龙计划攻取县城，与红六军响应。但因守敌决坝放水，部队行动不便，且彭启彪部又围追而来，迫使红四军改变计划，再度进入湖南澧县境内。在澧县，红四军在张家场附近击溃国民党军五十二师戴斗垣旅一个营，俘虏数十人，缴枪 50 多支。战后转移到闸田，召开前委扩大会议，专门严肃党纪。

6 月 18 日，贺龙率红四军再次东进，进入公安，攻下县城附近的申津渡。此时，红六军仍然杳无音讯，红四军只好转移到松滋县（今松滋市）西斋，一边等候，一边寻觅红六军的消息。

1930 年 6 月，为执行中央所作与红四军会师、组建红二军团的指示，红六军主力移师渡江南下，先克华容，歼灭驻守湘军，继克石首、南县。

7月1日，周逸群、段德昌、柳克明得知贺龙的红四军已经到达公安境内，于是指挥红六军主力一举攻克公安县城。

7月3日，贺龙终于盼到了红六军两天前攻占公安的准确消息，便经申津渡进至公安。

7月3日下午，周逸群、段德昌、孙德清、许光达、柳克明等红六军领导人骑马走在路上。对面几匹快马跑了一段，在周逸群等人跟前停住，贺龙翻身下来，与周逸群的手紧紧地握在了一起。

7月4日，红四军与红六军在公安会师。

7月7日，两军在公安召开联席会议，红四军改称红二军，成立红二军团前委（会师前红四军是由湘鄂西前委领导的），随后两军开始北渡。红六军自公安出发，攻打弥陀寺，歼敌200多人。此后，两军在斗湖堤一带渡江，红六军在前，红二军在后。在红二军渡江时，敌舰阻挠，被击退。两军全部安全过长江。到达郝穴后，确定进攻监利。红二军攻下了监利的堤头镇，歼敌200多人。红六军经普济观、太马河向监利进攻，进至刘家铺时，遇国民党新编第五师两个团的顽强阻击，未能实现攻城计划。两军随即撤到普济观、沙岗一带休整。在普济观召开红二军团前委会，正式成立了红二军团，编成了红二军团指挥部；会议开了一个星期，研究得很仔细。经讨论统一了部队的编制序列，红六军的纵队、大队、中队、分队改组成为师、团、营、连、排，并以排为单位成立伙食单位。红二军原来的指挥部改组为师，下属团、营、连、排、班。

根据中央和军委的指示，红二军团前委决定红二军团的编制序列和领导人如下：

贺龙任红二军团总指挥，周逸群任红二军团前委书记兼政治委员（鄂西特委书记由周小康代理），孙德清任参谋长，柳克明任政治部主任（柳克明系中央代表，在巡视洪湖工作后留鄂西工作）。红二军由贺龙兼任军长，朱勉之任政治委员，下辖第四师及警卫团。第四师由王炳南任师长，陈协平任政治委员，向鲁清任参谋长；师辖第十团，团长张一鸣，政治委员吴凤卿；

第十一团，团长覃甦，政治委员汪毅夫；第十二团，团长吴虎臣，政治委员张海涛。警卫团，团长贺沛卿，政治委员吴协仲。红六军由邝继勋任军长，段德昌任政委，下辖十六师、十七师。第十六师（红六军第一纵队改编），王一鸣任师长，王鹤任政治委员；师辖第四十六团，团长李骑；第四十七团，团长贾鸣钟，政治委员邱鸿禧；第四十八团，团长桂伦，政治委员谭抗。第十七师（红六军二纵队改编），段德昌兼任师长，许光达任政治委员；师辖第四十九团，团长刘仁载，政治委员戴文斌；第五十团，团长张海清；第五十一团，团长陈华山，政治委员段德福。红二军团达 15000 多人。

红二军团在普济观一带尚未全部完成整编工作，即向东北转移。红二军开驻府场，红六军开驻峰口，继续进行整编工作。

红二军团和军团党的前委的成立，标志着湘鄂西革命斗争进入了一个新的阶段，使湘鄂西苏区的主要武装力量在组织上达到了统一，为湘鄂西的革命斗争带来了新的机遇。两支重要的红色武装由此汇聚成了湘鄂西地区空前强大的一支红色劲旅，为后来形成全国红军三大主力之一的红二方面军奠定了坚实的基础。

（二）攻克监利

红二军团成立时面临的形势，对于发展根据地和壮大红军力量是十分有利的。红二军团成立时，中原大战爆发，蒋介石、冯玉祥、阎锡山、李宗仁投入 100 余万总兵力在东起山东，西至襄樊，南迄长沙，绵延数千里的战线上全面展开混战，湖北境内国民党军卷入这场规模空前的战事之中，一时无暇顾及洪湖地区的红军。

1930 年上半年，以李立山为代表的“左”倾路线在中央取得了统治地位。他们过分夸大国内统治阶级的危机，过高地估计了革命力量的发展。1930 年 6 月 11 日，中共中央发布了《新的革命高潮与一省或数省的首先胜利决议案》。此后，中共中央和中央军委又制定了以夺取武汉为中心的全国中心城市武装起义和集中红军进攻中心城市的冒险计划，并将各级党、团、工会领导机关合并组成领导武装起义的行动委员会，规定湘鄂西红军帮助鄂西与鄂西南地方暴动，尔后各路红军向武汉进逼，“会师武汉，饮马长江”。中共湖北省委也在6月份通过了《湖北政治任务决议案》，认为“湖北是中心区之一”，具备了“革命首先在湖北胜利的可能”，要加紧准备武装暴动，争取革命首先在湖北胜利的前途。

在此期间，鄂西特委由周小康主持，在湖北江陵沙岗的全家渊召开了鄂西党的第三次代表大会。因敌情紧迫，大会只开了三天，即告结束，没有形成决议，也没有进行选举。鄂西特委根据中共中央的“左”倾方针，指责红二军团会师时没有攻取沙市是右倾，违背了中央的集中进攻路线；不同意红二军团前委在普济观会议上的行动方针，坚决要求红二军团攻打沙市。

7月15日，红二军团前委在湖北江陵县新沟嘴再次开会讨论部队行动问题，周小康根据中央指示精神，以鄂西特委名义传达指令：红二军团借会师声威乘势攻取沙市、荆州。

红二军团经月余战斗行动后，在府场、峰口等地休整了一周，进行了战术、技术训练，并完成了整编工作。由于红二军团前委的正确领导和全军上下的一致努力，部队素质得到了迅速提高。休整之后，红二军团以突然的动作攻占了荆门县（今荆门市）的沙洋镇，并以一部兵力渡襄河向东发展。就在红二军团胜利进展之际，鄂西特委连续来信催促他们向南进攻沙市。红二军团被迫放弃原来计划，会师攻打沙市。

沙市南邻长江，交通方便，是国民党在鄂西的统治中心。守敌为独立十四旅，约两个团的兵力，并筑有坚固的防御工事。红二军团于9月5日向沙市发起了进攻。因缺乏攻坚的装备和经验，顽强战斗一昼夜，未能攻克，部队受到很大损失，伤亡达1000多人，红二军四师十团团长张一鸣等英勇牺牲。攻城失败后，红二军团退至周老嘴一带整顿。

攻打沙市失利，是红二军团被迫执行“立三路线”攻打中心城市吞下的第一枚苦果。

此时中共湖北省委行动委员会又令红二军团进逼武汉，配合鄂豫皖、湘鄂赣等地红军实现夺取全省政权的任务。前委为执行上述指示，同时兼顾根据地的巩固和发展，决定结合普济观会议确定的方案，以红二军沿潜江、天门、京山地区前进，红六军沿监利、沔阳、汉川地区前进，逐步向东北方向发展。

9月上旬，红二军自潜江渡襄河到达永隆河一带。红六军从江陵地区出发，经监利县境时，值江南发动武装大举"清乡"，红六军遂渡江打击"清乡"的敌人，在广大群众的积极支援与石首、华容二县游击队的密切配合下，先后攻克石首、藕池等城镇，毙敌石首县长以下数百人，缴步枪300多支、机枪9挺，扩大了江南根据地。

就在红二军团攻监利、打沙市，一再失利之时，洪湖根据地创建以来就始终存在的隐患日益严重地凸显出来。这就是遍布城乡的反动组织"白极会"。"白极会"纯为封建地主反动武装组织，依靠封建关系和迷信色彩煽动、裹胁落后愚昧的农民。此时，在国民党反动政府和反动军队刻意扶持和操纵下，"白极会"迅速扩充势力，更新武装。他们利用根据地在土地革命、镇压反动派过程中一些偏左和过激的做法，煽动苏区农民反水，接二连三地制造事端，杀害党员、干部，挑唆、策动不明真相的农民与红军、苏维埃政权对立。周逸群对"白极会"猖獗发展的势头极为焦虑，在红二军团前委会上多次提出集中力量肃清"白极会"，稳定后方。这次沙市攻城失利，"白极会"又接连制造血案，其中一次就杀害红军战士、地方干部和革命群众数十人。

在这种形势下，周逸群、贺龙、段德昌再次坚决要求稳定后方根据地。柳克明不得不同意分出部分兵力对付会匪，而以军团主力强攻天门县（即天门市）重镇岳口，理由是为响应湖北省总行动委员会"会师武汉，饮马长江"的指示扫清道路。

然而岳口镇攻战失败，红二军团只得在沔阳县府场集镇临时休整。在周逸群、贺龙、段德昌的极力主张下，柳克明终于同意先搞掉"白极会"。意见统一后，段德昌率领红六军主力与气焰嚣张的"白极会"数千匪徒对阵。经过激战，打败"白极会"，杀进"白极会"巢穴，逃无可逃的残匪们尽数缴械，"白极会"总头目、国民党旅长张登鸣喘息未定就被红军活捉。红六军乘胜追击，一直追到仙桃，基本扫清了北路残匪。

南路贺龙指挥的红二军也将"白极会"众匪一扫而光。危害100多年的"白极会"在红二军团风卷残云般的打击下，土崩瓦解，从此一蹶不振。

然而，国民党新编第三师所属李云龙旅，仍然威胁着根据地的生存。他盘踞在监利县城，阻塞了根据地的南北交通，并支撑着一些犬牙交错的小据点，影响周围广大地盘，就连极力主张迅速南下攻打大城市的柳克明、周小康也深感此患不除，根据地终无宁日。因此，他们也同意贺龙的意见："要走，也得等敲掉监利再走。"

这时，中共中央派邓中夏赴湘鄂西根据地任鄂西特委书记并兼任红二军团政治委员。9 月 12 日，邓中夏到达洪湖地区，当即命令部队返回洪湖附近集结。9 月 20 日，在周老嘴召开了前委扩大会议，传达和讨论中共中央要求红二军团配合红一、红三军团攻打长沙的指示。讨论中，以周逸群为代表的一些同志认为，置多年艰苦创建的根据地于不顾，驱使红二军团从鄂西奔往遥远的长沙，直接违背了游击战争的原则，也超越了客观的可能性，即使打下来长沙也站不住脚，要求与会同志慎重考虑。但这些正确的意见没有得到应有的重视，最后还是决定红二军团自螺山、白螺矶一线渡江，攻占岳阳，截断武（汉）长（沙）铁路交通以配合红一、红三军团攻占长沙，并且按照第二次"左"倾路线的要求，将大部分地方武装的人枪编入了红二军团。洪湖根据地仅保留了拥有 80 多支枪、300 人左右的武装。面对敌强我弱的形势，特委决定另行组织民警和红色警备队担负保卫根据地的任务。

为了在渡江前使洪湖根据地得到巩固，红二军团决定先攻下监利。邓中夏给中共中央的报告中说："中夏到后，立调第二军团回来。9 月 20 日，中夏赶到周家嘴（周老嘴），召开前委军事会议，全体接受中央所指示的路线（即渡江与红一、红三军团配合行动之路线）。但在未渡江以前，大家觉得有攻下监利再行渡江的必要……因此决定先攻下监利再渡江。"

监利位于江汉平原，南枕长江，东襟洪湖，是敌人阻塞洪湖根据地南北通路的最大据点，仅保安队就有 16 个连队之多，且有国民党军新三师李云龙旅驻防。1928 年以来，红军两次攻打监利，均未攻克。

9 月 22 日拂晓，红二军团分三路向监利攻击前进。以红二军四师一部攻占堤头，切断监利敌军与江陵的联系；以红六军十六师一部攻占毛家口，消灭红军背后之敌；以红六军十七师攻占太马河和刘家铺，从正面进攻县城。攻城红军在北郊曾家夹堤、火把堤一线击溃了守敌之后，经几次强攻，突入监利城内。其时，打入敌人内部任连长的中共党员杨嘉瑞，率部里应外合，红军攻城得手后，残敌一个营退守城南江堤和大庙试图顽抗，在红军压迫下，于 23 日晨缴械投降。

9 月 24 日，段德昌率红六军主力与刘革非组织的监利、华容两县游击队、赤色教导军、赤卫军、少先队、农民协会组织成员近 3 万人突然包围监利，立即猛攻城垣。25 日拂晓，攻克监利城。

红二军团这一仗全歼国民党正规军新三师两个整团又一个保安团共 3000 多人，缴获长短枪 3000 多支，重机枪 12 挺，迫击炮 8 门。这是红二军团成立后的第一次重大胜利，极大地鼓舞了根据地人民的斗争精神，加强了红二军和红六军的团结。

攻下监利后，周边龙湾、熊口等白军据点继而被红军一一攻破，潜江县城也被乘胜而进的红二军团抓到手中。

此时，红二军团的主力已经达到 3.5 万多人，荆江两岸、襄河两岸根据地连成一片，苏区范围西至沙市近郊，北至天门汉川，东至洪湖沔阳，南至南县安乡，其中包含 7 座县城。湘鄂西根据地和红二军团进入了极盛时期。

（三）南征失利

1930 年 9 月 24 日夜，鄂西特委及红二军团前委在监利城召开了联席会议，会议在新上任的鄂西特委书记和红二军团政委邓中夏的主持下召开。会议对湘鄂西党在目前的政治任务、政权组织、党的组织和军事行动等问题作了全面讨论。

会上，周逸群、贺龙、段德昌与邓中夏意见不一致。邓中夏主张渡江南下，攻占澧县、津市，再打岳阳，截断武长路，配合红一军团和红三军团攻打长沙。而周逸群等人认为红一军团、红三军团已经退出长沙，截断武长路已经没有任何意义。

双方争执不下，最后，邓中夏宣布了自己考虑了好几天，并已经得到柳克明、周小康等人支持的决定：立即召开湘鄂西党的第三次代表大会和苏维埃第二次代表大会；将鄂西特委改为湘鄂西特委，鄂西联县政府改为湘鄂西联县政府；周逸群“因熟知地方情况，为巩固根据地，确保军团南征后顾无忧”而调离红军，专事地方工作，代理湘鄂西特委书记，兼任湘鄂西联县政府主席，周小康改任特委组织部长。红六军军长由段德昌升任，红十七师师长由许光达继任，李剑如为红十七师政治部主任，柳克明调任红六军政委，朱勉之任红二军政治委员；邓中夏担任红二军团前委书记和红二军团政委，随军行动；火速集中地方游击队、赤色教导军充实军团下属各部队。

9 月 28 日，红二军团进至朱河一带准备渡江时，受中共中央派遣的汤慕禹、刘鸣先来到湘鄂西。他们带来了中央的决定：命令部队停渡待命；任汤慕禹为红六军军长，刘鸣先为洪湖红军军事政治学校校长。29 日，红二军团前委在朱家河召开紧急会议。关于人事问题，大家认为段德昌任职仅数日，如此变动对工作不利，根据贺龙提议，决定贺龙专任军团总指挥，总指挥参谋长孙德清改任红二军军长，汤慕禹任总指挥参谋长，刘鸣先的任命不变。关于部队行动方向则发生了争论。这时虽已知红一军团、红三军团已退出长沙转移到了株洲、醴陵、萍乡地区，但邓中夏仍主张渡江。大多数同志不同意。最后决定在中央新的指示未到达前，继续执行原订的开辟襄北以及向荆、当、远地区发展的计划，首先集中兵力进攻仙桃、岳口，彻底肃清东荆河以北襄河以南地区的反动武装，尔后再以红六军夺取天门、京山，以红二军夺取钟祥、荆门。

10 月 5 日，红二军团分两路向仙桃攻击前进。6 日，红二军收复沔阳县城，随后又在张家场歼敌两个连，缴获枪支 200 多支，乘胜占领了里仁口；红六军经尤拨占领了彭家场。7 日，两军会合仙桃歼守敌一部，残敌退守襄河北岸。攻克仙桃后，部队本应继续乘胜发展，北渡襄河进攻岳口，实现开辟襄北苏区的计划。但邓中夏只想攻打大中城市，反对北进，坚决主张移师南征，又一次丧失了扩大根据地的有利时机。

10 月中旬，红二军团再次接到中央关于截断武长铁路、进攻岳阳，配合红一军团、红三军团第三次攻打长沙的指示。但红二军团前委考虑岳阳方向敌人兵力较大，不易得手，乃决定攻占常德牵制敌军，以配合红一军团、红三军团进攻长沙。10 月 15 日，段德昌率红六军、贺龙率红二军自峰口出发，分别由监利、石首渡江南征。红二军由石首渡江经鲢鱼须、梅田湖径取南县；

红十六师由调弦口渡江，首先歼灭了方庚之敌，红六军许光达率领的红十七师由监利陶家埠渡江，10 月 22 日初，攻克华容县城。同日，红军攻克南县，继而又攻克津市，直逼澧县城下，南征初战获胜。

红二军团在江南展开行动，使湘敌极为恐慌，常德、岳阳等地的国民党为之震动。国民党湖南省政府主席何键闻讯急忙从汉口赶回长沙，急令川军赖兴辉部，湘西陈渠珍、戴恢垣、李国均等部分途向南县、华容反攻，另又加派彭位仁第十六师星夜开赴湖口"协剿"。在川、湘军阀联合围攻之下，红二军团来不及巩固的新区相继得而复失：10 月 30 日，南县失陷；11 月 3 日，华容失陷。与此同时，刚刚结束军阀混战的蒋军部队正从北方源源南调，准备分头进攻各根据地的红军。

11 月 4 日，红二军团主力围住澧州，开始奋勇攻城。战斗非常惨烈、悲壮，牺牲了很多红军指战员，但整整一天，没有进展。邓中夏坚决要求继续攻打澧州。11 月 6 日，经过三天激战，攻城失败。红二军团前委决定放弃对澧州的围攻，撤出津市，转而进取石门。

11 月 13 日，红军攻占石门，抓紧时间进行休整、补充。11 月下旬，天气一天天地寒冷起来，穿单衣、草鞋的红二军团指战员们尽管受着寒冷的威胁，但仍牢牢地控制着石门、临澧一带山区，威胁着常德。而国民党彭位仁第十六师、湘西陈渠珍、李国均部屡与红军缠斗不休，李觉纵队两个师打完中原大战已经到达常德一线，形成重点"围剿"的态势。

红二军团前委书记兼军团政委邓中夏率领许光达的红十七师留守石门，贺龙则与段德昌、柳克明等人率红二军、红六军第十六师抵御川、湘军阀对石门的进攻。经过消耗极大的苦战，红二军团才勉强打退川军赖兴辉、湘军李国均两部进攻。

敌人的这次攻势虽然暂时被遏止，但是，"围剿"的局面却还没有打破。尤令贺龙担忧的是，常德一线蠢蠢欲动的李觉纵队两个战斗力极强的师。为此，刚刚率部打垮李国均所部，即从临澧前线赶到石门找邓中夏。贺龙见面就说："邓代表，形势很危险哪。"

然后，贺龙建议召开前委会商量下一步军事行动。

在石门县河口镇前委会议上，贺龙建议离开石门，段德昌建议回洪湖，许光达也建议回洪湖根据地。然而，邓中夏则建议再次攻打守敌强大的津市、澧州。贺龙、段德昌等人表示反对，遂与部分赞同的同志争执起来。最后，邓中夏命令贺龙同志即刻指挥部队向津市攻击前进。贺龙不得不与部下商量攻打津市的计划。

红二军团这一次攻击津市，虽然还称不上彻底的灾难，却毫无疑问地是灾难的开端。

12 月 1 日，红二军团再次进攻津市、澧州。红二军团开到澧县境内后，鉴于川军赖兴辉、湘军李国均等均向津市、澧县尾随移动，为保证后顾无忧，贺龙被迫兵分两路：自己率红二军进入湖北公安占领临时后方，段德昌、柳克明率红六军攻打津市。12 月 2 日拂晓。红十七师师长许光达带领第四十九团、五十团经艰苦战斗，付出重大代价之后才到达津市街口，与负隅顽抗的敌新十一师激战不休。战斗中，红六军参谋长刘仁载壮烈牺牲。祸不单行，刘仁载牺牲的噩耗刚刚传到段德昌的耳中，李觉纵队的先头部队已经和红六军外围警戒的一个团接上了火。红十六师攻城同样毫无进展。城内敌新十一师听见外围打响，乘机向城内反扑过来，情势万分危急。最后，攻占津市无果，红二军团损失惨重，部队不得不撤出津市，撤围澧州。

12 月 9 日，部队经过一天的疾行，抵达湖北松滋县（今松滋市）境内的杨林、街河一带休整。当夜，红二军团前委在红二军团指挥部开会讨论二军团的去向问题。在会上，邓中夏沉痛地作了自我批评："最近一段时间仗没打好，责任不在大家，在我身上。特别是上次攻打澧州，这次打津市，部队损失非常大，牺牲了那么多战士，我应该负大部分责任。"但是，在会上关于红二军团去向的问题上，大家还是争论不休。最后，邓中夏任命段德昌同志担任湘鄂西联县政府赤卫队总队长，带军部警卫连赶回洪湖根据地，协助周逸群、刘革非诸同志保卫苏区，顺便带些伤员回去，红六军军长暂由汤慕禹同志担任，这实际上是撤了段德昌的职。就这样，红六军军长段德昌因为力主回师洪湖，而在最需要他的时候被迫离开部队，转回乌云压顶、风雨飘摇的根据地去了。

12月10日，红二军团前委再次召开会议，邓中夏一意孤行，坚持其错误主张，拒不接受湘鄂西特委以及贺龙等关于回师鄂西苏区的意见。但是，邓中夏此时又放弃了与敌人决战于刘家场的作战计划，提出向松滋进军，另找地方创建"中央第二苏区"。红二军的主力摆在公安一线，而红六军的主力则在松滋县（今松滋市）的杨林一带。前委内部仍在为部队是上山还是下湖而争议不决，因而，大部队毫无意义地趑趄不前。而湘军李觉纵队18个团、陈渠珍3个旅则得以从容布置兵力，分成三路向杨林市、街河市集结，作好了攻击的准备。在强敌的压迫下，红二军团收编的土著武装在后方发动暴乱，部队陷于腹背受敌的危险境地。

12月18日早上，从沙市南面来夹击红军的敌湖北省保安师，头一天傍晚就已在杨林市外围与红六军警戒部队接火。而李觉纵队在南面基本准备就绪，正要对杨林市发动总攻。8点钟左右，战斗打响。津市战斗失利后，红六军不仅人员伤亡不小，弹药也消耗殆尽，尚未得到补充，只能依靠近战打退敌人。经过与湖北省保安师及地方武装荀在扬部在杨林市5里开外的纸厂河一天的奋战，红六军得以转移到40里外的纸厂河镇休息。

这一仗下来，担任阻击断后的红六军五十一团700多人仅剩30多人。红六军200多人的手枪队也仅剩下几人。若非许光达率领红十七师不惜代价的浴血奋战和贺龙面临绝境时的临危不乱，红二军团几乎应了段德昌关于全军覆没的预言。

至此，红二军团3万大军渡江南征的行动以彻底惨败而告终。这时，全军团合计只剩1万多人。

纸厂河的绝境一方面使红二军团的指战员更加信服贺龙的果敢，同时也为邓中夏自己的"上山"之说提供了现成的论据。贺龙、许光达考虑到洪湖根据地此时已经是遍地狼烟，残败之军回去，只能是引狼入室。与其再把李觉等部引去增加根据地负担，倒不如索性上山引开敌人。因此，他们不再与邓中夏、柳克明等人争执，指挥部队一路向西，先突围到刘家场，再经两昼夜的急行军，开到鹤峰走马坪一带休整。

12月29日在走马坪，红二军团解决了以张轩、甘占元、覃伯卿、袁海清等为首的川军。张轩、甘占元、覃伯卿、袁海清等几位作恶多端的匪首被枪毙，3000多人的川军有1000多人接受整编。2000多件长短轻重武器也尽归红二军团所有。这样一来，因南征失利而大伤元气的红二军团终于绝处逢生，大大增强了实力，在鹤峰一带暂时站住了脚跟，继而北上巴东，渡过长江，连克兴山、秭归、远安、荆门、房县，开辟了鄂西北根据地。红二军团由此开始了一段长达大半年的流动作战生涯，直到1931年9月底才由段德昌率领的红九师接应，回到洪湖根据地。

三、红三军

（一）新六军

随着红二军团成立后军事斗争的胜利，洪湖根据地有了很大程度的发展。1930年冬天，根据地幅员纵横数百里，除广大农村外，还据有监利、沔阳、潜江、石首、华容、南县、公安等7座县城，控制着新堤、沙市间近350公里的长江，成为当时具有重要战略意义的根据地之一。到1930年底，根据地的各项建设工作在湘鄂西特委和湘鄂西联县政府的领导下，不论在政治、军事，还是在经济、文化工作上，都获得了较大的发展。

湘鄂西苏维埃联县政府成立后，统一了各级苏维埃的领导，整顿和健全了县、区、乡各级苏维埃组织和工作制度，并在实际斗争中培养了一批与人民群众有着血肉联系的地方干部。党组织通过苏维埃政府，发动和组织了数百万人民群众积极参加根据地革命斗争。

1930年11月，国民党集结重兵，全力围攻各革命根据地，洪湖是重点之一。蒋介石任命第十军军长徐源泉为湖北省“剿匪”总指挥，兼鄂西“剿匪”司令，后改为湘鄂川黔边清乡督办，统一指挥第四十八师（徐源泉部）、第三十四师（岳维峻部）、新十一师（张英部）、第十一师（陈诚部）、新三十四师（陈渠珍部）及新编第二旅（刘培绪部）、第十六师（彭位仁部）、新编第三旅（徐德佐部）、新编第五旅（潘善斋部）、新编第七旅（李宗鉴部）、暂编第十九旅（罗启疆部）和湖北警备旅（容景芳部）、川军第二十一军教导师第三旅（郭勋部）等共6个师又7个旅的兵力，以及各地团防、常练队等反动武装向湘鄂西革命根据地发起“围剿”。“围剿”计划分3期进行，重点是洪湖根据地。第一期以江北的潜江、沔阳、监利地区为重点，第二期以江南地区为重点，待彻底摧毁洪湖根据地后，再以全力进行第三期“围剿”，向湘鄂边根据地进攻。

11月3日，敌第十六师占领南县、华容。11月22日，第十军所属新二旅占领监利。接着，第四十八师又先后占领潜江县城、沔阳的张家场和江陵的郝穴、新厂、普济观等地。

湘鄂西特委及联县政府自监利失守，移驻石首之调弦口，即一面敦促红二军团回师洪湖，一面大力发动群众，利用洪湖地区的水网、湖泊、堤岸、苇林等有利地形，采取夜袭、伏击等战术，开展游击战争，打击向根据地周围迫近之敌。江左军的沔阳大队曾四次进袭郝穴。江右军各大队集中全力打击进犯华容之敌，12月2日攻克华容。

湘鄂西特委机关和联县政府刚刚移驻到石首县（今石首市）调弦口，即派人联系贺龙部队。周逸群站在路口，满怀期待地扶着即将出发的交通员的肩膀叮嘱：“路上千万要小心些，苏区上百万人的性命和军团子弟兵的性命都吊在你身上。你就是死，也要先找到贺总指挥、段军长他们，再死。”目送交通员疾步远去，周逸群的心情更加沉重了。听说部队在江南辗转攻击，虽说消灭了不少敌人，自己也吃亏不小。打下的地方不巩固，流动作战，不要根据地怎么行呢？在周逸群异常焦虑的时候，徐源泉却在“清乡”军事会上为部下打气，并布置了清乡的任务。

12月中旬，段德昌回到了调弦口。周逸群看到段德昌等少数几个人，完全明白了：红二军团一下子是不打算回来的，根据地也只能指望自己了。所幸的是，段德昌带回了比什么都宝贵的武装。更让人感到欣慰的是，回来了一位骁勇善战的大将。段德昌这一路不是走回来的，而是带着伤员们杀回来的。10多天的路途中，段德昌所部尽管历尽了艰险，却编成了一个以伤员为主的正规营。段德昌回洪湖没几天，在杨林市一战中与主力部队失散的红六军四十八团、五十一团各一部分和红二军十二团余部陆续到达苏区。

不久，驻岳阳之国民党军第十一师一个团经黑山铺、三葑市再度占领华容，并继续向西北攻占鲢鱼须。这时，集结于潜江、沔阳及江陵地区的敌人，先后完成了围攻部署，驻安乡的新十一师亦蠢蠢欲动，向根据地的大举进攻已迫在眉睫。在此紧急情况下，段德昌、周逸群把返回苏区的原红二军团的1000多人枪整编成独立团，由段德昌指挥。这就是洪湖苏区反击徐源泉第一期“围剿”的主力军。

1930年12月，段德昌率领独立团在华容县全歼国民党第十一师一个营，缴获大批武器弹药。参战的赤卫军中当场有400多人拿起钢枪，参加了红军。江南红军士气和民心为之大振。在这种有利的形势下，段德昌随即率军北上渡江攻打朱河镇。朱河镇一仗，段德昌创造了用近乎赤手空拳的队伍歼灭装备精良的敌人大部队的奇迹。段德昌所部缴获新造步枪700多支，重机枪2挺和敌军随带的满袋满箱的弹药。段德昌带领江左军在长江南北神出鬼没，打得“清剿”苏区的国民党东奔西窜。

经过几场战斗，洪湖苏区的形势开始好转起来。段德昌带领的独立团奉命与洪湖两支游击队合并编为新六军。段德昌任军长，周逸群任政委。

这样，手中无一兵一卒正规武装的湘鄂西联县政府又建成了一支坚强有力、能打能拼的正规红军队伍。江左军则通过积极灵活的斗争，与联县政府特派的一批工作干部配合开辟了洞庭湖一带地区，有力地声援了根据地内线的反围剿斗争。

1931年1月1日，国民党军分四路发起第一期“围剿”，企图将红军围歼于柳家集、瞿家湾地区。第一路为第四十八师一四三旅及一四四旅一部，先自潜江沿东荆河两岸由北向南推进，占领浩子口、熊口、龙湾、总口、拖船埠一线，然后向新沟咀、府场地区合围；第二路为新三旅及第一四四旅之一部，先占沔阳、峰口，接着向镇方山、瞿家湾进攻；第三路为湖北警备旅及第十军特务团，主力自螺山向北进犯，占领朱河、陈家港，并向刘家集合围，另一部自新堤占大丰口，向汉河口进攻，企图打通与峰口之敌的联系；第四路为新二旅，自监利向北进占观音寺，与第一四三旅呼应，切断从洪湖到江陵的通路，继向东，经习家河、毛家口向柳家集进攻。

段德昌率独立团在鲢鱼须歼敌新十一师一个营，继在华容附近歼敌两个连，同时在板桥等地也予敌以重创，迫使华容之敌弃城东逃，并于1月16日再次收复了华容。在这些战斗中，缴获了大批武器装备，充实了部队及地方武装。接着，独立团北渡长江，在江陵地区歼灭了进占胡家场的第一四二旅一部，在拖茅铺歼灭了进攻冯家潭子、小河口的第四十八师补充二团数百人，缴获迫击炮2门、重机枪2挺，收复了石首北区。

由于红军及广大群众武装英勇顽强的战斗，敌人"围剿"半个多月，付出巨大的代价，至1月17日才占领了监利、沔阳、潜江，并未达到围歼红军的目的。

国民党占领监利、沔阳、潜江后，为实现其摧毁洪湖根据地的阴谋，立即搜罗土豪劣绅反动分子及常练队、白极会、大刀会等反动武装进行分区"清乡"，对根据地人民实施残酷的烧杀政策。根据地干部群众被杀害者数以万计，根据地的兵工厂、被服厂医院等遭到破坏，根据地受到了严重摧残。

1931年1月底，国民党军将第一四二旅移至公安、斗湖堤一线，将第一四三旅调驻沙市，企图首先肃清江陵地区红色武装，尔后集中力量将红军围歼于江南的狭窄地带。2月10日，敌人开始向江陵地区进攻。第一四三旅及第四十八师补充第一团、第二团占领资福寺、岑河口、郝穴、普济观一线，封锁了长江各口。第一四四旅自潜江的浩子口、龙湾一线，新二旅自监利、太马河、观音寺一线，逐步向西压迫。至2月底，汪家桥、堤头及沙岗、胡家场等地相继被占领。在此期间，江陵地区的革命武装曾在龙湾、祝家场、新渊、小河口等地进行了20多天的顽强战斗，给予敌第一四四旅以重大杀伤，并一度袭占新场，歼敌补充第一团一部。此后，红军各部队先后转入白露湖、三湖、获湖等地坚持斗争。

1931年3月1日，敌人向江南地区发起了进攻，开始了第二期"围剿"。第一四二旅及第一四三旅一部分两路分别向公安、斗湖堤经高河厂、横市向藕池进攻，当日下午进占藕池，并向石首进犯。同时，敌新十一师派部由南县进攻华容。

独立团集中全部兵力打击向高基庙进攻的中路敌军新十一师，3 月 6 日于梅田湖歼其一部，击退了该路敌军。但进占藕池的敌人 6 日又进占了石首县城。此时，敌人依仗兵力优势，节节推进，江南形势日趋严重。为了应付这种局势，湘鄂西特委在周逸群领导下，在调弦口召开了紧急会议。会议决定派段德昌率独立团渡江，反击监利、沔阳、潜江等地之敌，肃清反动势力。

会后，段德昌率独立团趁徐源泉集中军力清剿江南苏区之机北渡长江进入监利、沔阳、潜江地区。联县政府动辄出动数千乃至数万赤卫军、少先队、群众武装配合独立团部队作战。不到一个月，段德昌率部先后攻占监利、沔阳地区瞿家湾、柳家集、府场等要点，两次攻破重镇，一次击溃鄂军新三旅徐德佐一个团，继而又全歼一个营，4 次攻克朱河镇，彻底歼灭鄂军新二旅第二团。至 3 月底，洪湖根据地大部分已经恢复，基本上扭转了困难的局面。

4 月初，为了腾出兵力参加蒋桂战争，徐源泉被迫提前发动对洪湖苏区的第二次“围剿”，以期从速结束剿共军事行动，安定后方。4 月 18 日。段德昌在监利老新口再次与徐德佐新三旅的第二团两个营对阵。经过激战，红军歼灭敌军两个营。

4 月 24 日。徐德佐装备精良的两个团 3000 多人在监利余家埠被歼，鄂军新三旅全军覆没。段德昌缴获长短枪 2000 多支，迫击炮、机枪多架，弹药无数。徐源泉对洪湖根据地的第二次“围剿”以失败而告终。

白手起家的新六军经过半年的浴血奋战，不仅粉碎了徐源泉所部的两次“围剿”，自己也不断地壮大了队伍，发展成为拥有第二十五团、第二十六团两个主力战斗团和一个独立团，人多枪众的钢铁之师。

（二）“左”倾路线祸及湘鄂西

1931 年 1 月 7 日，中共中央在上海召开了中共六届四中全会。在共产国际代表米夫的支持下，以王明为代表的“左”倾教条主义路线在党内占了统治地位。会议决定系统地向全国各地派遣中央代表、中央代表机关和新的领导干部。在中共六届四中全会后，中央即派遣夏曦等到了湘鄂西根据地。

1931 年 3 月，夏曦来到反“围剿”斗争形势刚刚有些转机的洪湖根据地。为了迅速取得领导权，夏曦采取了一系列旨在架空原有领导人、排斥异己的组织措施。3 月 27 日，夏曦成立了自任书记的湘鄂西中央分局和自任主席的湘鄂西军委分会，同时取消了中共湘鄂西特委，积极准备全面接管部队、地方和党的领导权。4 月 15 日，夏曦主持召开了湘鄂西特委会议，作出了接受中共六届四中全会决议的决议，决定改造湘鄂西党组织。4 月下旬，急于控制洪湖根据地的夏曦即以中央分局和军委分会的名义撤销洪湖根据地创始人周逸群的党政军职务。夏曦还下令红二军团缩编为红三军，辖七师、八师两个师，新六军改编为红三军第九师，师长段德昌，政委陈培荫，下辖第二十五团、二十六团。而在之前 3 月间的枝柘坪会议上，红二军团前委已经决定按照中共中央的指示，将红二军团缩编为红三军，将红二军缩编为第七师，将红六军缩编为第八师，将周逸群、段德昌在鄂西苏区发展的武装编为第九师。缩编后，红三军军长贺龙，政治委员邓中夏，参谋长孙德清，政治部主任柳克明。第七师师长王一鸣，政治委员李剑如，下辖第十九团、二十团、二十一团共三个团。第八师师长许光达，政治委员王鹤，下辖第二十二团、二十三团、二十四团共三个团。与此同时，组成了以邓中夏为书记的红三军前敌委员会，成员还有贺龙、柳克明、孙德清。

周逸群被迫率领一批地方干部和游击队员南下洞庭特区开展工作。5 月，周逸群从洞庭特区返回江北，途经华容贾家凉亭时，遭到敌人的伏击，不幸壮烈牺牲，时年 35 岁。周逸群牺牲的消息传到洪湖，根据地一片哭声。周逸群同志宽厚待人，深受军民的拥戴。从某种意义上说，他是夏曦代表王明“左”倾路线搞宗派主义斗争的第一个牺牲品。夏曦与根据地军民的关系由此蒙上浓厚的阴云。随着组织机构的调整，洪湖苏区党权、政权先后落入夏曦的掌握之中。6 月 24 日，又召开了中央分局扩大会议，成立了中共湘鄂西临时省委，崔琪为书记，杨光华、万涛、彭之玉为常委。

通过上述会议，夏曦等在反“立三路线”和反“调和路线”的旗帜下，全盘否定了湘鄂西党经过长期艰苦斗争所取得的成绩和经验，对苏区的各项工作产生了极其不利的影响。湘鄂西的红军和革命群众在与国民党军队进行殊死斗争的同时，还为“左”倾路线的贯彻付出了沉痛的代价。

对洪湖苏区来说，1931 年是个多灾多难的年份。这一年，国民党一而再、再而三地“清剿”，虽有段德昌率军抵挡，但国民党反动派毕竟去了又来，反复烧杀蹂躏，群众生命、财产损失巨大。6、7月间，由于大雨连绵，江河湖泊水势猛涨，长江、汉水、襄水、荆东等河道的大堤相继溃决多处，洪湖苏区遇上了几十年未遇的大水灾。国民党军乘机决堤水淹苏区，并枪击抢修堤防的军民，企图置根据地军民于死地。

到7月间，整个洪湖苏区除华容东山等少数高地外，监利、沔阳、汉川、江陵等地深受水害，一片汪洋。苏区外逃群众达70余万，3万党员仅剩1万多人。泽国之中，不少工会、贫农团、赤色教导军、少先队等基层政权、群众组织陷于瘫痪。段德昌的两个团昼夜帮助群众筑堤抢险，无暇他顾。

周逸群牺牲后，夏曦一再抽空江南游击武装，限制江南游击队的发展。大水袭来，洞庭特区朱祖光领导的江南游击大队在泽国中无法存身，又无力向外发展，遂被迫转移到洪湖地区，江南根据地由此丧失。

为了打破敌人的封锁，摆脱根据地大灾之后给养困难的处境，8月2日，中央分局作出了《关于九师最近行动的决议》，规定“九师目前唯一任务就是在巩固和扩大苏区的原则下，在保存红军基本实力的条件下，图军事上的发展”，决定以红九师主力向襄北出击，发展潜江、天门游击区，使潜江、天门与监利、沔阳、汉川苏区联系在一起，并尽可能占领天门，巩固这一区域。同时，考虑红九师向北行动，有可能与红三军主力取得联系，湘鄂西临时省委又补充决定：“在能与红三军取得联系时，则须与之取得联系，但这是次要任务。派万涛同志转变红三军政治路线，接充红三军政治委员。”红九师第二十五团奉命留在苏区，应付突发情况，红九师主力实际只是师直属连队和第二十六团，却要执行几项重大任务，足见任务是很艰巨的。

8月13日，段德昌、万涛率红九师二十六团和一批赤卫武装组成的主力北上向襄北挺进。途中，首先歼灭了周家矶、黄家场一线国民党军大部，残部在红九师的追击下逃往沙洋。8月17日，段德昌指挥主力顺着大路径直追到沙洋，另派一支队伍绕道迂回到沙洋侧后，两边夹击。国民党新三旅旅部及其第二团2000余人被歼，号称鄂军名将、为祸苏区不浅的徐德佐死于乱军之中，洪湖去了一大祸患，沙洋被攻克。这一仗结束之后，段德昌立刻拿缴获的装备武装游击队，编成了像模像样的红二十七团（实有3个连）。旋即，段德昌挥军杀向潜江。

留守苏区的第二十五团为掩护主力行动，8月14日，段玉林指挥部队攻克直路河，当夜又克莲花寺。次日，段玉林率部再克杨家场，全歼新三旅一个营，逼至潜江城下，城内守军慑于红军威势，弃城北遁。8月18日，红九师3个团在潜江城内会合。

8月24日，徐德佐死后阴魂不散的新三旅残部伙同三十四师一部进行反扑，三十四师的国民党兵试探性地刚摸到潜江的外围，迎头就碰上一阵枪弹。他们不敢怠慢，展开队形和红军打起来。机枪、迫击炮一响，正面几百名红军抵挡不住，朝潜江县城退去。复仇心切的新三旅残部嗷嗷乱叫地当即追了过来。红军一时无法脱身，只能且战且退。过了一小会儿，担任诱敌任务的红军一个营穿过伏击圈直奔城门而去。乱哄哄的国民党军由于追击距离过长，跑得东一群西一伙地乱了建制，前头一大群撞着伏击网底，大队却远远落在后面，处于天网的外缘。一阵号响，红九师从路的两侧猛冲出来，把猝不及防的敌军拦腰截断。网内围住的敌人三下五除二地缴了械，网外的扭头就逃，被红九师骑兵营一阵马刀砍得四散而逃，追兵成了溃兵，逃得遍野皆是。

打了这一仗之后，段德昌、万涛商议后认为：附近暂无大股敌军，徐源泉即便想再发动进攻，调兵遣将也还需要一些时日，红九师完全有时间沿襄河北上与红三军联络。

由于湘鄂西党、军队和人民群众的共同努力，特别是红九师连续出击得胜，部分地解决了根据地的困难，为苏区人民最后战胜水灾、坚持对敌斗争创造了有利条件。

1931年8月中旬，红九师攻克沙洋，从缴获的远安县长告急文书中，得知红三军主力在南漳地区活动。为迎接红三军主力返回洪湖根据地，万涛决定向荆门发展以联系红三军。但部队进至荆门时，未能得到红三军的消息，又北上至仙居，并派人与红三军主力联络。在仙居逗留一周，因联络人未回，乃东渡襄河进入襄枣宜苏区，进行短期休整。

此时，红三军正在房县、谷城、保康地区活动，贺龙、邓中夏等红三军前委负责同志得悉段德昌率红九师已沿襄河北上前来接应，即在青峰镇召开会议，决定主力返回洪湖苏区，留分散各地领导地方工作的各级政治机关人员坚持地方工作。9月中旬，红三军主力自青峰镇出发南下，沿途过关斩将，连败川军阻击部队，经南漳、荆门等地向洪湖转移。

红九师得悉红三军主力到达荆门地区，乃西渡襄河。9月28日，段德昌带红九师二十五团、二十六团、二十七团等3个团与贺龙指挥的红三军七师、八师共3个团在荆门刘猴集会师。两军的老战士们呼朋唤友地寻找熟人、亲人，一个个百感交集。会师后，前委成员和军、师领导们则并不轻松，万涛根据湘鄂西中央分局及临时省委指示精神，紧急召开了前委扩大会议，吸收红三军团以上干部参加，传达了《中共中央关于军事路线问题给二军团全体同志的信》。信中要求红二军团：一、“立即撤销邓中夏同志机会主义的领导，坚决执行国际及四中全会的路线……邓中夏同志必须立即离开二军团”；二、“二军团必须立即向湘鄂西原有苏区根据地的方向发展……巩固与扩大湘鄂西苏维埃区域”。红三军前委根据中共中央及湘鄂西中央分局的指示，作出了《关于反对邓中夏同志错误领导的决议》，随即撤销邓中夏红三军政委、前委书记职务。由万涛接任红三军政治委员。

红二军团在邓中夏一意孤行的指挥下，以3万多人的大军渡江南征，其后又在鄂西北流动数月，一年下来，红二军团主力仅余4000多人。

此时，红三军的实力为：第七师辖第十九团、二十团两个团，每团有5个连，并各附先锋队（即“神兵”）一队；师部直辖特务营，有手枪连、步兵连、机枪连（重机枪3挺、迫击炮3门）各一。红八师辖第二十二团、二十三团两个团，第二十二团有10个连，第二十三团有9个连；师直辖特务营，有手枪连、步兵连、机枪连（重机枪2挺、迫击炮2门）各一。红九师除第二十五团（约有枪1100支）外，第二十六团有13个连，第二十七团有3个连；师直辖手枪连、骑兵连、机枪连各一个。军直辖手枪队，经理部监护大队，政治部政治保卫队一个分队。除第二十五团外，总计红三军共有枪5000支左右。此外，军部教导团约有1000支枪，留在房县 。

10月5日，段德昌指挥红九师攻克张截港，打通了与根据地的联系。3天后，在红九师的引导下，离开苏区整整一年、饱受流离之苦的红三军携带大批缴获的粮食、物资回到根据地。但是，以夏曦为代表的第三次“左”倾教条主义错误路线的执行者，对于红三军在襄北的行动不仅未予以表扬和支持，反而于此时制造矛盾，挑起党内斗争，打击军、师的领导同志，以便进一步贯彻第三次“左”倾路线。当时，湘鄂西军委分会主席团成员为夏曦、贺龙、万涛3人。

10月8日，也就是红三军踏入苏区的这一天，夏曦趁湘鄂西军委分会主席团主要负责人贺龙、万涛尚在军中之机，在后方由唐赤英代贺龙、彭之玉代万涛，签署了夏曦、贺龙、万涛3人署名的致红三军的训令。训令对贺龙、万涛、段德昌等人的军事行动提出了严厉的批评，完全否定了红三军在襄北的行动，抹杀了贺龙等人的功绩。训令还给予红九师师长段德昌、政委陈培荫行政警告处分。训令宣布，为加强红三军，改组前委。彭之玉任前委书记，唐赤英、贺龙为前委委员，万涛的红三军政委一职由夏曦本人兼任。

10月10日，红三军回到潜江，贺龙见到了新的中央代表夏曦。10月15日，夏曦正式接替了万涛红三军政委的职务。他一到任就宣布：鉴于红三军目前实力严重不足，撤销师部，部队立即整编成5个团，由湘鄂西军委分会直接指挥，这样就实际上撤销了红三军军部，红三军军部调回后方周老嘴驻扎。这次改编，引起了红三军干部、战士的强烈不满。

夏曦不仅在红三军上下激起了普遍的不满，他在根据地推行的反对所谓富农路线的口号也引起了群众情绪上的不满和对立。而对邓中夏的无休止的过火批判在党内牵连甚广，几乎人人自危，对牺牲已久的周逸群近乎诽谤的指责更是使得干部、党员们心存抵触，大为不满。对夏曦的不满积聚起来，终于形成了一致反对的局面。

为解决争论，11月初，中共湘鄂西省委召开座谈会。11月20日，中共湘鄂西省委又召开省委扩大会议，贺龙、段德昌、孙德清、许光达、宋盘铭、万涛、尉士均等党、政、军领导人纷纷发言就各方面的失误对夏曦提出了尖锐的批评。但这些会议没能纠正夏曦的错误，夏曦继续坚持错误观点。

为了解决分歧，中共湘鄂西中央分局以集体决议的形式作出一个至关重要的决定：中央分局和省委先后派遣分局委员宋盘铭、省苏维埃秘书长尉士均到上海向中央汇报有关情况，请示解决办法，但最终都未能解决根本的问题。

湘鄂西省委的内部争论缠住了主要领导人的手脚。根据地的恢复工作、部队训练备战等工作均被搁置下来。徐源泉乘机调整兵力，集结四十一师张振汉部与川军郭勋、张邦本部分途向洪湖腹地夹击过来。国民党反动派一路烧杀蹂躏，给红三军和根据地构成了极大的威胁。大敌当前，夏曦与贺龙、段德昌、万涛等人的争执不得不暂时停止。夏曦虽然费尽心力争取部队的指挥权，但目的不过在于执行“国际路线”。他本人并不熟谙军事。因此，战事仍依靠贺龙、段德昌指挥。11 月上旬，贺龙、夏曦命令原红九师 3 个团首先打垮较弱的川军。段德昌指挥部队首战后港，歼灭张邦本部队 1 个营，再战十回桥，又歼灭郭勋部队 1 个营，毙伤 500 余人，缴枪 400 余支，川军各部如惊弓之鸟纷纷后退。同时，贺龙与夏曦带原红七师两个团折入襄北地区，于 11 月 12 日攻下皂市，歼灭了以湖北绥靖主力何成浚的副官长兼特务团长曹振武为首的装备最为精良的特务团及武汉保安团两个营。敌副团长以下数百人被击毙或死于冲锋红军的刺刀、马刀之下，800 余人被俘。缴获的 30 多挺手提机关枪和 50 多支花机关枪最让红军指战员们兴奋，400 多支步枪倒成了陪衬。接着，红三军又在天门、京山一带游击，牵制了天门、岳口等处的敌人，稳定了根据地的形势。红三军在襄北活动 40 多天，取得了很大胜利，但因夏曦极力纠缠于党内斗争，未能发动群众支前参战，以致红三军与后方联系困难，不少伤病员无法安置，遂于 12 月下旬撤回襄南。

1932 年 1 月 19 日，红九师从周家矶出发，由泗港渡襄河，20 日，冒雨袭占皂市，守敌逃往应城。段德昌率红九师紧追不舍，于 1 月 21 日以主力包围了龙王集的第四十八师特务团 6 个多连和 100 多名矿警，以第二十七团包围了陈家河之敌，侦察部队逼近应城。敌第四十八师特务团团长兼应城县长蒋作均派工兵营解龙王集、陈家河之围，行至龙王集不远的地方，大部被红军歼灭。龙王集的敌人坚持了三天三夜后，向田店方向突围，在突围时大部被歼。陈家河的敌人，在红三军的军事打击和政治争取下全部投降。

因为遭到红三军的不断打击，国民党武汉绥靖公署主任何成浚忙调蒋介石嫡系第四师第十二旅张联华部，从孝感经应城赶往龙王集和陈家河增援。1月24日，张联华部赶到应城。红九师确定围点打援、用伏击手段歼灭该敌。1月25日拂晓前，陈家河之敌投降。红九师在龙王集至应城之间的周家湾、毛家畈一带全歼张联华的两个团和旅直属部队，另一个团经黄家滩东逃。下午5时，战斗胜利结束。

这一仗，武汉绥靖公署何成浚的王牌军——第四师第十二旅4000多人全军覆没。红九师缴获步枪3000多支，轻重机枪100多挺，大小迫击炮20门，子弹数万发，军装1万多套。无论从哪方面来说，这都是一次战果辉煌的胜利。

1月22日，湘鄂西第四次党代会在监利周老嘴开幕，到会127人，代表军队、地方2万多名党员。夏曦召开此会的目的，首先是为了全面贯彻中共六届四中全会的路线，并在中央所谓反立三右倾机会主义路线的旗帜下统一湘鄂西党组织的认识，以便高举“国际路线”和中央路线的大旗，把一系列“左”的方针、政策贯彻推行下去；其次是为了设法平息将近一年时间内广大干部群众对自己的不满。而广大代表则指望通过正常的批评方式总结经验教训，促使夏曦改进工作，改善党的领导。然而几天的代表大会以夏曦的全面胜利而告终，它不仅从组织上肯定了“左”倾冒险主义的错误纲领、路线，使坚决贯彻王明路线的以夏曦为代表的少数人取得了湘鄂西党、政、军的领导权，更为凶险的是，这为后来的残酷肃反埋下了引火线。

军事力量得到恢复的红三军一反常态，以前所未有的主动接二连三地强攻硬打敌人重兵守备的要塞，其强悍的作风和凶猛的势头使得徐源泉心惊肉跳。

红三军的进攻，给了敌人很大震动，何成浚急令第三十四师、独立三十七旅和川军向苏区进攻。1月26日，川军第二十一军教导师第三旅和第三师第九旅共四个团的兵力占领了李家市、熊口、龙湾、老新口一线；独立三十七旅一部占领了周家矶、莲花寺、直路河，并在总口一带焚烧村庄；第三十四师则从沔阳进攻孙家场、杨林关，威胁洪湖苏区中心。此时，苏区仅独立团支持战斗，情况紧急。湘鄂西军委分会急调红七师西上迎敌，红九师沿汉口、宜昌公路向西抄袭独立三十七旅侧后。待红七师赶抵峰口时，第三十四师部队已被独立团击退，情势有所缓和。2 月 4 日，红九师二十七团乘雪夜袭击张截港，歼新三旅一个营，继而连夜袭入潜江，敌人退守策口。此时，原红三军教导团从房县回到了洪湖，改编为鄂西北独立团，不久与红三军独立团合编为红八师，随即投入了包围策口的战斗。

为解策口之围，敌人从岳口和沙洋两个方向出动了援军。2 月 12 日，红八师、红九师击溃岳口援敌独立三十七旅 2 个营，策口敌人被迫投降。从沙洋出动的敌军第四十八师 3 个团，14 日晨向张截港进攻。红九师予以阻击，毙伤敌 150 多人后，主动撤往灰埠头。张截港、北黑流渡一线的敌人，在红军的军事压力下，相继退走。从 2 月 4 日到 2 月 14 日的十天战斗中，红八师、红九师共歼灭敌人 3 个营，并牵制了大量敌人，减轻了敌军对洪湖苏区的威胁。

1932 年 3 月 5 日，为切断红三军新近开辟的襄北苏区与洪湖苏区的联系，打通皂市、天门之间的交通，配合泗港、张截港之敌向渔薪河、灰埠头一带“进剿”，敌鄂军四十八师一四四旅奉命由皂市出兵南下。一四四旅旅长韩昌俊指挥部队走到文家墩、李家场一线时，因适逢大雨，只得下令士兵休息待命。红三军得悉后，决定歼灭该敌。深夜，贺龙、关向应指挥红七师主力，段德昌带领红九师主力，两个师 1 万多人借着闪电的亮光，冒着狂风暴雨在夜幕的掩护下隐蔽地从离文家墩八里地的集结地点花台出发，团团围住了韩昌俊部。

3 月 6 日天刚亮，段德昌带领红九师率先发动冲击，迅速把蒙在鼓里的敌一四四旅分割成许多各不相顾的小块。到了中午，一四四旅全部被歼，旅长韩昌俊以下 3000 多人被俘，红军缴获的弹药、枪支、粮食堆积如山，一度严重消耗的弹药得以补充，装备得到了改善。3 月 7 日，闻讯从皂市赶来增援的四十八师一四二旅又被红三军一举击溃，师长张振汉也被红军击伤。敌人的“清剿”被粉碎。

然而，面对红三军取得的胜利，夏曦只是批评与指责：“右倾”，作战不力，贻误战机，致使放跑了敌酋张振汉及其一四二旅。

文家墩战斗后，汉川独立团编入红七师，红七师、红九师两师都各自扩充到 3 个团，红三军全军达 15000 多人，各种枪 11000 多支。

然而，这个本可继续发展的大好形势，因第三次“左”倾路线在各方面的影响，不久就开始向不利方向转化了。

中共六届四中全会结束之后，中央要求各苏区“以最大的决心”反对取消派、AB 团，并且把李立三领导的中央提出过而并未真正实行的“残酷斗争，无情打击”的口号沿用下来，并且以“真正的手腕”付诸实施。各红色根据地先后开始肃反。

在监利周老嘴会议上取得了湘鄂西党政军全面领导权的夏曦很快成立了半秘密的肃反机构保卫局。夏曦在王明中央一再怂恿、督促下，渐渐下定了大规模肃清 AB 团、“改组派”反革命分子的决心。人员调整、逮捕和镇压的各项准备工作开始紧锣密鼓地进行。

国民党在文家墩遭到红三军的严重打击后，1932 年 3 月 17 日，徐源泉重新修订了进攻计划：以第四十四师两个旅及一个补充团为“进剿”部队第一支队，第四十一师和第四十八师各一个旅为“进剿”部队第二支队，以重新组编之第一四四旅、独立三十七旅和新三旅主力为总预备队，集中不下 15 个团的兵力逐次“清剿”皂市、天门一线以西的襄北地区。

3 月 29 日，“进剿”部队两个支队共 8 个团由皂市沿汉宜公路及其南侧并列西进。同日，驻岳口的独立三十七旅主力进至天门，准备协同驻天门之新三旅一个团相机行动；驻沙洋之第四十一师一个团进至多宝湾，威胁红三军侧背。

在此期间，红三军根据中央分局“乘胜争取不断的胜利”、“打下京山，扩大苏区”的指示，以一部强攻京山城，伤亡很重，没有成功。以后，红七师到襄南寻机打击川军，肃清苏区内部白点；红八师、红九师在京山、天门境内，汉宜公路两侧地区活动。红七师尚未在襄南开始战斗，军部发现敌人将要大举进攻，即命令留一个团在张截港保障襄河两岸交通，主力向红八师、红九师靠拢，准备在灰埠头一带集结全军主要力量共 7 个团迎击敌人。然而，红七师尚未到达集中地点，迎击敌人的战斗就开始了。

接下来的 7 天 7 夜，红三军昼夜不停地与敌人厮杀拼斗。几乎每时每刻双方都在战斗、流血和伤亡，战斗打得十分激烈和残酷。国民党先后投入兵力 2 万余人，被全歼的建制部队为一个营，伤亡约 2000 人，一架飞机被击落。红三军的伤亡达 3000 多人，弹药消耗殆尽，再也无力发动攻势，只能依据贺龙、段德昌事先下令预备的工事防守，红三军的处境一下子被动起来，遂主动撤出战斗，敌军也向东退去。

瓦庙集战役结束，夏曦不顾红三军迫切需要补充休整的现实以及贺龙、段德昌、孙德清等军事指挥员的激烈反对，强令红三军“要用布尔什维克的速度”去向敌人重兵固守的京汉路进攻。

在国民党军从瓦庙集一带退回天门、皂市、应城一线不久，红三军便按中央分局的既定方针进逼敌占城镇，红九师深入应城、云梦、孝感地区活动。在一个多月的时间里，主力红军与游击队相配合，连续进行了许多战斗，如袭击应城、隔蒲潭、围攻京山等等，都没有获得显著战果。

1932 年 5 月，徐源泉调集 20 个团的兵力“清剿”襄北。正当敌人加紧进攻襄北地区的时候，湘鄂西第一次大规模的肃反开始了。这次肃反与“左”倾领导推行“残酷斗争”、“无情打击”的党内斗争和宗派主义的干部政策纠缠在一起，诬害了大批优秀干部。而面对敌人的进攻，夏曦竟然强令已成疲惫之师的红三军“全力消灭进攻之敌”。5 月 23 日，红三军主力向张家场一带防止红军增援刁汊湖的国民党军第四十四师一三二旅及一个补充团进攻。接下来的战斗持续达 8 昼夜，直到 5 月 31 日结束。国民党军伤亡 800 余人，第一三一旅旅长于兆龙被击伤。红三军伤亡 1500 余人。这是瓦庙集战斗后又一次极为激烈的战斗，同样也是一次得不偿失的消耗战。

数次伤亡重大的战斗，加上张家场战斗前开始的第一次肃反，大大挫伤了红三军的元气。同时，战斗的不利，也影响到了襄北新区的巩固。天汉地区的游击队、地方干部和大批群众，在张家场战斗后迫于敌人的压力和残酷烧杀，纷纷向西撤到了灰埠头一带。

乘着红三军主力正在襄北地区苦战，宜昌、沙市的川军在鄂军迭次要求下，集中 10 多个团的兵力分四路由后港、江陵、沙市、监利等处趁虚进犯洪湖根据地。6 月初，第一、第二两路敌军——川军郭勋第二十一军教导师第三旅和第三师第九旅共 5 个团从北面占领了下蚌湖、浩子口、周家矶和潜江一线；第三路敌军——川军第二十一军第四师范绍增部 3 个团从沙市奔袭苏区，占领了老新口、龙湾、张金河一带，并径直扑向湘鄂西军委分会及中央分局所在地周老嘴；第四路敌军——第二十一军独立二团团长佟毅指挥的 2 个团进攻陈沱子口。

此时，夏曦身边只有熊同寿率领的省军委警卫团和钱瑛领导的潜江县游击队、红军学校的学生队。情况万分危急。夏曦一面指挥警卫团、游击队和赤卫军分兵把口，一面通知红三军主力火速回援。命令同时分别下达给军长贺龙、代理政委宋盘铭和红九师师长段德昌。

段德昌接到回援命令后，立刻集中红九师骑兵营，又把全师驮马和干部乘马统统集中起来，凑成 800 余骑，亲自率领先行驰回。师主力则跑步行军随后跟进。6 月 9 日，段德昌率领一天赶了 200 多里的 800 骑兵到达湘鄂西中央分局、军委分会机关所在地，红九师到达新沟嘴，在当地群众和赤卫队的帮助下，连夜构筑工事。在红九师到达之前，军委警卫团已从张金河、老新口一带退到新沟嘴，并在当地准备防御。6 月 10 日，在部队一面继续加强防御准备，一面恢复体力的时候，夏曦由后方到达，他要红九师立即向老新口进攻。在段德昌分析了情况后，夏曦才同意红九师的作战计划。6 月 13 日，天刚微明，范绍增的队伍就开到了红军阵地前。川军冲到离红军 50 米开外的时候，他们见红军仍然没有动静，胆子就更大了，杀声震天地加快脚步，一窝蜂似地拥到离红军阵地不到 30 米的障碍物前挤成一堆。段德昌指挥所前一字排开的 5 挺机枪率先叫唤起来，全师几十挺机枪一阵疾风骤雨般地猛扫，川军倒了一大片，落潮一般退了下去。尔后，红三军又击退了敌人的疯狂进攻，取得了战争的胜利。

这一仗，红军全歼范绍增师部及一个旅共 3000 多人，缴枪 2500 多支，其余三路敌军纷纷后撤。与此同时，红七师在浩子口、下蚌湖一带截击撤退之敌，歼灭了敌第九旅的一部。

这次胜利不仅削弱了“围剿”军的西翼，也阻止了襄北敌军的进攻，不仅保住了荆南、江陵、潜江苏区，而且使荆门、当阳一带党的组织乘势扩大了部分新区。但夏曦无视这个事实，依旧顽固地贯彻既定方针。红三军在新沟嘴战斗后，只得再去逼近应城、皂市，围困京山，执行没有成果的所谓“进攻战略”。

为了解除对武汉的威胁，国民党军首先以主力向鄂豫皖和湘鄂西革命根据地进攻。6月底，蒋介石将向湘鄂西苏区进攻的军队化为左路军，以何成浚兼任司令，徐源泉为副司令官兼总指挥，部队总共约有10万之众。

大兵压境，大难当头。不堪重负而屡受挫折的红三军与根据地的一切武装群众，毫无疑问地应当立即动员和组织起来共同抗敌。然而，夏曦与杨光华、关向应等商议后按照中央关于“应该有系统有计划地进行肃反工作”的指示，把肃反当作“最紧迫”、“最突出”的中心任务，认为内部肃反是消灭敌人“围剿”的先决条件。

每天都有成批成批的“改组派分子”被五花大绑地押进保卫局，每天都有成批成批被打得遍体鳞伤的“反革命”被拉出去处决。

这些人当中，大都是各级政府机关干部、基层苏维埃主席、医院医生、护士、红军连以上干部，其中还有不少刚从火线上抬下来或正在医院治疗的伤病员。

万涛、段玉林、陈培荫、刘革非、王鹤、柳克明、李良耀、彭国才、潘家辰、周荣光、孙德清、刘岳云、张昆弟、许旭、蔡玉昆、李剑如、韩奉山等一大批随贺龙、周逸群、段德昌一同创建湘鄂西红军和洪湖根据地的党政军重要领导人先后被捕、杀害。

党政军深受群众、战士拥戴，有很高威望和号召力的干部大部分被杀害，军队、地方党团组织基本上被彻底破坏，军中仅有的几十名黄埔生，中共中央军事训练班毕业学员和苏联军校毕业生被捕杀殆尽。红三军的士气、军事素质和战术水平急剧下降，直接导致了军事上的接连失败。

（三）退走湘鄂边

1932年8月10日，徐源泉以3个师又10个旅共10万余人的兵力再次进攻洪湖苏区。鄂军由北向南重兵压迫，川军从西往东猛攻，湘军李觉第十九师从南面堵截，东面长江之上则由国民党海军昼夜往返巡逻，以防红军南渡。很明显，徐源泉的意图就是以绝对优势兵力四面合围洪湖，以达围歼红军目的。8 月 11 日，敌人开始调整部署，向进攻地区集结。

在这种情况下，先后在襄北、襄南以阵地战迎敌失利的红三军又被夏曦强令以红七师、红八师强攻川军重兵屯驻的沙市、荆州、皂市，结果失利而归，红三军遭受到了惨重的损失。战后，川军很快加强了对沙市、江陵的防护，也加强了对红军的封锁。

8 月 20 日，敌人控制了白庙以西的整个东荆河北岸地区，同时，敌第三十三师也进入了汉川、汉阳境内，控制了侏儒山及其西南地区。湘鄂西根据地机关所在地受到了直接的威胁。

面对这种情况，在周老嘴会议上，红三军的领导同志们提出了正确的作战意见，但被夏曦否决。在强敌压境之下，夏曦提出的把红三军主力拆散分兵抗敌、两个拳头打人的作战策略铸成了无法挽救的败局。

8 月 24 日，敌人第三纵队占领了东荆河以南的要点峰口和府场等地。红七师匆忙向府场和预备堤之敌进攻，但进攻失败。同时，敌人的第四纵队先头部队也赶到了西面的渔洋镇。8月30日，红七师一个团夜袭新老口之敌，但没有成功。敌第三、第四两纵队造成了对新沟嘴、杨林关的包围形势后，8 月 31 日晨，即以第四纵队两个旅进攻新沟嘴，以第三纵队之第一四四旅进攻杨林关。红七师主力和警卫师主力在新沟嘴与敌激战，红七师因伤亡过重不得不撤退。第二十一团在杨林关撤退不及被敌合围，大部分牺牲，少数分散突围。红七师主力退到周老嘴后，仍奉命协同警卫师主力作固守“决战”。当日下午再次被强大敌人击败，在退往分盐的途中，被敌骑兵追击，又失散了很多的兵力，师政委鲁易、3 个团长和 1 个团政委英勇牺牲，警卫师也损失很大。

这一仗在夏曦单纯防御、固守决战的错误原则指导下，碰了钉子，但夏曦丝毫不觉悟，尔后便完全陷入了应付主义之中。此时，湘鄂西根据地中心区仅剩纵横四五十里地域，已经危在旦夕。

夏曦经此惨败，由盲目自信而变为惊慌失措。他匆忙决定：一、令红三军速返洪湖或在襄北牵制敌人；二、于最短时间发动游击战争；三、亲率红七师突围。

在危急关头，夏曦一方面派人通知贺龙、关向应，一面用电台把这个决定报告给中央苏区中央局。周恩来、朱德等中革军委领导同志立即复电，指出夏曦的决定不妥当，并提出了相关的要求。

对于中革军委的指示，夏曦拒不接受。这个重要指示，两个多月以后，即到了 11 月间，红三军已经转移到陕南的竹林关时，夏曦才告诉了贺龙和关向应。

夏曦作出上述三项决定后，即令湘鄂西省委书记杨光华和红七师师长王一鸣带领红七师主力先行出发，向西转移。他和省委的一些领导人留在当地处理“改组派罪犯”和安排打游击。9 月 4 日晨，红七师主力行至监利、毛家口、观音寺之间，遭到川军一个营阻击。红七师一部被迫折返，一部约两个营兵力转移到了江陵的张金河。

9 月 7 日，敌军第四十一师占领了朱河镇。夏曦率军委警卫部队、红七师的其余部队和一批地方干部也转移到了张金河。在转移途中，又遭到敌人的数次侧击，到达江陵地区时，总共只剩下了一个团兵力，枪不满千支，而且由于电台丢失，从此与中央和友邻根据地失去了联系。

此时，红七师已经成了名副其实的残军，势危力孤。在这种情况下，领导人本应该同仇敌忾以御强敌。而夏曦则以“改组派”罪名追究湘鄂边苏区失败的责任。周小康这位杰出的领导人，竟被夏曦以“改组派”罪名杀害。

红七师在江陵地区集结后，根据夏曦的指示转到了荆门地区，以后又与在襄北活动的红三军主力会合。

敌人控制洪湖沿岸地区后，便大举进行“清剿”。敌军多路围逼江陵，形势日蹇。在这种情况下，夏曦遂以王炳南独立团为第一团，沔阳独立团及部分游击队为第二团组成独立师，任命王炳南为师长、卢冬生为政委，整编之后立即向北突围去襄北寻找贺龙、关向应率领的红三军主力。

10月上旬，各方敌军同时向红军进攻，很快就占领了龙湾等地。夏曦乃率独立师及潜江、荆门两警卫营沿着红七师走过的小路向西北突围，途中在三汊河附近与川军第四师十二旅三十六团遭遇，先胜后败，被敌人截作两段。夏曦、王炳南带第一团及第二团一部抢过西荆河，最终在大洪山区六房嘴与红三军会合。独立师政委卢冬生率第二团大部及随行地方干部、群众转移到远安，与荆当远独立团会合。

至此，以洪湖为中心，一度规模宏大、盛极一时的湘鄂西红色根据地完全失败。

贺龙、关向应率领红三军主力奉命离开洪湖后，一直在数万敌军的围追堵截中周旋，与根据地消息隔绝。

直到10月中旬在六房嘴与夏曦会合后，红三军的同志们才知道洪湖根据地已经彻底丧失。得知这个消息，全军上下十分悲愤，无不用怨愤的目光看待夏曦等人。此时，夏曦本人的内心也十分苦恼。空前的惨败和眼前极为艰难的处境，使他完全丧失了恢复洪湖苏区的信心。然而，他又害怕承担抛弃洪湖苏区的责任。在这种走不敢走、回不敢回的两难处境中，夏曦无所作为地带着红三军在大洪山山区东游西荡。红三军每天都在敌军重兵的追击之下，无休无止地转移，每天行军100多里。时近深秋，夜来风寒，衣不蔽体的红三军将士们只能靠山上的柿子、核桃、高粱秆、玉米秸、树叶、野菜充饥，苦不堪言。

夏曦一方面为推脱丢失洪湖苏区的责任，另一方面也为压制军中日益强烈不满的情绪，把苏区失败的责任完全归诸反革命破坏，从而发动了第二次残酷“肃反”。

10月下旬，红三军发现红四方面军离开鄂豫皖根据地转移西去时，湘鄂西中央分局才在枣阳王店召开会议讨论部队的转移问题。会议最后决定红三军仍由贺龙指挥，向湘鄂边转移。

王店会议后，红三军参谋长唐赤英、红七师师长王一鸣，以及一批团、营干部先后被杀害。红三军在国民党正规军和地方民团追堵之中一面“肃反”，一面向豫陕边境转移。由于各级干部反复遭受清洗，普通战士也人人自危，致使部队军无斗志。后来，文南浦也被夏曦以“改组派”的罪名枪决，他是被害的第三任管理科长。

11月初，在敌军攻袭甚急的情况下，红三军从随县以北越过桐柏山进入河南，遭到敌人正规军和反动地方武装的频繁袭击。当时正值严冬时节，部队缺少御寒被服，更给生活、作战增加了困难，体力不断下降，伤病人员日益增多。11 月 9 日，红三军遭敌第十五路军马鸿逵部第三十五师一〇三旅和泌阳、方城、南阳等县反动武装连续袭击，且战且退，夺路疾行，10 日，在苗店、郝砦等地经过几次激战才打退了追击之敌，接着强行百余里进入伏牛山区。苗店之战，红三军损失很大，掉队、伤亡人员很多，红八师师长覃甦壮烈牺牲。

进入伏牛山区以后，红三军虽然日行不下百里，仍不能摆脱敌人。为转变被动局面，11 月下旬，红三军在临近西峡口时，以一个团兵力于觉村附近设伏，打退了敌第十五路军马英才旅的追击。接着，又在陕南的武关与敌第六十四师刘镇华部一个团遭遇，经激烈战斗，将其击溃并全歼其一个营，以后情况才得以缓和。

1932 年 12 月 27 日，红三军经河南、陕西、四川绕了个大圈，终于到达湘鄂边的湖北鹤峰境内。此前两个月内，红三军行程 7000 多里，平均日行 100 余里，其间大小战斗胜少败多，“肃反”行动从未间断，部队兵员由 15000 人锐减到 9000 余人；弹药消耗殆尽，每条步枪所余子弹平均不到 3 发；干部的损失更为严重，伤亡病故，加上“肃反”捕杀，原来富有战斗经验的军政干部所剩无几，党政工作几乎陷于停顿状态。

在红三军远征的同时，卢冬生率领的独立师一部，于 10 月 30 日在远安东南之庙前与荆当远独立团会合，独立团编入独立师，独立师达到 1000 多人。11 月中旬，独立师到达当阳境内，准备经荆门之大瓦山返回洪湖苏区。11 月 20 日，在团林铺、沈家集一带与敌四十八师一四四旅遭遇，作战失利，遂改变返回洪湖苏区的计划，退至兴山、远安和宜昌交界地区。12 月间，在水田湾打退了川军和当地保安团的三路围攻。1933 年 1 月 21 日攻克兴山县城，得知红三军已抵湘鄂边，乃决定前往会合。1 月 27 日，从秭归以东的黑岩子南渡长江，奔往鹤峰。2 月初，与红三军会师于走马坪。

1933 年 1 月 1 日，红三军乘虚攻占鹤峰县城，全歼当地保安团 300 多人，次日进驻太平毛坝休整。在为期一周的休整中，1 月初，湘鄂西中央分局在毛坝举行会议，贺龙与政委关向应提议，按照王店会议精神恢复湘鄂边苏区，以鹤峰为后方向比较富庶的湘西发展；首先占领桑植，整编部队。夏曦虽然同意恢复湘鄂边根据地，但借口部队内部不纯，无法整理，反对整编红三军，主张在红三军中进行“清党”，并继续“肃反”。贺龙、关向应均不同意夏曦的主张。贺龙提议停止“肃反”或把“肃反”停止一段时间，以后发现反革命分子时再议，但未被采纳。不久，在红三军占领桑植后，夏曦未经中央分局集体讨论，就擅自决定“清党”，审查党员，重新登记。

1 月 8 日，红三军向桑植出动，击破朱际凯的阻击，1 月 13 日占领桑植县城，主力继续推进到瑞塔铺、南岔，一部活动至江垭。1 月 13 日，红三军攻占桑植以后，贺龙再次提出停止“肃反”，但遭到了夏曦等人的拒绝。

湘西土著军阀、国民党新编第三十四师师长陈渠珍得知贺龙率领 1 万人枪又占了桑植，一面加强戒备，一面指派覃辅臣写信与贺龙联络：愿意让出桑植、大庸地盘给红军，惟愿达成不进攻的协议。贺龙接到信后，立即与夏曦商量。红三军师以上领导干部一致认为，目前部队极度疲惫，利用敌人内部矛盾与陈渠珍达成暂时妥协，可以获得一个休整与发展的时机。然而夏曦则坚决反对，并令红三军立即向陈渠珍部进攻。

与此同时，对转移至湘鄂边的红三军，蒋介石急电下属迅速歼灭之。何键派第十九师师长李觉赶赴常德“督战”，令新三十四师和永顺、慈利等地保安团进犯桑植。

1 月 20 日，红七师、红九师向进至桃子溪之敌新三十四师周燮卿旅的两个团进攻，因部队非常疲劳，未经整顿，尽管人数略占优势，无奈子弹奇缺，战斗变成一场名副其实的屠杀，激战大半天，伤亡惨重的红三军不得不退回桑植。

桃子溪一仗彻底暴露了红三军虚弱的实力，使红三军又失去一个恢复、休整的良机。陈渠珍立刻下令所属各部和地方团防积极追剿。1 月 26 日，敌军分两路向红三军发起进攻。1 月 28 日，红三军在陈渠珍部凶猛进攻下被迫撤出桑植，退往鹤峰刘家寺、毛坝地区。

1 月下旬，中央分局又在毛坝召开扩大会议。夏曦进一步提出了继续“肃反”，解散党、团组织和“创造新红军”的主张，遭到贺龙、关向应、段德昌、宋盘铭等领导同志的一致反对，夏曦深为不满。

2月初，红三军军部由毛坝转移到走马坪，卢冬生率领的独立师1000多人也由江北到达。2月上旬，中央分局在毛坝召开扩大会议，讨论红三军整编和发展方向问题，作出了发展鹤峰周围苏区和整编红三军的决定。会后红三军缩编为红七师、红九师。叶光吉、盛联均分任红七师师长、政委，段德昌、宋盘铭分任红九师师长、政委。卢冬生独立师一部充实红七师、红九师，一部编为教导团，卢冬生任团长、关向应兼任政委。红三军兵分3路巩固湘鄂边苏区地盘。

转眼到了2月底，湘鄂边苏区的工作虽有一些起色，然而部队给养十分困难，打回洪湖的呼声越来越响。然而，第三次“肃反”又开始了。王炳南父子、陈协平以及一批干部、战士被夏曦亲自指挥枪杀于麻水。

3月24日，夏曦、贺龙、关向应、宋盘铭等人在巴东金果坪召开湘鄂西中央分局会议，意在检查洪湖苏区和湘鄂西失败的原因，总结经验教训，研究行动方向。夏曦认为失败的原因在于“改组派”杀得不彻底。为吸取教训，应该彻底地进行“肃反”。具体办法除逮捕、清洗“改组派”分子外，还要解散各级党组织。这些观点遭到了包括关向应在内的委员们的激烈反对。

尽管遭到了激烈反对，夏曦还是一意孤行地颁布了《关于红三军中共党员及共青团员清洗条例》。《条例》第一条称：“在肃反的过程中，发现大部分干部加入了反革命派别，因此将地方上、红三军中、游击队中各级党的委员会、支部干事会一律解散，所有共产党员实行清洗、重新登记。”

从此以后，整个红三军只剩下了4名党员：夏曦、贺龙、关向应、卢冬生。

按照发展鹤峰周围苏区的决定，从4月起，红九师在建始官店口和鹤峰邬阳关一带，红七师在宣恩和鹤峰、麻水一带，军机关、直属部队在巴东之金果坪一带，发动群众，建立了区乡苏维埃，组织了游击队，分配了土地，并先后击败了恩施、宣恩、建始等地团防和由湖北保安处长范熙绩指挥的湖北保安团的进攻。

经过一段时间的工作，到了6月间，湘鄂边苏区已拥有鹤峰、宣恩、恩施、建始、巴东、长阳及五峰、鹤峰、石门、慈利、桑植边界地区共约20多个区、100多个乡，包括清江以南的广大地区，人口约10万。除湘西外，大体已达到1930年时的规模。

但是，“左”倾领导人在1933年3月开始的第三次“肃反”中，捕杀了红九师师长段德昌和原独立师师长、红九师参谋长王炳南两位对创建湘鄂西红军和根据地有杰出贡献的领导干部，以及原湘鄂边独立团中的大批干部。段德昌被害，令红三军全军上下无不为之寒心。贺龙、宋盘铭等人把红三军的“肃反”情况和受害人的名字写在老乡家中所能寻到的黄表纸上向中央报告。5—6月间，段德昌尸骨未寒，第四次残酷“肃反”的厄运再一次降临到了红三军的头上。贺炳炎、宋盘铭被捕，被贺龙救下。但是红七师师长叶光吉、政委盛联均二人双双遇害，卢冬生继任红七师第四任师长。这次“肃反”一直延续到1934年夏天，使红三军的战斗力又受到了严重削弱。

在红三军恢复湘鄂边苏区期间，1933年6月，蒋介石委任徐源泉为湘鄂边“剿匪”总司令，组织湖北保安团指挥官张刚3个保安团和新三旅、第四十八师一四二旅、独立三十八旅、石（门）澧（门）保安团、慈利保安团以及新三十四教导旅、第三旅等对红军展开围攻。当时，红三军正忙于“肃反”和解决吃饭问题，对于敌人的进攻事先并不知道，更无防备。6月9日晨，红三军一部在背运粮食时，在宣恩长滩河突然与敌张刚部遭遇。红军当即发起进攻，战至下午，将敌击退，消灭了敌先头部队一部，无意中推迟了敌人的行动。至7月中旬，敌军集中不下14个团的兵力开始对红三军进行“围剿”：湖北省3个保安团和新三旅从西面，独立三十八旅、第一四二旅从东面，新三十四师一部和湖南省几个县保安团从南面，分数路进犯，至7月底，敌人相继占领了宣恩洗马坪，鹤峰县城和麻水、邬阳关，巴东金果坪等地。红三军未能打破敌人的进攻，转至宣恩、恩施、鹤峰交界地区。

在敌人进犯期间，湘鄂西中央分局于7月24日在宣恩的烧巴岩召开会议，商讨斗争方针。会议决定：开辟新苏区，赤化宣恩全县，组织来凤、龙山、咸丰、利川一带农民游击战争；巩固现有苏区，领导现在苏区的群众，广泛展开游击战争，号召群众参加武装斗争 。在烧巴岩会议上，夏曦得不到任何支持，又迫于关向应的压力，不得不正视红三军兵微将寡、不堪一击的现实，勉强接受了贺龙、关向应的建议。

会后贺龙开始活动残存不多的旧关系，利用影响争取部分“神兵”武装编入红军。与此同时，红三军开始做后方工作，安置伤员，建立了一些小块工作基点，准备开辟新苏区，巩固现有地盘。

7月底，贺龙、关向应率军部及汤福林（段德昌被捕后继任红九师师长）指挥的红九师向西行动开辟新区；夏曦带领卢冬生（叶光吉被捕杀后继任红七师师长）指挥的红七师在鹤峰苏区坚持斗争。

军部及红九师到龙山、来凤、咸丰、利川、宣恩境内后，打击团防和土豪劣绅，扩大红军，建立游击队，开展游击战争；在利川、咸丰、宣恩交界地区的忠路、小河、活龙坪一带建立了工作基点，把黑洞一带的“神兵”争取过来编成了特科大队。

10月，敌新三旅和张刚所部保安团联合向红九师进攻。军部、红九师在湘、鄂、川边境往返流动，寻机作战，多次战斗都未打好，12月退回鹤峰山区。

这期间，夏曦率红七师公然推翻烧巴岩会议的决议，并未巩固苏区，而是亲自带领红七师转入外线远途奔袭，将所到之处好不容易建立起来的零散游击武装并入红七师，将一些屡屡帮助红三军、拥护红三军而暂时不愿编入红军的地方武装领导人消灭，对内则加强清洗。此间，原红九师政委、湘鄂西党和红军的重要领导人宋盘铭终于没能逃脱被杀害的厄运。

内外交困的红三军在湘鄂边再无立足之地。12月上旬，红七师与红九师在咸丰大村会师。此时，红三军已减至3000余人。“肃反”还在继续。贺龙救出了王炳南的大儿子王盛林，并送他离开了红三军。红三军已经到了随时可能全军覆没的绝境。

（四）转战湘鄂川黔边

1933年12月上旬，红七师、红九师在咸丰大村会师后，湘鄂西中央分局于12月29日在大村召开会议，决定“创造湘鄂川黔边新苏区”，放弃“恢复湘鄂边”的口号。

1933年12月22日，红三军突袭黔江，先击溃了大路坝、中坝和城郊的守敌，接着于黄昏攻占了黔江县城，歼敌一个团大部，周化成率残部约 200 人逃窜。但同以往一样，红三军全部遣散了俘虏，因而没有得到人员的补充。战后红三军在黔江休息一周。这期间因为夏曦企图“于巩固的军事占领”以后再进行开辟新区工作，所以没有发动创造新苏区的工作。后来，敌二十一军十三旅、独立第二旅及团防反扑，第二十一军一师一部进至龚滩。12 月 29 日，红军主动退出黔江，转回咸丰、利川境内游击，在咸丰活龙坪附近安置了伤员，并留军部便衣队长刘汉清、副官花顺桃等负责掩护。后来，刘汉清等以伤愈人员为骨干在这一带组成了一支游击队，活动于咸丰、利川、石柱、黔江地区，打击团防、土豪，逐步扩大部队。

1934 年 1 月 1 日，红三军进入利川。1 月 3 日，驻利川之敌新三旅一个团大部出动到忠路，企图进攻红军，县城一时空虚，红三军乘机袭占了利川县城，俘敌百余，缴枪百余支。事后，驻石柱和云阳的川军两个团进至鄂川边界布防，第二十一军十三旅两个团在湖北保安团、新三旅配合下向红三军发动进攻。红三军在利川、咸丰、宣恩、万县边界地区与敌周旋，1 月 15 日，在宣恩倒筒塘进攻湖北保安团未得手，后转往湖南龙山境内。此时，因陈渠珍与贵州军阀王家烈发生冲突，陈渠珍部主力调往黔境，湘西兵力减弱，红军得以在龙山境内休整了半月。后来，湖南敌人集中永顺、桑植、大庸等地部队向红三军进攻，红三军在龙山、永顺、桑植、大庸、慈利五县境内游击，由于部队弹药极少，很难进行有效的战斗，打了几仗，也未能打开局面。此后，湘鄂西中央分局决定回到酉阳、秀山。4 月初，红三军转往利川、咸丰一带。4 月 7 日，在利川十字路会合了刘汉清组织的游击队。这支游击队 3 月曾在利川寒婆岭打垮敌新三旅一个营，俘敌百余人，获得了补充，壮大了力量，遂改编为鄂川边独立团。

从 1934 年 1 月到 4 月初，红三军的行动，如后来夏曦所说的那样，是“无目的无前途的流浪”，“党自己的工作陷于麻痹和消极状态”。因此，创造新苏区的计划又未能实现。红三军自 1933 年初转移到湘鄂边以后，进行了一年多艰苦复杂的斗争，但由于错误路线的指导，部队由 9000 余人锐减到 3000 余人，真是濒于覆灭的边缘。如果不是全体指战员对党所领导的土地革命的胜利抱有坚定的信念，早就坚持不下去了。

但即使在这样严峻的局势下，夏曦仍然念念不忘进行“肃反”。1934 年 2 月 16 日，湘鄂西中央分局制定了《关于肃反总结与清党的决议的报告大纲》，对“肃反”和清党的必要性和重要性，以及“目前肃反方针”作了说明。3 月 17 日，以湘鄂西中央分局成员夏曦、贺龙、关向应三人名义向中央送去了一个基本上反映“肃反”问题的报告。这两个文件产生于湘鄂西地区的大规模“肃反”已经进行了将近两年的时候，其内容比较集中地反映了红三军全体指战员在这个方面的思想认识。

第三次“左”倾路线在湘鄂西顽强地推行了 3 年多，其结果是根据地丧失了百分之百，红军损失了百分之九十多，红三军中许多人已经感到再不能这样下去了。

1934 年 4 月 10 日，湘鄂西中央分局在湖北监利县召开会议，作出发展湘鄂川黔边苏维埃运动的决定。

1934 年 4 月中旬，湘鄂西中央分局在利川十字路举行会议，研究行动方针。4 月 14 日作出了《关于发展鄂川边区苏维埃运动任务的决议》，决定把鄂川边游击区域扩大到利川、石柱、黔江、咸丰、宣恩等县区域，提出了开展农民运动、建立苏维埃政权的斗争纲领。这个决议虽然还没有从根本上触及第三次“左”倾路线，但在实际工作和具体做法上，无疑具有了一些进步。

十字路会议后，红三军首先进攻彭水，尔后向酉阳、秀山、黔江发展。5 月 9 日，贺龙率红三军攻入彭水县城，全歼敌川军第二十一军十三旅一个营，俘虏 400 余人，缴枪 300 余支，全军士气大振，物资补充骤然得到了改善。贺龙随即调整队伍，着手建立川东根据地。当红三军正准备进攻酉阳时，夏曦否决了利川十字路会议的决定，反对在彭水建立根据地。命令红三军西渡乌江，进入贵州。

5 月 14 日，红三军到达贵州的后坪县境，旋又进至婺川干水坝。但这一带人烟稀少，经济落后，部队给养极度困难，于是又经德江泉口司向沿河县城逼近。5 月 31 日，红三军与敌人接触于乌江西岸，敌稍作抵抗即退至江东。

6月1日，红三军渡江占领沿河县城。6月2日，红三军撤离了沿河县城向小井进发，击溃了酉阳、沿河团防联军和沙子区团防军的袭击。6月3日，占领了四川酉阳县的南腰界。6月9日，红军从南腰界出发，占领印江刀坝，经沙子坡进入沿河县枫香溪。

这时，夏曦由于一系列的挫折和失败，已由"左"倾冒险主义转为悲观消沉。红三军的领导同志及广大干部战士，对其错误路线有了进一步的认识。到达黔东前后，贺龙、关向应、卢冬生等坚决反对再继续无目的的游荡，主张在红三军中恢复党团组织、政治机关和创建根据地，并重建了军政治部。

6月19日，红三军进驻沿河县枫香溪。湘鄂西中央分局在此召开会议，决定创建黔东苏区。会后立即召集有关领导干部对整顿部队与创建苏区等工作进行了研究和布置。接着，红三军配备了部分团的政治委员和连指导员，恢复了军党务委员会和被解散了一年多的党团组织。

枫香溪会议之后，军委会机关、宣传队立即组织起来，在主力红军的掩护和配合下分头深入黔东沿河、印江和川东酉阳、秀山农村发动群众打土豪，分浮财，建政权，成立游击队、赤卫队，黔东特区革命委员会也很快宣布成立。红三军终于又有了新的根据地。

7月21日，中共中央派出的交通员到达沿河县，带来了党中央的指示信。信中对湘鄂西中央分局"肃反"扩大化错误进行了纠正，并提出了解决问题的办法。中共中央的指示信到达之后，8月1日至4日，湘鄂西中央分局在南腰界召开会议，讨论了中央的指示，表示完全接受中央的批评，并通过了相应的决议。红三军中正在拟议的第五次"肃反"计划遂告取消。从此以后，党内、军内人人自危的情绪逐渐减轻和消除了。

在贺龙、关向应的指挥下，红三军连胜黔军傅衡忠旅、恶霸团总冉瑞庭、黔军李成章师5个团以及土著武装杨畅时匪部，牢牢地站住了脚跟。到1934年9月，黔东苏区已经拥有印江、德江、沿河、松桃、酉阳等5县部分地域，纵横200余里，人口10万以上，建立了17个区革命委员会、100多个乡苏维埃政府，为后来的红二、六军团会师打下了坚实的基础。饱受流浪之苦的红三军终于有了一个赖以立足的革命根据地！

1934年10月间，红三军获悉红六军团将要到来，决定夏曦留苏区，贺龙、关向应率红三军主力由沿河南下，围绕梵净山接应。10月15日至24日间，终于会合了红六军团部队，开始了红二、六军团革命斗争历史的新篇章。

四、红二、六军团

（一）红六军团西征

中国工农红军第六军团，是在土地革命战争中由湘赣革命根据地（湘赣苏区）的地方武装和湘鄂赣革命根据地（湘鄂赣苏区）的部分地方武装发展壮大组成的，是中国共产党领导的一支具有坚强战斗力的革命武装 。

1933年6月中旬，遵照中革军委指示，湘赣苏区主力红军和湘鄂赣苏区主力红军一部在永新县组成中国工农红军第六军团。军团组成初期，中革军委将湘鄂赣苏区的红十六军改编为红十六师，打算将其调归红六军团建制，但没有实现。军团所辖部队，实际是由湘赣苏区红八军改编的红十七师和由湘鄂赣苏区红五十二师改编的红十八师第五十二团。当时没有军团领导机关，暂由红十七师首长统一指挥。红八军改编为红十七师后，师长为萧克，政治委员为蔡会文（兼），参谋长为李达，政治部主任为李朴。以原第二十二师改为第四十九团，团长曾开福，政治委员胡楚父；第二十三师改为第五十团，团长李崇，政治委员谢国瑜；第二十四师改为第五十一团，团长田海清，政治委员苏杰。

由于根本路线的错误，以王明为首的中共临时中央在白区上海受到严重损失，被迫于1933年初迁入中央革命根据地。中共历史上第三次“左”倾教条主义错误由此在中央苏区更为全面、深入地贯彻下去。在1933年底开始的第五次反“围剿”战争中，极端错误的“左”倾军事路线完全取得了统治地位。在以“全面出击，御敌于国门外”为战略指导思想的情况下，中央红军难以补充的消耗越来越大，部队很快被绝对优势之敌压迫到闽赣边境，中央苏区陷入了空前的危难之中。

1934年夏，红六军团由于执行“左”倾路线的错误作战方针，在金华山、松山地域实施消极防御作战连连失利，湘赣苏区的斗争形势日益恶化。敌军主力已深入苏区腹地，原有的整片苏区已被敌人包围，并分成若干小块。地处湘赣苏区中心地域的中共湘赣省委所在地江西永新县城已经陷落。湘赣红军主力十七师、十八师被国民党8个精锐师严密包围在井田、津洞一带方圆不过百里的狭小山区。更为严重的是，援敌正星夜赶至，企图迫使红军决战。处境十分不利。

为了摆脱被动局面，湘赣省委和军区展开了一些积极的行动。但是难以从根本上扭转斗争困难的局面。在整个苏区被敌包围、分割，交通要道被敌占领，而且各路敌军都已打通联系取得协同的严峻情况下，红六军团期望在湘赣苏区内部打破敌人的第五次“围剿”已无任何的希望。

此时，中共中央政治局和军委正在酝酿的《八、九、十三个月战略计划》已经初步决定中央红军突围西征，目标是湘西重镇洪江，意在与湘西红军贺龙所部会合，建立以洪江地区为中心的新根据地。7月23日，中共中央、中革军委训令红六军团离开湘赣苏区，转移到湖南中部去创建新的革命根据地。中共中央和中革军委在训令中对红六军团向湖南中部转移的路线、行动步骤以及到达地域都作了具体规定，要求“六军团由遂川县的黄坳、上下七及其附近地域敌工事守备的薄弱部分自行选择突破地点突围，第一步到达湘南地区桂东地域，发展游击战争，推广游击区域；第二步应转移到新田、祁阳、零陵地域，去发展游击战争和创立苏区；第三步横渡湘江，向新化、溆浦两县间的山地发展，并由该地域向北与红二军团取得联系”。

这个训令，实际上不仅要求红六军团到湘中创建新的根据地和联络红三军，更重要的是要求红六军团作为中央红军的先遣队，由湘赣苏区先期突围，深入湘南，调动敌人，摸清情况，探探路子，在湘中地区开辟一块新的根据地，以便中央红军尔后向贺龙、夏曦、关向应领导的湘鄂西根据地实行战略转移时有一个立足之地。

湘赣省委和军区对中共中央、中革军委的训令进行了缜密的研究，并领导红六军团进行了周密的行动准备。

红六军团经过补充与整顿，达到9700多人，枪3700多支，红十八师增编了五十四团，并从红军学校调出大批受训学员，将部队各级正副职干部全部配齐。

1934年8月7日下午3时，红六军团9700多人在任弼时、萧克、王震等人的带领下，离开了湘赣苏区，开始了英勇的西征。

红六军团从遂川县横石、新江口出发，以独立四团为先导，首先在遂川以北五斗江以东的溪口，突破敌人衙前与五斗江之间封锁碉线，再经下长隆、枫树坳、官坑连续突破敌遂川至黄坳、遂川至七岭的封锁碉线。8月8日，袭占澡林，全歼该处守敌。9日攻占左安，昼夜兼程，一鼓作气在狮子岭又突破敌人寒口至广东桥的封锁碉线。8月11日挺进到桂东以南的寨前圩，当晚派前卫五十三团占领沙田，并将寨前圩到沙田之间的碉堡全部摧毁。至此，红六军团胜利突围，跳出了敌人的包围圈。

大队红军连破3道封锁线的事实使得正苦苦追寻赣江沿岸"红六军团"的敌军大梦方醒。蒋介石急令西路军总司令何键及南路军总司令陈济棠派出主力部队联合出击，追歼红六军团。湖南军阀何键急令刘建绪为前敌总指挥，率第十五师、第十六师、第六十二师等三个师及补充第一总队，昼夜兼程实施追击。同时另以1个旅又4个保安团兵力在寒口至广东桥一线设防堵截。桂系军阀白崇禧等人惟恐红军继续向南进入广西，急令第七军主力2个师赶往北部边境。敌人的合围之势基本完成。

8月12日，红六军团在寨前圩召开了连以上干部誓师大会。庆祝突围胜利，并作了进一步的战斗动员。大会正式宣布成立红六军团领导机关和主要干部的任命。任弼时为中央代表随军行动，以任弼时同志为主席，萧克、王震为委员，组成军政委员会，为红六军团长征行动最高领导机关；萧克任军团长兼红十七师师长，王震任军团政治委员兼红十七师政治委员，李达任军团参谋长兼红十七师参谋长，张子意任军团政治部主任兼红十七师政治部主任；龙云任十八师师长，甘泗淇任十八师政委，谭家述任十八师参谋长，方理明任十八师政治部主任。自此，红六军团番号正式公开。

8月12日，红六军团借着夜色疾走，离开了寨前圩，向郴州方向急进，

13日进到桂东以南的田庄地区。

这时，刘建绪判断红军“有继续西窜扰乱湘边之势”，急忙布置对红六军团的“会剿”，企图将红六军团围歼于桂东、资兴以南，汝城以北山区。红六军团迅速甩开刘建绪“会剿”的部队，于8月16日进入郴县境内。由于部队对这一带地形不熟悉，前有大山，后有追兵，处境非常危险。部队决定绕开敌人继续前进。

8月19日，红六军团大步向西，到了珠江桥地段。在那里，红六军团碰到了前来迎接他们的郴县游击大队。他们受郴州地下党组织特派由游击大队长张东带领赶来接应红六军团。在游击大队的引导下，红六军团顺利地进入郴州空城，那些贪官污吏、土豪劣绅和保安团早已逃之夭夭。

在郴州地下党和游击队的帮助下，红六军团顺利、稳妥地安置了全部重伤病员，任弼时、萧克等人心中顿时轻松了不少。可是根据地下党组织送来的情报，周围的敌情却严重起来。

广西军阀白崇禧的王牌“铁军”第十九师廖磊部已经在湘桂边境黄沙河布防，其所属第五十六团已到零陵与湘敌会合，桂军第二十师也已赶到桂北边境。湖南军阀前敌总指挥刘建绪部两个师也逼近郴州。在这种情形下，红六军团预定在郴州停留几天休整部队、帮助当地组织打开工作局面的计划落空，迅速撤出郴州转向桂阳。

8月20日，红六军团越过郴、宜公路袭占新田县城，全歼守敌保安团，缴枪160支。红六军团在新田县城仅仅休息了一天，打土豪、分浮财，贴标语、开大会。随后，部队按原计划折向北准备渡过湘江。为了争取先机，红六军团决心以强行军直奔湘江，在零陵附近地区乘虚抢渡。此时，湘敌刘建绪为了将红六军团歼灭在湘江右岸，组织了对红六军团的围歼行动。从8月21日起，围绕抢渡与反抢渡湘江为目的，敌我双方展开了激烈的战斗。

红六军团8月21日由新田出发，在大山区，3天行进240里，于8月24日到达预定渡江地点零陵以北的蔡家埠附近。这时，红六军团发现情况发生了巨大变化，敌情非常严重，因连日暴雨，江水暴涨，不能徒涉，按原定计划抢渡已不可能。红六军团当机立断，决定放弃在零陵地区抢渡湘江的计划，迅速向东南转移，进入阳明山山区，准备在该地开展游击战争，建立以阳明山为中心的根据地，求得暂时立足。当天下午，红六军团突然猛攻敌人重兵把守的零陵城，造成由此强渡湘江的架势。

就在敌军调整部署、准备与红军对抗的时候，红六军团主力在夜幕掩护下悄悄集中后却突然向东直插阳明山。8月25日到达阳明山后，任弼时、萧克、王震、李达等人发现这里是块死地，不利于军事行动，加上山下湘军远远跟来。红军计划甩开敌第十五师，仍按计划寻机渡湘江。

8月26日红六军团连夜东下阳明，拂晓进到山下祁阳县的白果市。在那里，王震带领红十七师迅速解决了当地一支400多人的保安团，并捣毁国民党阳明山特别区公所，活捉了曾任阳明山县县长的奉明托。当敌人赶来白果市时，红六军团已由白果市急转南下，进到石家洞地区，打退了敌第十六师的追击，并利用夜暗在永安圩附近秘密穿过敌第十五师的防堵部队，于8月28日转入嘉禾——萧克的故乡。敌人遂由北而南追来，红六军团急转西上，连续行军3天，于8月31日乘虚在道县以南的薛家厂安全渡过潇水，把追击之敌远远甩在后面。

红六军团在道县渡过潇水后，绕过道县、寿佛圩桂军第十九师主力的防守地域，经达村、高明桥于9月2日拂晓进到蒋家岭时，遭白崇禧桂系第十九师廖磊部队所属五十五团及一些保安团的阻击。军团前卫第五十二团当即展开攻击，激战4个小时，将敌击退，在向纵深发展时，防守道县和寿佛圩的桂军第十九师主力前来增援。为避免腹背受敌，红军撤出战斗，于9月2日跨过清水关，进入广西全县地界，当晚占领灌阳县的文村（今文市）。

廖磊部9月2日晚在蒋家岭办理后事之后，即朝自己原先的路猛追过去。9月3日中午，廖磊赶到文村以东五里亭咬住了红六军团的后尾红十七师五十团团长刘成楷亲自率领的一个营。下午3点，廖磊部队在猛烈炮火的掩护下发起进攻。这一仗直到夕阳西下，廖磊无计可施，只好暂停进攻。红五十团趁着夜色撤出战斗后，急行军大半夜才赶上马不停蹄连夜往前推进的军团主力。

9月4日，红六军团从石塘地区出发，按照中革军委指定路线，经麻市直达湘江江畔，在凤凰嘴之董家堰，利用一条卵石滚水坝，安然度过湘江，并径直西上，进入西延山区。

9 月 6 日，廖磊终于在西延县鲁塘咬住红六军团后卫五十一团，双方激战一天。五十一团以惨重代价突出重围，团长张鸿基不幸牺牲。9 月 7 日红六军团主力继续兼程北上。9 月 8 日到达车田，经过几天的跋涉，红六军团终于到达湖南边界。

9 月 8 日，红六军团在广西西延县车田收到了中革军委的电报："火急。任、萧、王密译。"电报指示："依地理条件及敌人部署，目前六军团行动最可靠的地域是在城步、绥宁、武冈山地，六军团应努力在这一地区内，至少要于 9 月 20 日前保持在这一地区内行动，力求消灭敌人一旅以下的单个部队，并发展苏维埃运动和游击运动。"尔后，"应沿湘、黔边前进，经绥宁、通道到贵州之锦屏、天柱、玉屏、铜仁，然后转向湘西之凤凰地区，以后则转移至湘西北地域，并与红三军在川、贵、湘边境行动的部队取得联络。"

十分明显，中革军委的主要意图，是要红六军团放慢向湘西进军的速度，暂时停留在城步、绥宁、武冈山地，积极行动，打击敌人，吸引与调动大量敌人，以策应即将突围长征的中央红军的战略转移行动。

在中革军委的指示下，红六军团遂在绥宁、城步散开部队和追兵来来回回地兜了 10 余天的圈子。

9 月 11 日，红六军团到达城步以西的丹口地区，并继续向西北前进，准备在绥宁以南的安岳山、桐油坪、赤坡地区展开，侧击由城步向绥宁方向前进的湘军，但没有得手。9 月 14 日，红六军团又准备绕至绥宁以西地域，突击由绥宁西进的湘军，但当前卫红十八师刚过绥宁县的小水时，湘军第五十五旅突由绥宁方向袭来，并占领小水、驾马一线有利地形，将红六军团截为两段。红军不得不改变计划，以红十七师从行进间突破湘军驾马阵地夺路南下，于 9 月 16 日在通道县的菁芜州地区同十八师会合。9 月 17 日红六军团占领通道县城（今县溪镇）。

9 月 17 日黄昏，红六军团进到靖县的打乌团、三里驿、哨田和新厂地区。9 月 19 日在靖州城外，红六军团与驻靖州的湘军补充第二纵队何平率领的第三团、第四团两团一仗，毙敌400多人，生俘200多人，缴获长短枪400支。红六军团得以从从容容地兵分两路进入黔东南地区，到达清水江畔的清江县的南嘉。9月24日，红六军团在当地苗胞们的帮助下，从南嘉观音渡口顺利地渡过了清水江，进到大广地区，前卫则挺进到八挂河。

9月25日，红六军团按照原计划继续北进，但当部队进至凯寨、孟优地区时，遭到湘军独立三十二旅及第五十五旅的堵截。红六军团虽连续攻击给敌以重大杀伤，但未能突破敌军阵地。这时，桂军第十九师又从天柱县的盘杠方向急速增援，西面又有黔军王大锡的部队，形势对红军十分不利。红六军团果断决定退出战斗返回大广，准备改由大广西进或南渡清水江再沿江而上。9月26日晨抵达大广时，与桂军第二十四师遭遇。敌军已占据有利地形，居高临下，且完成了战斗准备。红六军团经过一天的激烈战斗又在崇山峻岭中经过整夜急行军，部队疲劳饥饿，正欲翻越大广坳的坳口时，突然遭到敌人的猛烈袭击。军团决定迅速撤出战斗，摆脱敌人，向西转移。遂令前卫红十八师第五十二团和第五十四团从大广以西大山进入战斗，掩护主力转移。两团向敌发起猛烈进攻，战斗十分激烈。军团主力在红十八师的掩护下，安全转移。两团完成掩护任务准备撤出战斗时，后路被敌军截断，遭敌包围。五十二团和五十四团经过顽强拚杀，终于打开缺口，冲出重围。第五十四团因撤出较晚，损失较大。这次战斗红军共伤亡150人左右，第五十四团团长赵雄英勇牺牲，两名团政委负伤。战后，第五十四团因减员较大，暂时撤销建制，分别编入第四十九团、第五十一团、第五十二团及第五十三团。大广战斗给桂军第二十四师以沉重打击，红六军团主力得以安全转移。

红六军团在大广摆脱敌人后，于9月30日进至黄平县的瓮谷垅。红六军团于10月1日选择战斗力薄弱的黔军为突击对象，在滥桥至东坡地段上抢渡大沙河，于行进间一举突破黔军防堵阵地，并乘胜占领旧州。红六军团在旧州不仅缴获了数万银元的巨款和一部无线电发报机，还收集到一幅约1平方米大小的法文贵州省地图。这张地图，在后来红六军团转战黔东和最后与红三军会师的行动中起了不小的作用。

（二）木黄会师

1934 年 10 月 1 日，红六军团袭占旧州后，接着向乌江急进，准备在孙家渡及其以北地区寻找有利渡场渡过乌江，彻底甩掉追堵之敌，然后再向北联络红三军。

10 月 2 日，红六军团打了几个小仗后，突然以勇猛动作，转头向西，避开敌军主力，趁虚袭取了老黄平县城。红军先头团率先进驻了老黄平县城。红军指战员不顾疲劳，开始上街宣传红军政策，安抚民心，秋毫无犯。3 日一大早，市面上就恢复了正常秩序。部队暂时安顿下来休息。10 月 4 日，红六军团在各界群众的欢送下撤出老黄平县城，并于当天到达乌江江畔瓮安县的猴场（今草塘）。但是，中革军委不同意红六军团西渡乌江。当红六军团进到猴场时，接到中革军委命令："桂敌现已向南开动，红三军部队已占印江。六军团应速向黔东江口前进，无论如何你们不得再向西移。"在中革军委再三催促下，红六军团不得不放弃西渡乌江的计划，于 10 月 5 日由猴场掉头向东北前进，准备经石阡附近进入江口地区，再与红三军取得联络。

然而实际情况是，敌人没有任何部队向南开动，对红六军团的追堵不仅没有放弃，相反正在策划新的更大规模的围歼。敌军判断：乌江有黔军凭险扼守，红军难以西渡，必经余庆、石阡去印江与红三军会合；在西、北两面有乌江天险阻隔的条件下，只要牢固地封锁石（阡）、镇（远）大道，就很有可能在这一地区围歼红六军团。于是廖磊、李觉等敌军指挥官在镇远紧急会商，决定由黔军侯之担部五个团严密防守乌江，以入黔的湘、桂两军主力封锁石、镇大道，堵住红军去路，以桂军第二十四师、湘军补充第一总队及黔军 4 个团沿施秉、余庆一线展开，由南向北压迫红军。敌人总共动用 20 个团的兵力，企图将红六军团围歼于石阡以西地区。按照这个作战计划，敌军星夜紧急调动部队：湘军第五十五旅、独立三十二旅及谢明强团推进到石阡及其附近地区；廖磊率第十九师部署在大地方、铁厂、平贯一线；桂军第二十四师、湘军补充第一总队及黔军第五团、第六团、第十三团和特一团由施秉地区推进到余庆一线展开。

三省敌军经过精心策划，张开大网等待红六军团到来。而红六军团首长萧克和其他军团负责同志全然不知此情，轻信了远在江西中央苏区的中革军委电报通告的敌情。而且中革军委的电报上只说桂军已经南归。这样，红六军团放心大胆地直奔石阡而来。经过长途跋涉而已经十分疲惫的红六军团又面临着巨大的危险。

10月7日，红六军团按照红十七师、军团部、红十八师的顺序东进，准备到石阡县的甘溪休息，然后利用夜晚越过石、镇大道，直奔印江。红六军团此时丝毫不知桂军十九师正赶往甘溪一带堵截。10时，红六军团前卫部队到达甘溪，捉到两个敌侦察员，得知桂军第十九师已接近甘溪。情况十分紧急，第五十一团前卫营在周球保营长指挥下，不待命令，抢先行动，将部队沿甘溪街头展开，迅速做好迎击敌人的准备。但是，负责指挥前卫行动的军团指挥员，却没有抓住战机，迅速指挥前卫部队抢占有利地形，夺取主动，以掩护军团主力展开或转移，也没有将此紧急情况向行进在本队的军团首长报告。直到12时左右，桂军第十九师已全部展开，并抢占了甘溪东北的白虎山和群宝山一线高地，居高临下向红军发起猛烈进攻时，第五十一团和第四十九团还没得到行动命令。第四十九团被迫仓促投入战斗，第五十一团也从行进间展开，并迅速抢占了羊东坳及其附近高地，以猛烈的火力突击敌人，积极支援第四十九团的战斗。在红军的顽强阻击下，敌人先后两次冲击均被击退，不得不调整部署重新组织进攻。以一部从正面猛烈进攻，另一部利用河沟凹地隐蔽向甘溪街接近，向红军侧翼发起攻击，并突入红军阵地，在青龙嘴高地展开激烈的阵地争夺。在前卫部队被敌切断的情况下，军团参谋长李达率领青龙嘴高地附近的第五十一团和第四十九团的两个团部及机枪连等400多人冲出敌人的包围，由甘溪东南的杜脑山高地向石阡以南大地方转移。防守甘溪的第五十一团和第四十九团部队，在敌人包围和猛烈攻击下，坚守阵地浴血奋战，打退了敌人多次进攻，给主力部队机动争取了时间，但损失很大，仅第五十一团第三营（前卫营）伤亡即达200多人。

敌人在正面进攻受阻后，即以主力分两路向龙骨吨和泥东坳迂回，企图打入红军纵深，侧击红军运动中的主力纵队。但直到这时，军团领导还没有搞清前方情况，因此，迟迟不能定下决心，当发现敌人逼近主力纵队时，才仓促派出红军学校学员占领龙骨吨和老车土等高地抗击敌人。军团领导认为战斗继续打下去也无取胜的把握，决定退出战斗向南转移。遂令第五十团接替红军学校学员，继续阻击敌人，掩护军团主力向甘溪东南的大地方转移。军团主力部队在任弼时、萧克、王震率领下，在大土村以南深山密林中披荆斩棘，开拓通路，终于摆脱正面敌人到达了大地方。第五十团完成掩护任务后，利用夜暗撤出阵地寻找主力，但退路被敌切断，与主力失掉了联络。

红六军团由于未能击破敌人，从而陷入湘、桂、黔三省敌军约 20 个团的包围之中。在红六军团的北面石阡至白沙一线，为湘军李觉的第五十五旅、独立三十二旅以及湘黔边“剿匪”第一团（谢明强团）等共 5 个团；东面为廖磊亲自率领的第十九师（两个团）把守石（阡）、镇（远）大道；南面施秉至余庆一线为桂军第二十四师、湘军成铁侠第一补充纵队及王天锡率领的黔军一部（共约 8 个团）；西面在乌江对岸为侯之担部（共 5 个团）。军团考虑到处境极为严重，为了保存有生力量，决定不与敌人进行大规模的战斗，尽量避免无益的消耗，采取灵活的游击动作，在石（阡）、镇（远）、余（庆）之间，利用崇山峻岭，深林密布便于隐藏行动的有利条件与敌周旋，寻找敌人间隙或薄弱部分冲出包围，迅速转入黔东苏区与红三军会合。

10 月 8 日，红六军团主力进至红庙，打退了桂军第十九师的追击，然后向南转移，又在石（阡）、镇（远）大道间的路腊遇敌堵击，无法穿过敌军封锁线，经激战后方摆脱敌人，10 日到达黑冲。为了避免遭敌袭击，遂离开道路，利用绳索，翻越了悬崖峭壁的滴水岩。11 日到达紫荆关一带，发现施秉一线地区有敌重兵防守，难以向南突围，遂绕道北行，经马溪、走马坪到河闪滩，准备西渡乌江。但发现黔军方式炯团在乌江西岸防守，渡江未果，又折向东，经瓮溪司于 10 月 15 日到达石阡河边的朱家坝地区。正欲经板桥渡过石阡河北进前往印江会合红三军的红六军团遭到先于红军赶到的湘军重点阻击，萧克当机决定掉头南下。

10 月 16 日，军团决定向白沙、甘溪方向转移。当进到龙塘、关口一带时，又被湘军第五十五旅唐伯寅团及独立三十二旅和黔军一部堵截，经激烈战斗将敌击溃，军团主力继续向甘溪方向转移，但红十八师直属部队一部及后卫第五十二团进到十二山至柏杨附近时，突然遭到湘军胡达旅第六十九团设在庙寨山制高点的机枪连火力急袭，被敌切断，与军团主力失掉联络。军团首长一面调第四十九团接应，一面派人传令红十八师师长龙云率第五十二团坚决打退敌人，尽快冲出包围，追上主力。龙云师长立刻指挥后卫五十二团停下来抢占地形打击敌人。为掩护主力脱险，红五十二团英勇顽强，力战强敌，等到主力走远才奋力冲出重围，然后又在板凳场与川岩坝溪潮一带遭到湘、桂、黔3省敌军合围。红五十二团浴血奋战3昼夜，终因众寡悬殊，又缺乏正确领导与指挥，最后弹尽粮绝，失败，第五十二团团长田海清牺牲。除龙云率少数官兵突出重围外，大部分战士跳崖、投河牺牲。龙云在转往岑巩的途中被黔军俘获，后于湖南长沙英勇就义。

红六军团在敌包围圈中艰苦转战的日子里，遇到了巨大的困难，经受了严峻的考验。由于体力消耗过大和极度疲劳，又得不到起码的饮食补充，再加上缺医少药，不少战士身患疾病，部队减员剧增。

10月17日，在后卫红五十二团的掩护下，萧克率红六军团主力由石阡以西的国荣出发，径直南下，再次到达10天前激战过的甘溪。午夜，红六军团在当地一位老猎人的带领下沿着一条长达30里的叫包溪的干河坝开始突围离开甘溪。10月18日拂晓时分，红六军团终于走出山沟，突破了敌军包围，离冷家檐不远了。任弼时命令陈琮英给中革军委发报，报告红六军团的位置、动向。

任弼时等人还不知道，早在两天前，前次甘溪失利时失去联系的由李达率领的红十七师第四十九团、五十一团各一部已在沿河县的水田坝（又称铅厂坝）与红三军及黔东独立师会合。李达向贺龙等红三军领导人详细汇报了红六军团的情况与危险处境后，贺龙等领导对红六军团十分关切，不顾湘西敌军陈渠珍部及黔军的拦阻，于10月16日亲率红三军主力和李达所部兼程南下寻找、接应处境艰难的红六军团主力，并已到达印江县木黄一带搜索。

甘溪战斗后，与主力失掉联络的第五十团，由于退路被切断，无法去大地方寻找主力部队。于是，他们按照在甘溪接受任务时军团首长的交代，直奔印江。由团长郭鹏、政治委员彭栋才率领，在一个十分熟悉道路的向导引导下，凭着国民党出版的半张报纸，在平贯与河口之间乘隙通过石、镇大道，经东坪地场（今和平乡）、大坝场、德旺，于10月23日行至焚净山山脚的木根坡时，通过号音联络与前来接应红六军团的贺龙和李达所率部队会合。

红六军团主力越过石、镇大道后，从敌军间隙中兼程前进，经尧寨、冷家榜，于10月20日击退湘军第一一〇团与黔军一部的阻击，在公鹅坳通过石（阡）、江（口）大道，继经茶寨、德旺、缠溪、慕龙，于10月23日到达印江木黄。10月24日，贺龙、关向应率红三军主力及李达部队从芙蓉坝、锅厂到达木黄，两条奔腾的巨龙终于相会了。10月26日，红三军、红六军团在川、贵边界的南腰界举行了隆重的庆祝大会。两军会师时，红三军有4400多人，红六军团有3300多人。

从1934年8月7日起，红六军团由湘赣苏区突围西征，连续行军作战近80天，跨越敌境5000多里，战胜了湘、粤、桂、黔4省敌军的围、追、堵、截和自然界的无数险阻，历尽千辛万苦，付出重大代价，终于与红三军会师，胜利完成中共中央、中革军委赋予的战略任务，为中央红军向湘西实施战略转移，起到了侦察、开路的先遣队的作用。红六军团与红三军胜利会师，联合成为一支强大的战略武装力量，为以后发展湘鄂川黔边区的革命斗争，以及配合中央红军的长征，奠定了坚实的基础。

（三）湘西攻势

1934年10月24日，红三军与红六军团在贵州省印江县的木黄镇胜利会师。从此，这两部分红军在贺龙、任弼时、关向应和萧克、王震等同志的领导指挥下，结成了一个团结战斗的整体，形成了一支强大的战略突击力量，为完成新的更重大的政治、军事任务奠定了可靠的基础。在木黄，任弼时、贺龙、关向应、萧克、王震等几位领导人就会师后的行动简单交换了意见之后立刻各率两军并肩北上，向四川境内红三军的根据地转移。途中，红三军收到中革军委的电令：红三军恢复红二军团的番号。接下来的两天，又是长途跋涉的艰苦行军。在行军的过程中，任弼时多次主持召开两军团领导同志会议，商讨战略任务、战略方向和行动方式等紧迫问题。任弼时、贺龙等人一致认为：黔东根据地范围不大，山多、人口少，地瘠民苦，不利于会师后形成的大兵团回旋与发展，向西面的四川、贵州中部发展也有较大不利，而湘西则仅有土著军阀陈渠珍3个旅和3个保安团1万余人，以及依附陈氏的黔军1个旅4000余人，这些敌军装备较差，“鸦片客”多，战斗力不强。故而，会议研究的结果是挺进湘西，向东发展。

而在会师前两天，即10月22日，中革军委曾电令红六军团，向印（江）、松（桃）间前进，会合红十七师之一部，在该地与红二军团取得联络，并在松桃、乾城、凤凰地域建立苏区，发展游击战争。根据中革军委的命令和部队的现状，两军团领导人决定红二、六军团集中向军委指定的地区发展。10月25日，两军团领导联合致电中革军委：“以目前敌情及二、六军团力量，两军团应集中行动”，“主力由松桃、秀山间伸出乾（城）、松（桃）、凤（凰）地区活动，建立新的革命根据地。”而此时中央红军已经踏上了长征的征途，并且刚刚突破蒋介石设置的第一道封锁线，正向敌第二道封锁线进逼，处境十分艰难。故而，中革军委迫切希望红六军团与红二军团分头在黔东、湘西采取猛烈行动，尽量地吸引更多的蒋军，以减轻中央红军的压力。

此后，两军团领导人在南腰界再次开会，进一步研究当前的情况和今后行动方针。此次会议一致决定不去乾城、凤凰地区，两个军团集中去湘西北创建根据地。

10月26日，中革军委电令任弼时、萧克、王震，措辞严厉地指出：“二、六军团合成一个单位及一起行动是绝对错误的。二、六军团应仍单独地依中革军委指示的地域发展，各自受中央及军委直接指挥。六军团应速向军委电令规定地域前进，勿再延误。”10月26日，红二、六军团在四川酉阳县南腰界猫洞召开会师大会。任弼时宣读了中央祝贺两军会师的贺电和红三军恢复红二军团番号的命令。

10月27日，两军团的领导在行军途中联名致电军委说明统一行动的理由，同时请示撤销夏曦的红二军团总负责人职务。次日午夜，中革军委复电，同意撤销夏曦职务，而部队行动则应该坚持分开活动的原则。红二军团和红六军团再次以“夏、贺、关、任、萧、王”联名形式致电军委说明敌情我情，建议红二、六军团集中行动。就这样，一向以实事求是为座右铭的任弼时担当起莫大的政治风险，决定统一两军团的指挥，红二、六军团并力发动空前猛烈的湘西攻势。

此时，中革军委也同意了两军团统一指挥的方案，并指示他们立即进行改编。

根据两军团集中进军湘西的方针和中革军委的命令，经中央代表任弼时和两军团领导决定，整顿了组织：红三军恢复了红二军团番号，贺龙任红二军团军团长，任弼时任政委，关向应任副政委，李达任参谋长，张子意任政治部主任。原红三军第七师改为红二军团第四师，师长卢冬生，政委方理明，参谋长张平化，师辖第十团、第十二团；原红三军第九师改为第六师，师长钟炳然，政委袁任远，副政委廖汉生，参谋长周天明，师辖第十六团、第十八团。原红六军团政治部成建制地转为红二军团政治部，以恢复红二军团的党组织、政治机关和政治工作。红六军团军团长萧克，政委王震，参谋长谭家述，政治部主任甘泗淇，部队整编成第四十九团、第五十一团、第五十三团，共三个团。在贺龙的要求下，红六军团抽调200余名干部到红二军团担任各级领导职务。

事实上，两个军团此时已经形成了以任弼时、贺龙、关向应为核心的集体统一领导的格局。红二、六军团从此即由任弼时、贺龙、关向应统一领导与指挥，两个军团合计兵力7700多人。

为了迅速执行新的作战任务，红二、六军团抓紧进行了两天的休整与准备，对黔东根据地的工作作了安排。将原黔东独立师撤销，兵员分别充实到红二军团的第四师、第六师。另以地方武装和两军团留下的伤病员组建新的黔东独立师，在黔东坚持游击战争，策应红二、六军团主力向湘西发展。

1934年10月28日，红二、六军团从南腰界出发，向湘西发动了攻势。奉命留下来坚持黔东特区斗争的黔东独立师在师长王光泽、政委段苏权率领下先期从南腰界出征，挥戈西南，借以吸引敌人兵力，掩护主力东进湘西。

10月30日，红二、六军团兵临川东酉阳县城，守敌川军旅长田冠五接到贺龙叫他让路的亲笔信，吓得弃城而走，部队顺利地通过了酉阳。此时，陈渠珍害怕红军返回湘西，急派龚仁杰、周燮卿和杨其昌三个旅共万余人，从永绥和保靖向北行动，企图阻止红军进入湘西。红军先经湖北省咸丰的百户司渡酉水向龙山县招头寨前进，将敌人向北牵动。当陈渠珍部进到招头寨南的贾家寨时，红军突然掉头东进，于 11 月 7 日占领了湘西北咽喉要地永顺。

红二、六军团在永顺进行了 7 天休整。在这期间，部队加强了战斗动员，抓紧了各项战备工作，准备迎接陈渠珍部。两军团领导人召开了会议，着手解决夏曦的问题。会后，萧克、任弼时、王震向中央书记处、中革军委作了报告，阐述了夏曦的错误路线，建议中央撤销夏曦湘鄂西中央分局书记及军委分会主席职务，提议贺龙任军委分会主席，萧克任副主席。

11 月 16 日，十万坪一仗，红二、六军团毙敌 1000 多人，生俘龚仁杰旅参谋长以下 2000 多人，缴获长短枪 2000 多支，轻机枪 10 挺和大量的子弹、马匹及其他军用物资。这一仗使湘西土著军阀陈渠珍元气大伤，使他无力组织新的进攻，而红二、六军团除装备得到了极大的改善外，更是从根本上扭转了湘西局势，转守为攻，为建立湘鄂川黔革命根据地奠定了牢固的基础。

十万坪大战后，红二、六军团为了执行中革军委 10 月 26 日关于去乾城、凤凰地区的指示，留下红四十九团的三个连于永顺、保靖展开游击活动，保护伤病员，钳制敌人，主力乘胜南下，准备渡过酉水，给陈渠珍部以更大的打击，争取在永绥、乾城、松桃和凤凰等地域建立新的根据地。当部队挺进到酉水北岸王村时，发现敌人已有防备，遂放弃渡过酉水之计划，转而折向东北。11 月 24 日，红二、六军团主力攻占了大庸县城，守军朱际恺团一个营被歼，朱际恺率残部逃窜。紧接着红二军团一部占领桑植县城。

11 月 25 日，红二、六军团接到中革军委的电示："我西方军，已渡潇水，正向全州上游急进中。你们应该利用最近几次胜利及湘西北敌情的空虚，坚决深入到湖南中部及西部行动。并积极协助我西方军……为巩固新的苏区，应留下二军团一部分及随六军团行动的党的干部来完成这一任务。二军团主力及六军团全部应集结一起，以便突击遭遇（敌人）正规部队。两军团为取得协同动作，暂归贺、任统一指挥。"此时中央以及中革军委的实际意图是血战闯过湘江之后与红二、六军团会合，以湘西重镇洪江为中心创立新的中央苏区，而蒋介石为阻止红军实现这一意图，调集了20多个师围追堵截中央红军，企图歼灭中央红军于转移途中。

为了有力地策应中央红军长征，任弼时、王震、张子意等率红六军团第四十九团、五十三团和红二军团第十六团以及随红六军团行动的原湘赣苏区的地方工作干部留在新的苏区内招纳、改编土著武装，肃清匪患，建立基层政权，从而恢复和建设革命根据地。同时，贺龙、关向应、萧克率红二军团主力和红六军团第五十一团乘胜继续发动湘西攻势。

12月初，红二、六军团主力由大庸南下，7日进袭沅陵。原计划夺取这个城市，然后进入湘中，直接威胁在湘南防阻中央红军的湘军的侧背。但由于沅陵国民党守军四个团已有准备，激战3昼夜，袭击没有成功。继续围攻沅陵已非上策，贺龙、关向应等领导人遂乘虚向同为湘西门户重镇的常德、桃源进击。

此时，湘军主力正在湘西南围攻中央红军，陈渠珍等部还在赶往沅陵的途中，湘中腹地几无可战之兵，湘军主力回师救援亦无可能，而湘中广大地区则必不可保，省城也在贺龙囊中，伸手可取。手足无措的蒋介石慌忙命令正在由鄂东黄陂乘江轮溯江西去堵截中央红军的鄂军独立三十四旅罗启疆部中途改道经洞庭湖、沅水赶到常德、桃源一带防守。为了与红军在常德外围决战，罗启疆把所部第七〇一团放在桃源城北浯溪河，第七〇二团驻守桃源与常德之间的陬市、河洑一线，第七〇〇团驻桃源城居中策应，旅部直属队与保安团担任常德城防。他企图以这种咄咄逼人的阵势在常德外围与红军决战，以保常德、桃源两城不失，使红军不能威胁长沙。

罗启疆旅各团在部署上相距数十里，不利于及时支援。红二、六军团抓住敌人这个弱点，决定首先奔袭浯溪河，消灭第七〇一团，尔后再各个击破其他两团。

12月15日夜间，红二、六军团急行军到了桃源县浯溪河附近。12月16日拂晓，红军先头部队第十二团从行进间一举突入了浯溪河西山的敌人阵地。国民党军进行了反扑，战斗非常激烈，第十二团没有立住脚，撤了下来。国民党军主力离开阵地进行反冲击，企图把后撤的红军消灭在阵地之前。紧急关头，红四师后续部队和红六师十八团赶了上来。红四师师长卢冬生抓住时机，首先以师警卫连、侦察队和迫击炮连占领有利地形，阻止敌军对第十二团的追击，然后迅速组织第十二团和第十八团向敌人冲击，打得鄂军第七〇一团顿时大乱，溃不成军，拼命南逃。此时，闻讯赶来增援的鄂军第七〇〇团两个营的先头部队，刚到浯溪河南岸桥头，来不及犹豫，就被溃退下来的部队冲乱，不战自溃，与第七〇一团溃兵混在一起，狼狈向常德逃跑。红军第十七师五十一团肃清街西阵地上残存的敌军两个连后，主力猛打猛追，占领了陬市，直取河洑。河洑敌守军第七〇二团一部和从常德来增援的独立三十四旅教导队向红四师发起了冲击，战斗一时呈胶着状态。入夜，红军同敌反冲击部队继续战斗，红十七师第五十一团从左翼包抄，红四师和红六师第十八团从正面攻击，敌军不支退入常德，红军占领了河洑。留在桃源的国民党军第七〇〇团的一个营，也从沅水南岸缩回常德。

浯溪河战斗，是一个漂亮的由奔袭转为进攻的战斗，罗启疆旅3个团中，第七〇〇团两个营及七〇一团一个整团被全歼，七〇二团被击溃，已无出击之力，只能一面龟缩城中死守，一面急电何键求援。

12月17日，红二、六军团主力包围常德。18日，红军第十八团、第五十一团占领桃源。并派出一个营渡过沅江向益阳游击。

12月18日，红二、六军团主力围攻常德。罗启疆自知这次轻敌导致的惨败闯祸不小，只能在急电求援的同时，拼命抵御红军的猛烈攻势。

国民党湖南省政府主席何键害怕红军攻下常德，南渡沅江，进取益阳、安化，逼近长沙，一日数电向蒋介石告急："共军围攻常城甚急，势难固守，请求飞兵救援。"

贺龙、萧克率部围住常德，猛攻两昼夜，12月17日一度攻入城内小西门，终因后续部队未到而被迫退出。激战至12月19日，增援之敌相继逼近。贺龙、萧克率部于次日停止攻城。为了进一步吸引敌人的兵力，他们就在常德外围的桃源、陬市、漆家河一带大力活动，广泛宣传、发动群众，镇压反动分子，打土豪、分浮财，砸当铺、开盐仓，并且大量扩大红军，吸纳工农士兵近3000人。同时，他们还筹集了大量的军需物资。

12月24日，李觉、陶广两个纵队已经汇集常德、桃源、沅陵地区，与鄂敌徐源泉部几个师筹备围攻湘西。此时，中央红军经毛泽东在通道会议、黎平会议上的力争，也已放弃李德主张的与红二、六军团会师的计划，改道进入贵州东南地区。在这种情况下，贺龙、关向应、萧克旋即率军回师，并于12月26日顺利占领慈利县城，4天后返回大庸、永顺休整。至此，历时两个月的湘西攻势结束。

1935年1月6日，中共湘鄂川黔边省委召开党的活动分子会议，任弼时对红二、六军团会师后这一时期的斗争作了总结。他说："自从我红二、六军团会合，在中央和军委指挥下，进到湘西北一带地区之后，党即决定在这一地区创造新的苏区根据地。不到两个月时间，我们在湘西北创立了一个新的形势，这在中国苏维埃运动发展史上是有极大意义的。"

任弼时说："我们英勇善战的红二、六军团，坚决地执行了党的进攻路线，在短短的两个月当中，给了陈渠珍以致命的打击，打败了朱疤子和刚由江西调来进攻我们的罗启疆部，总共击溃了敌人15个团，消灭了四五个团的有生力量，接连占领了永顺、大庸、桑植、桃源、慈利等城市。特别是我们进攻辰州，包围常德，给了湖南敌人和进攻我中央野战军的敌人的总后方以很大的威胁，有力地配合了中央红军的行动。在红军胜利影响和党的正确领导之下，永顺、保靖、龙山、桑植、大庸、慈利的工农群众都踊跃起来革命，到处撑起红旗，组织游击队，普遍建立了工农的临时政权，现在从洗车河到溪口有400多里，从桑植以北到永顺的石堤西以南有245里，这一地区已经成为我们苏维埃共和国的版图了。"

红二、六军团在两个月的凌厉攻势中，纵横驰骋湘、鄂、川、黔4省，先后占领湘西永顺、桑植、大庸、桃源、慈利5座县城及其广大地区，不仅打乱了蒋介石围追堵截中央红军的部署，有力地配合了中央红军的长征，而且也为此后建设湘鄂川黔革命根据地奠定了基础。

第二章 湘鄂川黔革命根据地的光辉历史

湘鄂川黔革命根据地是在第二次国内革命战争时期，由贺龙、任弼时、关向应、萧克、王震等老一辈无产阶级革命家创建的红色革命根据地之一。它是中国共产党在土地革命战争时期同国民党反动派的斗争中，在红军指战员的浴血奋战中，在根据地人民群众的大力支持下创建起来的，是中国革命力量生存和发展的战略基地。湘鄂川黔革命根据地在培养大批革命骨干、壮大红军力量、策应中央红军顺利转移等方面发挥了十分重大的作用，在新民主主义革命历史上具有十分重要的地位。然而，湘鄂川黔革命根据地的创建经历了一个曲折、复杂而艰难的历程。

一、湘鄂川黔革命根据地的形成与发展

（一）湘鄂西革命根据地

党在湘鄂西地区创建根据地始于1927年“八七”会议以后。中共湖南省委、湖北省委在组织秋收暴动时将两省划为十个特区，分别建立了党的特别委员会。在京广铁路以西的是湖南的湘西特区和湖北的鄂北、鄂中、鄂西特区。湘西特区辖常德、桃源、汉寿、慈利、石门、澧县、临澧、安乡、南县、

华容、溆浦、麻阳、沅江、辰溪等14个县；鄂北特区辖枣阳、随县、钟祥、襄阳、宜城、光化、谷城、保康、房县、均县、南漳、郧县、竹山、竹溪等14个县；鄂中特区辖沔阳、监利、潜江、天门、汉川、京山、应城等7个县；鄂西特区辖江陵、荆门、当阳、远安、松滋、枝江、宜都、宜昌、长阳、五峰、秭归、巴东、兴山、建始、鹤峰、恩施、宣恩、利川、咸丰、来凤等20多个县。四个特区总共56个县。

随着斗争形势的发展，后在湘鄂西特委、湘鄂西中央分局领导下的革命斗争所及地区，大体包括湖南、湖北两省所属的京广铁路以西、洞庭湖—沅江—酉水以北的区域，与上述区域不尽一致。在这个区域内建立的湘鄂边、洪湖、巴兴归、襄枣宜、鄂西北革命根据地，以及其他小块游击根据地，统称湘鄂西革命根据地。其中，湘鄂边革命根据地指以桑植、石门、鹤峰等县为中心的根据地。洪湖革命根据地指以沔阳、监利、华容、石首、江陵、潜江等县为中心的根据地。巴兴归革命根据地指在巴东、兴山、秭归边界地区建立的根据地。襄枣宜革命根据地指在襄阳、枣阳、宜城建立的根据地。鄂西北革命根据地指以房县为中心的根据地。1932年，湘鄂边、洪湖、巴兴归、襄枣宜革命根据地正式划归湘鄂西中央分局领导。

湘鄂西革命根据地人民在土地革命战争中，高举武装反抗国民党的旗帜，创建了很多苏区，与国民党反动派进行了英勇顽强的斗争。其中有辉煌的成就，也遭受了很多严重的挫折。

1. 湘鄂边革命根据地

1928年3月至9月，红四军在桑植和石门遭受到了两次重大挫折，9月底红四军200余人转战至鹤峰的堰垭一带大山中。在这里，红四军失去后方，人员补充、物质供应都发生了极大的困难。

正当红四军在堰垭一带遇到很大困难的时候，贺英送来了一批弹药、棉花、布匹、药品和银元，解决了补给问题，鼓舞了士气。贺英还向贺龙提出了以党、团员为核心建立基本部队的建议。湘西前委根据几次遭受挫折的经验教训及贺英的建议，着手整顿部队，遣散了老弱和动机不纯的分子，发展了党、团员，加强了基层领导骨干，严格了管理教育。经过整顿，虽然红四军只剩下 92 个人、72 支枪，但人员觉悟较高，立场坚定，并且形成了党的坚强领导，使红四军的政治素质有了巨大变化，面貌大为改观，从此以后便走上了胜利发展的道路。这次整顿在红四军的建设和发展史上可以说是一个转折点。此时，湘西前委受湘西特委和鄂西特委的委托，负责领导湘鄂边地方党的工作，湘西前委更名为湘鄂西前委，贺龙任书记，张一鸣、陈协平、李良耀、汪毅夫、罗统一为委员。

11 月中旬，湘鄂西前委得到中共施鹤部委的委托，说部委在咸丰、利川一带对以贫困农民为基层组织的“神兵”的工作颇有成效。同时，驻恩施、鹤峰地区的敌湖北警备军马文德旅有向红四军进攻之势。为了发展武装力量，创建根据地以及避开敌军的进攻，湘鄂西前委决定红四军向宣恩、咸丰、利川地区活动，留贺英所部在毛坪、红土坪、梅坪一带坚持斗争，派汪毅夫到鹤峰邬阳关联络由共产党员陈宗瑜领导的，以伐木工人、烧炭工人为骨干的“神兵”。

11 月底，红四军在宣恩地区党组织的协助下，到了宣恩、咸丰、利川一带，发现施鹤部委实际上有名无实，只有部委书记杨藩个人在一股“神兵”中担任首领，而且并未开展党的活动和政治工作，其所掌握的“神兵”不到 60 人，而该地区的大部分“神兵”仍为地主豪绅所控制。在这种情况下，以红四军的力量在这里建立根据地的可能性很小。于是，前委决定夺取部分“神兵”武装，然后迅速返回鹤峰、桑植地区。

此后，在半个多月的时间内，红四军争取了黑洞的部分“神兵”，解决了利川汪家营的“神兵”，红四军扩大到 300 余人，100 多支枪。

12 月中旬，红四军向东转移，先占领了建始县，接着又在前往邬阳关途中解决了崔家坝、王花寨的团防。这三次战斗，共歼灭建始县长以下百余人，缴获枪支弹药一批，扩大了红军的政治影响，并且在沿途吸收了一部分贫困农民参加了红军。

12 月 31 日，红四军进到邬阳关。这时，汪毅夫已与陈宗瑜领导的“神兵”取得了联系，并在邬阳关附近组织了一支以伐木工人为主要成员的地方武装。这两部分共 300 余人编入了红军，大大充实了红四军。此时，蒋桂之战正在酝酿，马文德旅从鹤峰调走，湘鄂西前委抓住这一时机，在邬阳关群众的支援下，一举攻占鹤峰，并乘胜攻克太平镇和洞柘湾，击毙了鹤峰县长，消灭了一部分团防。

占领鹤峰以后，湘鄂西前委立即开始建立苏区的工作。

1929 年 1 月 13 日，在鹤峰召开群众大会，宣布成立中共鹤峰县委和县苏维埃政府，选出汪毅夫、陈宗瑜等 7 人为工农兵代表，并公布了《苏维埃政纲》、《耕田农有法令》以及取消苛捐杂税、焚毁地主契文约的法令。鹤峰县委成为湘鄂西建立的第一个革命根据地苏维埃政权。接着，前委又开展了地方工作。

经过两个月的努力，至 3 月，打倒土豪劣绅的斗争在东至白果坪，西迄毛坝，南达昌平，北至红土溪的广大农村中普遍开展起来。在根据地斗争中，党、团组织、农民协会以及群众武装农民警卫团也建立起来。

在此期间，湘鄂西前委收到了中共中央 1928 年 10 月 4 日《关于军事策略问题给贺龙同志之指示信》。红四军接此指示后立即在堰垭、红土坪等地进行整训，传达和学习了中共中央第六次全国代表大会决议，并结合红四军中存在的主要不良倾向，反对了军阀主义和“拖队”思想，开始按照官兵一致的原则建立了民主制度，克服单纯命令行事的作风，多用会议形式研究和解决问题，并要求部队严守纪律。整训中还建立了比较健全的政治机关和政治工作，整顿了党的组织，建立了 4 个党支部，加强了党的教育。

通过这次整训，提高了红四军政治思想水平，使部队中党的组织建设和政治建设工作向前跨了一步，加强了党对军队的领导。

1929 年 3 月 8 日，湘鄂西前委依照中央指示向中央作了报告。汇报了湘鄂边革命根据地党的组织和思想建设工作，群众运动开展情况，县苏维埃政府工作和今后的工作方针等。

3 月 18 日，鹤峰团防头目王文轩，以湘鄂西民团联防总指挥的名义，纠集桑植团防刘子维、向凤翔和五峰团防孙俊峰等部 3000 余人，分数路进攻鹤峰，企图夺取县城，消灭红四军。湘鄂西前委以农民警卫团节节抗击刘子维、向凤翔部，集中红四军主力打击王文轩、孙俊峰部，在距鹤峰 20 里的张家坪与敌激战，毙伤敌一部，击毙了王文轩。其他各路敌人闻风而逃。

粉碎了这次联合进攻之后，红四军即向桑植发展。4月上旬，进到桑植龙潭坪、土地垭一带，发动群众，开展地方工作，5月上旬继续向南推进，占领桑植县城。此后，红四军即在桑植县境内致力于消灭地方反动武装和开展根据地的各项建设。经过一个多月左右的努力，桑植县的反动武装或被击溃或被逐出境，各级工农民主政权、农会、赤卫队也相继建立健全，桑植、鹤峰两县根据地连成一片，湘鄂边革命根据地初步形成。

2. 洪湖革命根据地

1929年初，国民党反动派内部矛盾日益尖锐，终于导致了新的军阀战争。湖北地区的国民党军队纷纷开往鄂东、鄂南前线作战，湘鄂西地区反动武装对游击队的进攻大为减弱。周逸群和鄂西特委抓住这一有利时机，积极开展武装斗争。1929年2月，中共鄂西特委在江陵沙岗召开了扩大会议。会议开了两天，传达了党的第六次全国代表大会决议，并根据大会精神总结了鄂西工作的经验教训，作出了进一步发动群众、健全地方党部、彻底纠正“盲动主义”、防止“和平发展”思想等决议。

会后，鄂西特委立即在秘密工作基础较好的江陵、石首、监利三县发动进攻。将游击队重新编成一个大队，下辖两中队：第一中队以江陵、石首的游击队组编，中队长段玉林，共有4个分队；第二中队以监利、沔阳的游击队组编，中队长段德昌，副中队长彭国才，共有4个分队。

3月初，两个中队在监利、江陵境内同时行动，17天作战21次，获得重大胜利。

3月下旬，第一中队由江陵转至石首，攻克石首县城。

5月，第二中队和监利赤卫队共300余人，进攻监利要镇毛家口，歼谭道源部两个连，缴枪130余支，提高了部队的战斗力。

随着游击战争的胜利开展，农村的群众斗争也逐渐活跃起来。为了团结和争取广大人民群众，集中力量打击豪绅地主，鄂西特委及时制定了正确的政策：对待中小商人，采取保护政策，只取缔暴利和高利贷，对正当经营者只收一定税金，使其有利可图；明确规定游击战争的当前任务是消灭地主豪绅武装，帮助农民进行斗争。

根据这些政策，游击队除战斗行动外，还积极进行群众工作，采用各种方式进行广泛的宣传，向群众解释党的政策，进行革命教育，动员和鼓励人民群众起来进行斗争。

经过一年艰苦的努力，鄂西革命形势有了很大变化，鄂西特委领导有了很大加强。工作中心地区已有宜昌、宜都、枝江、恩施、当阳、荆门、江陵、公安、石首、监利、沔阳、潜江等县的大部或一部分，已经恢复和建立党的县委或特别支部的已有 18 个县，共有党员 2600 多名。

由于鄂西特委组织健全，领导有力，工作切合实际，政策顺乎民心，从而使党和群众工作都较快地得到了恢复和发展，成为苏维埃政权建立和建设、游击武装发展和扩大的有力保证。

6 月，江陵、监利的地主豪绅纠集两县团防，由郝穴和汪家桥分两路向江陵苏区进攻。游击大队集中第一、第二中队的全部兵力迎击，22 日在青阳宫与敌遭遇，歼敌 80 余人。

7 月，国民党第五十师一个连到石首苏区“清乡”。第二中队诱敌深入，待敌人接近苏区中心时，依托有利地形，在广大群众协助下，突然反击，将其全部包围歼灭，缴枪 70 余支，打击了敌人，巩固了苏区。

随着军事斗争的胜利，游击大队得到了相当发展。鄂西特委及时采取措施，加强军队建设，把游击大队编成鄂西游击总队，由周逸群兼总队长，段德昌任参谋长，下辖第一大队、第二大队、第三大队，第一大队长王尚武，第二大队长段玉林，第三大队长卢先瑚。各个大队均有三个中队，人枪各 300 余，共计人枪 1000 余，形成了一支战斗力较强的革命武装。

鄂西游击总队整编后，进一步开展游击战争。1929 年 8 月，连续攻下古丈堤、天心洲、新广等地，扩大了苏区。

革命武装的发展，苏区的扩大，引起了敌人的恐慌。9 月，国民党军第五十师谭道源部和第三十四师岳维峻部，以大于游击总队十余倍的兵力，对江、石、监、沔地区进行“清剿”。活动在洪湖一带的第一大队原准备按照总队的指示避开强敌，转到外线，前往华容一带活动，但当他们路经监利二区，应当地党的负责同志请求，攻下了尺八口以后，产生了骄傲轻敌情绪，不适当地改变原定计划，转回洪湖，在小沙口与强敌遭遇，造成很大伤亡，大队长王尚武及几个中队的党代表牺牲，大队党代表王鹤负伤。与此同时，活动在江陵、石首苏区的第二大队，由于及时转往华容，保存了有生力量。

鄂西特委鉴于形势严重，乃决定由段德昌率领第一、第三大队继续坚持洪湖附近地区的斗争，由周逸群、段玉林指挥第二大队在华容、石首、江陵等地展开积极的游击活动。

根据上述决定，第一、第三大队与当地党组织、群众武装密切协同，声东击西，夜以继日地打击、骚扰敌人。10月聂家岭一仗击溃敌军一个团，遏止了敌人的进攻。11月，蒋冯战争紧张，蒋介石将部分部队调出鄂西。第一、第三大队趁此机会，展开反攻，11月攻克三官殿，歼敌一连，缴枪百余支；12月又连续攻克杨树峰和谢仁口等地，恢复并扩大了洪湖附近的革命根据地。

第二大队在华容、石首、江陵地区也用游击战争打破了敌人的“清剿”计划，使江、石革命根据地也得到了恢复和发展。

经过四个月的英勇战斗，沉重地打击了敌人，恢复和发展了革命根据地。1929年12月间，根据地已扩大到江、石、监、沔的大部分地区，洪湖革命根据地基本形成。

3. 巴兴归革命根据地

1927年冬，鄂西特委所属的巴东党组织进行了掌握武装、准备暴动的工作。

巴东县地跨长江两岸，是四川军阀向湖北扩张势力的必经之地，历年兵来匪往，散兵游勇极多，广大人民深受其害。地主豪绅为保护他们的财产，利用群众保家自卫的思想，纷纷成立大刀会、红枪会等“神兵”组织。巴东党组织乘机派遣党员打入其中进行活动，经数月努力，在江北的坪阳坝、五道垭、甘家坪、牛洞等党和群众工作基础较好的地区，掌握了“神兵”2000多人。黄大鹏、谭联科等共产党员担任了各乡大刀会、红枪会的代表或队长，并在一定程度上启发了“神兵”群众的觉悟，从积极分子中发展了部分党员。

1928年初，国民党巴东县长高安其，宣布征收军饷20万元，激起了广大群众的愤怒。巴东党组织根据湖北省委的指示，决定抓住这个时机，发动群众，号召“神兵”起来反抗，举行暴动，推翻反动政府，组织了百余人的精干的游击队，配备了仅有的数支步枪，由张华甫、黄大鹏、廖景坤等率领，于3月初袭击了巴东县城，处决了高安其以下7名贪官污吏，逮捕了一批土豪劣绅。随即成立了巴东人民委员会，以张华甫为委员长，宣布保护长江交通，取消苛捐杂税，以及反对土豪劣绅的主张，得到了广大群众的热烈拥护。

5月，巴东团防张家彩部和反动“神兵”千余人前往攻城。根据当时的敌情，游击队放弃了巴东县城，退回江北，并在镇江寺、东垠口一线打退了张部的追击。以后，张家彩又在国民党军独立第五师一个团的配合下，向牛洞、甘家坪、坪阳坝一带“进剿”，屠杀革命群众，焚烧农舍民房。革命武装为保卫这一中心区域，动员坪阳坝、甘家坪的“神兵”1000多人，向“进剿”敌人反击，在肖子垭毙敌百余人，缴枪数十支。但是由于革命武装对敌强我弱的实际情况估计不足，没有采取灵活的游击战术，硬打硬拼，以致于在坪阳坝战斗中损失很大，“神兵”大部溃散。

坪阳坝战斗失利后，巴东党组织吸取了经验教训，决定立即转变方针，深入群众，进行秘密活动，恢复和发展党的组织，积蓄革命力量，待机再起。

自1928年6月到1929年冬，经过一年多的艰苦工作，党的组织重新发展起来。在巴东的后坪、西陵、牛洞、甘家坪、白湾、麦峰、坪阳坝及秭归、兴山边界地区相继建立了党支部，共有党员200多人，并组成了中共巴兴归县委会。

1929年冬，在鄂西特委代表的指导下，于甘家坪召开了县委扩大会议。会议决定在已有党组织的地区，大力发动群众斗争，重新组织革命武装，开展游击战争，建立巴兴归苏维埃政权。根据会议决定，黄大鹏、陈宗培等组织了一支游击队袭击了罗溪团防，消灭了全部守军，缴枪30多支。此役，陈宗培英勇牺牲。

罗溪战斗的胜利，鼓舞了党员和群众，许多人踊跃参加游击队。在这种形势下，成立了工农革命军鄂西游击大队，由李子洋、杨显应分任正副大队长，下设两个中队，分别活动于甘家坪、牛洞、坪阳坝一带，配合地方工作，恢复发展根据地。

1930 年 3 月，巴兴归人民革命委员会在甘坪龙潭司成立，红宗远任主席，黄大鹏任军事委员。鄂西游击大队在黄大鹏、廖景坤等率领下，挫败了秭归团防邓维楚、皮秋宾的“围剿”，部队在斗争中逐步壮大。1930 年 4 月 29 日，鄂西游击大队从甘家坪出发袭占兴山县城，全歼守城团防，缴枪 10 多支。此后，鄂西游击大队即在兴山、秭归边界的烟敦垭、龚家桥、小龙、阳坡、滩坪一带开展游击活动，不断打击团防和反动“神兵”，扩大游击武装，部队发展到 200 多人。6 月间鄂西游击大队返回甘家坪，奉命改编为中国工农红军独立第四十九师，以刘子泉为师长，胡荣本为政治委员，下辖四个连。同时组织了赤卫队等群众武装，成立了以高云景为主席的巴兴归苏维埃政府，巴兴归革命根据地正式形成。

9 月，兴山民团准备向苏区进犯，红四十九师先发制人，再次袭击兴山县城，毙敌百余人，缴枪数十支。

10 月，川军戴天明旅一个团由巴兴归三县团防配合，向苏区进攻。县委决定留下部分同志在苏区坚持秘密斗争，红四十九师转移到房县、兴山边界的高桥河、黄连坪、老林湾、花甫岭一带打击小股敌人，开展游击战争。

11 月，红四十九师返回苏区休整。休整后，部队分 5 路出动，开展游击战，配合群众斗争，一个月后，巴兴归革命根据地逐渐恢复，红四十九师发展到 300 多人，1931 年初，进至罗溪一带开辟工作。

4. 襄枣宜革命根据地

1927 年 11 月中旬，中共鄂北特委在枣阳县（今枣阳市）发起暴动，组成了工农革命军——枣阳游击队，由程克纯（祖武）领导，活动于枣阳西部的蔡阳铺、璩家湾一带。到 1928 年 5 月，在枣阳西部的蔡阳铺、璩家湾、乌金店、程家坡、隆兴寺地区和襄阳东部的王家集一带开辟了一块游击根据地，组织了一支 500 多人的赤卫队。此时，游击队发展到 300 余人，编成一个总队，以程克纯为队长，李实为党代表。6 月，桂系军阀进攻枣西游击根据地，游击队和赤卫队曾多次组织反击，但未能成功。至 10 月，游击队因遭敌严重打击而失败，枣西游击根据地丧失。

与此同时，枣阳的党组织也遭到了严重破坏，保留下来的部分同志，隐藏在枣阳、襄阳、宜城边界的农村中，进行秘密斗争，并以部分党员打入团防内部开展兵运工作，等待时机。

1930年春，国民党正规军调去参加蒋、冯、阎军阀混战，反动力量相对减弱，鄂北特委利用军阀部队开抵中原进行大会战的有利机会，决定以枣阳为中心发动群众，成立游击队，在杨秀阡、余益庵领导下坚持武装斗争。枣阳的党组织立即组织党员和群众中的积极分子，收集过去埋藏的枪支，成立了襄枣游击大队，在杨秀阡、张香山等同志领导下，再次发动枣西的革命武装斗争。4月16日，游击队在当地群众和打入团防内部工作的同志配合下，袭击蔡阳铺的保卫团，将其大部消灭，缴枪数十支。接着，又乘胜进击，消灭了瞿家古城、黄龙垱、璩家湾等地的团防，缴枪百余支。7月建立了以黄龙垱、璩家湾、蔡阳铺、耿家集为中心的纵横一百余里的根据地，游击队发展到500多人，改编为工农红军第二十六师，以张香山为师长，余益庵为党代表。此时，中共中央将襄枣宜地区划归鄂豫边特委领导，为了加强对根据地工作的统一领导，中共鄂豫边特委领导成立了鄂豫边革命委员会，程克纯为主席，并建立了下属的襄东、宜东、枣阳等县苏维埃政权，襄枣宜革命根据地形成。

5. 鄂西北革命根据地

1931年4月初，红三军根据枝柘坪会议的决定开始北上。4日在野三关、三兴观等地歼灭川军戴天明旅的段少卿团后，乘胜占领巴东，顺利渡过长江，连克兴山、秭归两城。在巴兴归根据地作短期休整，向东挺进，4月13日攻占了远安。18日，红八师攻克荆门，红七师攻打当阳。驻宜昌、沙市等处的川军第二十一军教导师第三旅及鄂军第四十八师补充第一团、第二团等部急忙增援。在此情况下，红七师被迫放弃攻城计划，撤至玉泉山、慈华寺一线与敌展开激战，红八师二十三团前往增援，仍未能将敌击退。此时，远安已陷入敌手，红三军乃撤至远安以北地区，以马良坪为中心展开地方工作。不久，敌集中第五十一师范石生部、第六十九师赵冠英部及教导师第三旅郭勋部共计十几个团的兵力对红三军发起围攻，企图将红军围歼于远安、南漳地区。5月11日，各路敌军向马良坪合围。激战整日，未能将敌击退。

当晚，红三军向北突围，经歇马河、保康、大观音堂进入鄂西北地区。红八师二十二团在战斗中被敌人割断，与主力失去联系，在团长许光达率领下，向西突围，转至房县、兴山交界的九道梁地区。

红三军在主力向北转移途中，在经过大观音堂时与中共鄂豫边特委领导的薤山游击队会合，随后攻占了谷城以西的石花街。此时，因洪湖及襄枣宜根据地的红军积极活动，国民党军第四十八师补充第一团、第二团调往沙洋，第五十一师主力撤回钟祥、枣阳一带，红三军当面敌人兵力相对减少。同时，红三军自枝柘坪出发以来，转战千里，伤亡也很大。前委根据上述情况，决定集中兵力攻占均州，以此为依托，在均州、房县、保康、南漳地区创建鄂西北根据地。鄂西北地处鄂、豫、川、陕边界和武当山区，地形险要，反动统治比较薄弱，物产也比较丰富，对建立根据地较为有利。其不利条件是道教盛行，各种封建迷信武装力量甚大，是开展工作、争取群众的极大障碍。红三军前委根据不同情况对“神兵”采取分化、瓦解和争取的政策。同时，对部队进行尊重宗教信仰、保护寺庙的教育，要求全体人员严格遵守政策纪律，因而受到了道友僧众的欢迎，得到了他们的支持。

部队在石花街休息5天以后，经小店子、草店向均州进攻。均州城垣高大坚固，守敌为第六十九师赵冠英部的一个营。在攻城战斗中，红军发扬了英勇顽强、机智灵活的战斗作风，并争取了一部分“神兵”配合作战。经过一昼夜的攻击，歼灭守敌大部，占领了均州县城。

6月初，国民党军第五十一师一五二旅李柱中部纠集鄂豫边悍匪张连三等部向红三军进攻。9日，红三军撤离均州，依托武当山麓的孙家湾、元和观等地的有利地形开展阻击战。11日，敌人在反动“神兵”配合下分三路向元和观、老营官阵地强攻。红三军为争取主动，给敌以重大杀伤后，于14日翻越武当山向房县转移，18日占领房县。

红三军占领房县后，即以各级政治机关为核心，组织大批干部战士展开地方工作，成立以柳克明任书记的中共鄂西北分特委，加强了对地方工作的统一领导。在鄂西北分特委的领导下，红三军上下团结一致努力工作，以房县为中心的鄂西北根据地发展很快，在东至谷城的草店、石花街，西至门古寺、九峰山，南北自盘水河至大木厂，连绵数百里的狭长地区内，先后建立了 14 个区和 105 个乡苏维埃政府，拥有人口 20 多万，并建立了赤卫队、红色补充军、游击队等群众武装，以及工会、劳动妇女协会、童子团、少先队等群众组织。以后，鄂西北分特委又进一步领导群众进行分配土地的斗争，使根据地人民的觉悟日益提高。7 月间，许光达得知红三军占领房县，即率第二十二团自九道梁到达房县与主力会合，鄂西根据地不断壮大与发展。

在贺龙、周逸群的正确领导下，湘鄂西根据地基本形成。在创建根据地的艰难曲折的斗争实践中，贺龙、周逸群从湘鄂西的实际出发，把马克思主义同当地的斗争实践相结合，逐步摸索出适合于湘鄂西地区特点的武装斗争方针、政策和作战原则，走上了工农武装割据的正确道路，为中国土地革命和红军游击战争的理论宝库增添了新的内容。湘鄂西革命根据地的形成，对全国红军的游击战争和土地革命起到了巨大的推动作用。

后来，由于多方面的原因，红军在湘鄂西的革命斗争受到严重挫折，不得不离开根据地转战到其他地方。

（二）黔东革命根据地

红三军在湘鄂西革命根据地的斗争失败后，1934 年 6 月转战至黔东。

1934 年 4 月中旬，湘鄂西中央分局在十字路召开会议后，红三军计划首先进攻彭水，尔后向酉阳、秀山、黔江发展，以实现“以鄂川边为游击中心区域，创造新的根据地”的决策，遂进至酉阳境内，一面稍事休整，一面打击团防、土豪劣绅，侦察敌情。5 月 9 日，红三军攻入彭水县城，歼敌第二十一军十三旅一个营，俘敌 400 多人，缴枪 300 多支，士气大振。当红三军正准备攻取酉阳时，夏曦轻率地抛弃了十字路会议的决议，命红三军西渡乌江，进入贵州。5 月 14 日，红三军到达贵州的后坪县境，后又经德江之泉口司向沿河县城逼近。驻沿河之敌为黔军第三师蒋丕绪部第一旅傅恒中部。傅闻红军压境，即率主力撤走，只留第二团彭镇璞部驻守。5 月 31 日，红三军与彭部接触于乌江西岸，敌稍作抵抗即退至江东。6 月 1 日，红三军渡江占领沿河县城。

红三军入黔，贵州军阀、省主席、国民党第二十五军军长王家烈十分恐慌，急忙致电蒋介石和刘湘求援。

黔东地区是一个经济落后、交通闭塞、地形险要、封建迷信势力很大的山区。红三军到黔东后的主要活动地区，即后来黔东苏区所在的沿河、德江、印江、松桃等县和酉阳、秀山边界一带，处于湘、川、黔接合部武陵山区。这一带耕地、人口均少，居民为汉、苗、侗、土家等民族，人民群众饱受国民党压榨，极为贫苦，革命要求强烈。敌方军事力量也比较薄弱。这些条件对当时红三军开辟根据地的工作和整顿生息是比较有利的。

这时，夏曦由于一系列的挫折和失败，已由“左”倾冒险主义转为悲观消沉。红三军的领导同志及广大干部战士，对其错误路线有了进一步认识。到达黔东前后，贺龙、关向应、卢冬生等坚决反对再继续无目的的游荡，主张在红三军中恢复党团组织、政治机关和创建根据地，并重建了军政治部。

6 月 19 日，红三军进驻沿河县之枫香溪。湘鄂西中央分局在此召开会议，决定创建黔东苏区。会后立即召集有关领导干部对整顿部队与创建苏区等工作进行了研究和布置。接着，红三军配备了部分团的政治委员和连指导员，恢复了军党务委员会和被解散了一年多的党团组织。

枫香溪会议以后，红三军在加强内部建设的同时，大力开展了创造黔东苏区的工作，每个师组织了一个宣传队，专做地方工作，并抽调若干分队作为建立地方武装的基础。为了培训地方干部，举办了政治训练班，吸收本地干部学员 150 多人。红三军除了打击敌人、掩护地方工作外，每到驻地便在群众中进行宣传组织工作，建立雇农工会和贫农团，发动群众打土豪、分田地，成立苏维埃和地方武装。由于黔东地区广大人民受贵州军阀和封建势力残酷压榨，革命热情很高，加上红三军工作细致深入，各项工作进展比较迅速。经过一个多月的时间，沿河、德江、印江、酉阳等县的各级苏维埃政权便先后建立起来。

6 月 27 日，红三军在枫香溪召开了群众大会，并通过了《沿河县第五区革命委员会斗争草案》，为创建黔东根据地的中心区域迈出了第一步。7 月 21 日、22 日，在沿河之铅厂坝召开了黔东特区第一次工农兵苏维埃代表大会。大会代表135人，通过了《没收土地和分配土地条例》、《关于工农武装问题决议》、《扩大红军及地方武装问题决议》、《优待红军及其家属条例》、《农村工人保护条例草案》、《关于苗家问题决议》和《关于肃反问题决议》等一系列文件。大会选出了以贺龙、关向应、夏曦、卢冬生、朱绍田、孙秀亮和地方进步人士等80人组成的黔东特区革命委员会，贵州人民开天辟地第一次有了自己的政权组织。

黔东特区革命委员会的成立，推动了群众工作的开展和根据地的开辟、建设。地方武装的发展也比较快，到6、7月间，已先后成立了沿河、德江、印江、黔东、川黔边等5个独立团，共1500多人。此外，还成立了10个游击队，共400多人。地方武装发展到3000多人。自卫队也普遍组织起来，放哨设卡，自动捉拿坏人。同时，还在沿河的小井吸收了“神兵”司令冉少波为首的千余“神兵”，将其编为黔东纵队，由红三军军部直接领导；9月又将黔东纵队和各县独立团合编为黔东独立师，由贺炳炎任师长，冉少波任副师长。

冉少波率领的“神兵”接受共产党和红军的领导，对于开创和保卫黔东苏区，建立当地地方武装，壮大红军起了重要作用。

7月21日，中共中央的交通员到达沿河地区，带来了中央5月6日的指示信、中共五中全会决议和全苏第二次代表大会决议。

8月初，湘鄂西中央分局开会讨论了中央的指示和五中全会决议，表示完全接受中央的批评，通过了《接受中央指示及五中全会决议的决议》，并将五中全会决议、中央指示信和湘鄂西中央分局的决议向干部作了传达，初步批判了夏曦的错误领导。

此时，在湘鄂西根据地和红军中连续进行了两年多的错误“肃反”终于停止了，原计划还要进行的“第五次肃反”也取消了。从此以后，党内、军内长期存在的人人自危情绪开始减轻。

黔东地区国民党军力量不大，王家烈还要以其主力对付其他贵州军阀和湖南的陈渠珍，他在这个地区的统治力量比较薄弱，除了反动政府和团防之外，驻军不多。红三军进入黔东后，王家烈除向蒋介石、刘湘告急，还到黔西南与国民党军阀、第二十五军副军长犹国才协商共同“防共”，并命其第二旅旅长李成章率第二团、第三团、第九团 3 个团进驻思南、江口一线，以防红军夺取铜仁或深入贵州腹地。但因其部队战斗力不强，又要保存实力，提防其他军阀，所以进攻不大积极。红三军进入黔东后，进行过几次规模不大的战斗，如三打河沿、两打淇滩和攻打冉家祠堂、木黄等战斗，共歼敌千余人，缴枪五六百支，形势比较稳定。到 1934 年 9 月，黔东苏区拥有印江、德江、沿河、松桃、酉阳五县部分地域，纵横近 200 里，人口 10 万以上，并建立了黔东特区党的工作委员会和青年团工作委员会，发展了部分新党员，建立了 17 个区革命委员会、67 个乡苏维埃，分配了土地。

黔东革命根据地的建立，对红三军来说还是十分必要的。红三军自 1932 年 8、9 月间退出洪湖苏区时起，基本上是过着流动的生活，虽然数次企图恢复和建立苏区，但都没有实现。因为没有苏区，部队失去了可靠的后方，伤员安置困难，人员得不到补充，疲劳时无安定的休整场所，物资消耗难以补给。黔东苏区的创建，结束了这种状态，解决了一些困难。红三军在黔东这段时间，补充了近 2000 名新战士，队伍壮大了，也进行了比较充分的休整。这些情况，以及“肃反”的停止，党团组织的恢复，政治工作机构的重建，无疑都是重大的、正确的转折。黔东革命根据地的建立，也为后来的红二、六军团会师创造了有利条件，使红六军团从 1934 年 7 月自湘赣苏区西征之后，能有目标地会合红三军，并在会师后得到了一个落脚点。

因此，虽然黔东根据地在规模和巩固程度上都远不能与过去的洪湖、湘鄂边等根据地相比，但是，它的意义却是重大的。

1934 年 10 月间，红三军获悉红六军团将要到来，决定夏曦留苏区，贺龙、关向应率红三军主力由沿河县南下，围绕梵净山接应，并在 10 月 15 日至 24 日间会合了红六军团部队，开始了红二军团革命斗争历史的新篇章。

（三）湘鄂川黔革命根据地的形成

湘鄂川黔革命根据地的创建是一个曲折、复杂而困难的过程。1933 年 12 月，中共湘鄂西中央分局在湖北咸丰大村举行会议，讨论湘鄂边失败的教训与当前的任务，提出了“创造湘鄂川黔新苏区”的任务，放弃了“恢复湘鄂边”的口号 。但实现这个任务并不容易。

1933 年 12 月，红三军进入川东，攻占了黔江县城；1934 年 1 月又转回湖北的咸丰、利川、宣恩以及湖南龙山、桑植、永顺、大庸、慈利等县境内开展游击斗争，与敌周旋。为改变困难处境，经贺龙提议，湘鄂西中央分局作出关于发展鄂川边区苏维埃运动任务的决议，计划创造新的根据地。为此，红三军主力先向川东方面游击，进一步把鄂川边与川东连成一片，成为广大的游击根据地。此后，红三军了解到黔东的情况并有当地神兵代表请求，于是，红军向黔东转战。

在此过程中，1934 年 6 月上中旬，成立了由夏曦、关向应、贺龙、卢冬生组成的中华苏维埃共和国湘鄂川黔边革命军事委员会。6 月 16 日，红三军在群众大会上发布了中华苏维埃共和国湘鄂川黔边革命军事委员会致贵州印江、德江、务川、沿河各县神坛诸同志书，阐明了红军对“神兵”的政策和方针，表示要与他们建立亲密的革命联合，并提出工人组织工会，农民组织农会；组织红军游击队和自卫队；组织革命委员会；彻底反对豪绅军阀和帝国主义等要求。

6 月 19 日，红三军进驻黔东沿河县的枫香溪（今属德江县）。贺龙和关向应就如何创造黔东根据地等问题交换意见，并在分局会议上得到通过。此后，红三军派出宣传队，到黔东的沿河、印江、德江和川东的酉阳、秀山 (今属重庆市) 等县去深入发动群众，打土豪、分财物，以便建立各级政权和成立赤卫队。7 月 21 日至 22 日，湘鄂川黔边革命军事委员会召开黔东特区第一次工农兵苏维埃代表大会，参加代表 130 余人，通过《没收土地和分配土地条例》、《关于工农武装问题决议》、《优待红军及其家属条例》、《农村工人保护条例》、《关于苗族问题决议》等，选举产生了黔东特区革命委员会。从一定意义上，黔东特区根据地实际上也可以看作湘鄂川黔革命根据地的前身。

在红三军经营黔东特区根据地的同时，红六军团及湘赣军区于 7 月 23 日收到中共中央书记处、中革军委发出的训令，内容是：鉴于红六军团继续留在湘赣“将有被敌人层层封锁和紧缩包围之危险”，令红六军团第十七师、十八师两师及红军学校学生撤离湘赣苏区，转移到敌人力量薄弱的湖南中部地区，“发展当地的游击战争与土地革命，直至创立新的苏区”，“确立与二军团的可靠的联系，以造成江西、四川两苏区联结的前提”。

训令还指定，任弼时为中共中央代表，随军行动，“并与萧克、王震三人组织六军团的军政委员会，弼时为主席”；王震为红六军团政治委员兼红十七师政委；陈洪时留守湘赣为省委书记。训令指定了部队的行动路线和活动地域，要求在新化、溆浦地域向北与红二军团取得联络。在进行必要的准备之后，红六军团 9758 人于 8 月 7 日下午由江西遂川横石和新江口出发，开始突围西征。

8 月 11 日，红六军团连续突破敌人四道封锁线，全军进至湖南桂东县以南的寨前圩。8 月 12 日，红六军团正式宣布军政委员会为红六军团最高领导机关，由中央随军代表任弼时和萧克、王震三人组成，任弼时为主席。萧克为军团长，王震为政治委员，李达为参谋长，张子意为政治部主任，辖第十七师、第十八师两师。

9 月 5 日，红六军团进军广西西延（今资源县）。同月 8 日接到中革军委补充训令：西征突围第一步已按计划完成，“最少要于九月二十日前保持在这一地区内”，消灭敌人并发展苏维埃运动和游击运动。下一步要转移到湘西北，在川、黔、湘边境与红三军取得联络，协同红三军在湘西及湘西北背靠贵州建立巩固的根据地，以吸引更多湘敌于湘西北方向；训令还规定了部队的前进路线。红六军团在前进途中于 10 月 7 日在贵州石阡县甘溪同敌遭遇，部队损失很大。在甘溪战斗中与主力失掉联系的部分队伍在红六军团参谋长李达率领下转战 9 个昼夜，在贵州省沿河县水田坝与贺龙、关向应率领的红三军会合。贺龙、夏曦、关向应等当即率主力南下，接应正在分途突围的红六军团主力。

此时，敌人对红军虎视眈眈。因为中央红军于 10 月 21 日开始突围，“会剿”红六军团的湘桂黔敌在石阡会商调整部署：湘敌陈渠珍师与黔、川敌继续协同“会剿”红六军团和红三军；桂敌第七军第十九师、第十四师全部回广西防堵；湘敌第十五师第五十五旅、独立第三十二旅、“剿匪”第一团及补充纵队回湘增防。黔敌王家烈称“期于两旬内，务将萧、贺两匪完全肃清。”10月24日，任弼时、萧克、王震率红六军团主力进至印江县木黄，在水浒庙（乡公所）与率部前来迎接的贺龙、关向应等会师。

1934年8月，中共湘鄂西中央分局决定，红三军一方面要巩固和发展黔东特区根据地；另一方面要东出湘西，在湘鄂川边恢复老根据地，发展新根据地，以形成湘鄂川黔根据地的大局面。红六军团的到来，壮大了红军的力量，也使这个形成湘鄂川黔根据地的大局面的计划成为可能。

1934年10月24日，红六军团和红三军在贵州省印江县的木黄镇胜利会师。10月26日，两军在南腰界举行了庆祝会师大会。会师时，红三军有4400多人，红六军团有3300多人。从此以后，来自两个战略区的两支红军，结成了一个团结战斗的整体，形成了一支强大的战略突击力量，为完成新的更多重大的政治、军事任务奠定了可靠的军事基础。

正当红三军和红六军团在黔东会师之际，中央红军第五次反“围剿”已经失败。1934年10月21日，中央红军冲破敌人第一道碉堡封锁线，撤离江西苏区，开始向西实行战略转移。鉴于上述情况，两军团领导人对整个战争形势和面临的任务，以及今后的行动方针，立即进行了审慎研究，认为刚刚退出江西根据地的中央红军，正与优势敌军作战，夺路向西转移，红三军和红六军团应积极行动，密切配合中央红军的战略转移。

10月22日，中革军委曾电令红六军团：“向印（江）、松（桃）间前进，会合红十七师之一部，在该地与二军团取得联络，并在松桃、乾城、凤凰地域建立苏区，发展游击战争。”根据中革军委的命令和部队的现状，两军团领导人决定红二、六军团集中去军委指定的地区。25日，两军团领导人给中革军委的电报中说：“贵州苏区在印江、沿河间……以枫香溪、惟（谯）铺、云（铅）厂坝为中心，南北一百里，东西六七十里，人口不足二十万，西靠乌江，东、南、北均系徒涉场很小的小河。粮食很缺乏。地方武装有独立师千余人，两个独立团（各约二百余人），五个游击队三百余人。数日前，黔敌三个团进至（印江苏区）中心，现未退。”“湘西之敌：除陈渠珍师外，另有杨其昌、廖怀中、雷鸣九共计四团，保安三四团，分驻凤凰、乾城、桑植、龙山、麻阳、永顺、辰溪等县。”“以目前敌情及二、六军团力量，两个军团应集中行动。我们决定加强苏区党和武装的领导，开展游击战争，巩固发展原有苏区，主力由松桃、秀山间伸出乾、松、凤地区活动，建立新的根据地。”

此后，两军团领导人在南腰界再次开会，进一步研究当面的情况和今后行动方针。会议一致决定两个军团不去乾城、凤凰地区，集中去湘西北创建根据地。

10 月 27 日，两军团领导人联名致电朱德、周恩来，报告新的决定和行动方向。电报说：“1. 我二（两）军团明日（28 日）向龙潭前进，到酉阳、龙山、永顺、保靖、永绥间，用秀山附近民众根据地，且向凤凰、乾城发展。2. 我们不直接向乾城，有以下原因：A. 凤凰、乾城、松桃……（土著）武装多，且极强，经常可动员万人，系受陈渠珍节制。”B. 敌人一部“十一日和二十七日即进到乌罗司……如向凤凰、乾城，有被敌侧击之虑。”

根据两军团集中进军湘西的方针，经中央代表任弼时和两军团领导的决定，整顿了组织：红三军恢复了红二军团番号，贺龙任红二军团军团长，任弼时任政委，关向应任副政委，李达任参谋长，张子意任政治部主任。原红三军第七师改为红二军团第四师，师长卢冬生，政委方理明，参谋长张平化，辖第十团、第十二团两个团；原红三军第九师改为第六师，师长为钟炳然，政委袁任远，副政委廖汉生，参谋长周天明，辖第十六团、第十八团两个团。原红六军团政治部成建制地转为红二军团政治部，以恢复红二军团的党组织、政治机关和政治工作。红六军团军团长、政委仍为萧克、王震，参谋长谭家述，政治部主任甘泗淇，红六军团整编成第四十九团、第五十一团、第五十三团共三个团。这时虽然没有成立统一的指挥机关，但在实际上，以贺、任、关等为核心的集体领导已经形成了。红二、六军团从此即由贺、任、关统一领导与指挥。

为了迅速执行新的作战任务，红二、六军团抓紧进行了两天的休整与准备，对黔东根据地的工作也作了安排。将原黔东独立师撤销，兵员分别充实到红二军团的红四师、红六师；另以地方武装和两个军团留下的伤病员组建新的黔东独立师，在黔东特区坚持游击战争，策应主力向湘西发展。1934年10月28日，红二、六军团从南腰界出发，向湘西发动了攻势。

红二、六军团领导人关于集中两个军团向湘西北行动的意见，是两军团领导人把四周的地形、民情、经济条件及敌情统一作了研究之后而提出的。他们认为，湘西澧水上游区域，最宜建立革命根据地。永顺、桑植、龙山、大庸一带，属于湘鄂川黔边界地区，经济虽然落后，但共产党影响比较大。那里过去是贺龙领导的部队活动地区，有比较好的群众基础。贺龙在这个地区人熟地熟，有利于红军的发展。这里各派势力复杂，除国民党外，还有"神兵"、土匪，他们之间矛盾很深。陈渠珍三个旅和四个保安团，约万人，加上被川黔军阀赶出来而投靠陈渠珍的杂牌军，如杨其昌、车鸣骥、雷明九、廖怀中等四个旅（实际四个团）4000余人，兵力不大，战斗力也不强，有利于红军向这个地区展开战略进攻。同时，也只有向湘西进军的胜利，才能牵制、调动湘鄂两省敌人，策应中央红军战略转移；才有利于在运动中消灭敌人，恢复和发展革命根据地，不断发展壮大自己，打开新的局面。

但是，中革军委对于红二、六军团的现状和湘西的情况缺乏了解，起初并不同意红二、六军团的建议。10月28日，红二、六军团在行军途中收到中革军委10月26日给任弼时、萧克、王震措辞强硬的电报，指示："A. 二、六军团合成一个单位及一起行动是绝对错误的。二、六军团应仍单独地依中央及军委指示的活动地域发展，各自受中央及军委直接指挥。B. 六军团应速依军委屡次电令向规定地域行动，勿再延迟。"

红二、六军团领导人经过慎重考虑后，28日即由夏曦、贺龙、关向应、任弼时、萧克、王震联名复电中革军委，着重陈述两军分合的利害关系，并再次建议集中统一行动。不久，中革军委同意两军团统一指挥方案。

10月30日，红二、六军团到达川东的酉阳，守城之川军旅长田冠五率部弃城逃跑，部队顺利地通过了酉阳，然后向湘西挺进。

11月7日，红二、六军团占领了湘西重镇永顺县城，取得了湘西攻势的初步胜利。此时，湘敌陈渠珍以三个旅的兵力向永顺扑来，红二、六军团为了在运动中歼灭敌人，便于11月13日主动撤出永顺县城，诱敌向北。

红二、六军团在永顺进行了7天休整。在这期间，部队加强了战斗动员，抓紧了各项战备工作，准备迎击陈渠珍部。红二军团普遍进行了党员登记，建立和健全了基层党支部。

在永顺，两军团领导人召开了会议，着手解决夏曦的问题。会后，萧克、任弼时、王震向中共中央书记处、中革军委作了汇报。

中共中央书记处于11月16日复电任、萧、王、贺、夏、关，指出：为集中与加强对于湘鄂川黔苏区的领导，中央决定成立湘鄂川黔边省委，以任弼时为书记，贺、夏、关、萧、王等为委员……二军团长由贺龙同志任之，政委由任弼时兼。六军团长、政委为萧克、王震。两军团均直受军委领导，但在两军团共同行动时，则由贺、任统一指挥之。为加强现有苏区之地方武装及游击战争之领导，组织湘鄂川黔边军区，司令员及政委由贺、任兼任。当贺、任随两军团行动时，应指定军事及政治的代理（人），以保证对于地方党、苏维埃之领导。

11月16日，红二、六军团取得十万坪大战的胜利，为湘鄂川黔革命根据地的创建奠定了坚实的基础。之后，红军第四十九团即分散在永顺、保靖一带，发动群众，开展斗争。1934年11月19日，在龙家寨建立了县临时政权——革命委员会。从此，开始了湘鄂川黔革命根据地的建设。

湘西攻势的胜利，红军占领了永顺、大庸、桑植三县和龙山、保靖、慈利县各一部分地区。这里是湖南、湖北、四川、贵州四省的边界地区，国民党的统治较弱。桑植在1928年就建立过工农兵民主政权。在共产党的领导下，曾进行过打土豪、分田地的革命斗争，群众基础比较好。这里有崇山峻岭，便于开展游击战争。东部地区人口稠密，物产丰富，有利于红军取得物质和人员补充。在战略上，这里是进攻中央苏区红军之敌人国民党军的侧背，革命战争的进一步发展，可以威胁湘鄂国民党军阀统治的中心长沙和武汉，可有效地策应中央红军的战略转移。基于上述情况，中央同意红二、六军团在这里创建革命根据地。

1934年11月26日，中共湘鄂川黔边临时省委发出第一号《通知》："（一）根据党中央电示，在湘鄂川黔边成立新的临时省委，为这个区域党的最高领导机关。以任弼时同志为省委书记，贺龙、关向应、夏曦、王震、萧克及张子意等同志及少共省委一人为省委委员。（二）根据中革军委电示，在湘鄂川黔边成立军区，以贺龙同志为军区司令员，任弼时同志为军区政治委员。”当时红六军团司令部就是湘鄂川黔军区司令部，贺龙在前方期间，王震兼任军区代司令员。此外，还成立了湘鄂川黔边区革命委员会，贺龙任主席，夏曦、朱长清任副主席。

1934 年 11 月 26 日，根据中共中央书记处及中革军委电示，中共湘鄂川黔边临时省委、湘鄂川黔边军区在湖南省大庸县成立。同时成立中华苏维埃共和国湘鄂川黔省革命委员会。从此，原中共湘鄂西中央分局、军委分会以及红六军团军政委员会自行结束。这些机关的成立，标志着湘鄂川黔革命根据地正式形成。

1934 年 12 月 10 日，中共湘鄂川黔边区临时省委、省革命委员会、省军区领导机关一起，由大庸迁至永顺县的塔卧，开展了一系列湘鄂川黔根据地建设工作。1935 年 2 月，根据中革军委的指示，以贺龙为主席的湘鄂川黔军委分会成立。1935 年 4 月 12 日，湘鄂川黔省委和军委分会率领红二、六军团主力撤离塔卧。

二、湘鄂川黔革命根据地的战略地位

湘鄂川黔革命根据地从形成到红二、六军团主力撤离，时间并不算太长，但却在中国革命历史上写下了浓墨重彩的光辉篇章。与其他革命根据地一样，湘鄂川黔革命根据地组织和领导根据地的人民群众在坚决反对国民党反动派的反动统治和军事“围剿”，发展壮大革命武装力量，开展土地革命，建立工农民主政权等方面取得了巨大成绩。更为可贵的是，湘鄂川黔革命根据地的创建和坚持斗争，从战略上配合党中央和中央红军实行战略转移，牵制敌人力量，发挥了重大作用。同时还培养和造就了无数的优秀红军指战员和模范的共产党员，他们在以后的抗日战争、解放战争和社会主义建设事业中作出了重要贡献。

湘鄂川黔革命根据地在中国共产党革命史上具有十分重要的地位。

（一）策应中央红军胜利长征的战略基地

当红二、六军团于1934年10月24日在贵州印江木黄镇会师时，中央红军刚刚撤出中央根据地，正在蒋介石40万兵力前堵后追的形势下艰难地向西转移。在这种情形下，红二、六军团主要的任务就是策应中央红军顺利实施战略转移，并开辟新的根据地，为红军寻找新的立足点。因此，红二、六军团会师之后，仅仅休息整顿几天，于10月28日就向湘西挺进，发动湘西攻势。11月7日，红二、六军团占领湘西重镇永顺县城，取得湘西攻势的首次胜利。11月16日，红二、六军团取得十万坪大战的胜利，扭转了局势，奠定了建立根据地的基础。不久以后，红二、六军团便马不停蹄地向大庸、桑植进军，扫清地方反动武装，于11月26日在大庸成立了湘鄂川黔边临时省委、省革命委员会、省军区，湘鄂川黔革命根据地正式形成。红二、六军团的节节胜利，震惊了蒋介石，蒋不得不调集20多万的兵力对其进行“围剿”。12月7日以后，红二、六军团进攻沅陵，包围常德，震慑长沙、岳阳和武汉，势如破竹，直捣敌人侧背，直接威胁了进攻湖南围攻中央红军的敌人，有力地策应了中央红军的顺利转移。

湘鄂川黔革命根据地时期，红二、六军团共吸引了30多万敌人，消灭了敌军大量的有生力量，成功地配合了中央红军的军事行动。

首先，红二、六军团向湘西挺进，为红一方面军通道转兵创造了条件。红二、六军团会师后，决定从黔东特区向湘西推进，以掩护中央红军实现战略转移为根本任务。这个论点见于任弼时的系列报告里，如1935年9月29日，任弼时在红二、六军团积极分子会议上明确提出，“二、六军团最基本的任务是：第一，以自己高度的积极的游击行动在敌人翼侧和后方活动，达到分散吸引敌人用以进攻和‘追剿’我中央野战军的兵力，配合与协助我主力红军顺利地转移和在主要战线上取得有决定性意义的胜利，以彻底粉碎敌人的第五次‘围剿’。”第二，“在尽可能地保存、巩固、壮大红军有生力量的条件下，坚决进行战斗，以消灭敌人的有生力量，保卫扩大新开辟的游击区域，使之成为巩固的新根据地，贯通江西、四川两大基本苏区。”简单地说，红二、六军团的根本任务，就是掩护红一方面军长征北上，实现战略转移。

红一方面军开始长征时，蒋介石在江西、广东、湖南、广西布置了四道防线，妄图将中央红军歼灭于湘粤桂边境、湘江上游两岸。红二、六军团突然向湘西挺进，进占永顺，发动十万坪战役，击溃湘西陈渠珍10余团，乘胜占领大庸、桑植县城。又在浯溪河击溃鄂军独立三十四旅罗启疆部三个团，占领桃源，包围常德，震动了长沙、岳阳，给了湖南敌人和进攻我中央野战军的敌人总后方以很大的威胁，迫使蒋介石不得不从“追剿”军中抽调三个师的兵力来对抗红二、六军团。这时，红一方面军正处在湘黔边境的通道、锦屏地区，敌人抽调兵力北上，为红一方面军通道转兵西向创造了条件。

原来红一方面军长征出发前，博古、李德等未经中共中央政治局讨论，擅自决定放弃中央革命根据地，企图转移到湘西与红二、六军团会合，但是红军突破敌人四道封锁线后，人员已损失过半。1934年12月，敌人已判明红一方面军与红二、六军团会合的意图，并在红军前进的道路上部署了重兵。在此危急关头，毛泽东力主放弃原定的会合计划，改向敌人力量薄弱的贵州前进。这一方针得到了党和红军大部分领导人的赞成，终于促成了红一方面军在湖南通道县境转兵西向。12月8日，党中央在贵州省黎平召开了政治局会议，正式决定中央红军向以遵义为中心的川黔边地区前进。

其次，红二、六军团开辟湘鄂川黔根据地，掩护了红一方面军与红四方面军的胜利会师。1935年2月至4月，红二、六军团经过两个多月的苦战，接连占领了咸丰、来凤、永顺、大庸、桑植、龙山、慈利、宣恩、鹤峰等地域，开辟了新的根据地，威胁了追击红一方面军的敌人的后方和进击红四方面军的敌人的侧翼，迫使敌人不得不分兵来对付红二、六军团。

1935年2月，蒋介石指使湘鄂军阀组织兵力向湘鄂川黔革命根据地进犯。蒋介石担忧湘鄂地方兵力不足，又从“追剿”红一方面军的兵力中抽调三个师，从进犯湘鄂赣苏区部队中抽调一个师，总计87个团，分成6个纵队，配备飞机，向湘鄂川黔根据地腹地永顺、大庸、桑植、龙山进击。同时给予经济封锁，政治欺骗宣传，妄图将湘鄂川黔根据地扼杀在尚未稳定的时刻。

红二、六军团面对十倍于我的敌人，在任弼时、贺龙、关向应的正确决策下，进行了英勇反击。一方面，红军每到一处，就实行土地改革，迅速没收地主土地分给农民，以土地改革调动农民的革命积极性，以革命战争保卫胜利果实。同时，彻底纠正夏曦“左”的错误，恢复红二军团政治部，将红六军团政治部人员调为红二军团政治部成员，恢复红二军团各级党的组织，大力发展党员。加强政治宣传，使红二、六军团指战员明确，在粉碎敌人“围剿”的战斗中，我们是处在进攻红一方面军和红四方面军的敌人侧翼和后方，在配合各方的作战当中，我二、六军团占着很重要的地位。强调应以自己高度的积极的游击行动在敌人侧翼和后方活动，达到分散吸引敌人用以进攻和“追剿”我中央野战军的兵力， 要用积极的胜利的行动，钳制住敌人六个纵队的兵力，使其不能进攻中央野战军，而且继续把进攻和预备进攻中央野战军的一部分敌人吸引过来，使中央野战军与四方面军胜利地会合。

正是在这一系列正确斗争策略下，红二、六军团依据决战防卫战略战术原则，抓住敌人弱点，各个击破，消灭其有生力量，经过陈家河、桃子溪、宣恩、忠堡、板栗园、芭蕉佗、招头寨等大小 30 余次战斗，粉碎了敌人的六路围攻。缴获敌枪 1 万余支，生俘敌 8000 余人，并生俘敌纵队司令兼师长一人，击毙师长一名。红军在战斗中壮大一倍，达 17000 余人。红二、六军团的巨大胜利，削弱了追剿红一方面军的敌兵，减少了红一方面军的压力，使得红一方面军与红四方面军在四川胜利会师，达到了红二、六军团牵制敌兵的战略目的，充分显示了湘鄂川黔革命根据地的战略基地的地位和作用。

（二）孕育红二方面军的肥沃土壤

红二方面军是在红二、六军团的基础上发展起来的。湘鄂川黔革命根据地在湘西建立后，不断地得到巩固和发展，使得红二、六军团有了坚强的立足地而得以不断发展壮大。早在根据地初建时期，省委、省军区就非常重视红二、六军团的建设与发展，注重提高红军的素质。省委和军委分会通过开办红军学校，成立红四分校， 培训红军干部，提高军团人员的综合素质，壮大军团力量；通过建立地方武装组织，发动地方武装力量，开展扩红运动，为红军补充强大的后备有生力量。湘鄂川黔革命根据地时期，红二、六军团经历了数十次大大小小的战斗，部队人数不仅没有减少，而且逐渐增加，由两军团会师时的 7700 多人迅速发展到 20000 多人，人数增加了两倍多，为后来红二方面军的组建奠定了坚实的基础。红二、六军团于 1935 年 11 月 19 日从桑植县刘家坪出发，开始长征。1936 年 7 月 1 日，与红四方面军在甘孜会师，7 月 5 日，红二、六军团与红三十二军合编成红二方面军。组建红二方面军时，部队人员主要为红二、六军团的成员。从某种意义上可以说，是湘鄂川黔革命根据地这片肥沃的土壤孕育了红二方面军。虽然红二军团的起源是在湘鄂西革命根据地，红六军团的起源是在湘赣革命根据地，但红二、六军团联结成为一个团结战斗的整体而作为红二方面军的雏形，却是源于湘鄂川黔革命根据地时期。

首先，湘鄂川黔革命根据地的有机部分——黔东特区为红二、六军团的会师树立了目标，提供了立足点，同时使部队得到整编，战斗力得以增强。

红二军团（原称红三军）自 1932 年夏在第四次反“围剿”中失利之后，被迫经豫西南、陕南、川东，艰苦转战七千里，才从洪湖来到湘鄂边。当恢复湘鄂边根据地不能实现时，便决定创建湘鄂川黔边新苏区，并随即成立湘鄂川黔边革命军事委员会，领导部队开始新的行动。1934 年夏进入黔东，发动群众，组织地方武装，建立了黔东特区革命委员会，这样才有了立足之地。在黔东特区时期，红三军的工作发生了很大的转变。“肃反”停止了，提拔了一批干部，建立了党组织，恢复了政治机关，在各县建立了游击队和独立团，扩大了红军，建立了根据地。红六军团从湘赣根据地西征来到黔东，人生地疏，甘溪一战失利，部队被敌人切为三段，即军团参谋长李达率领向东突围的第四十九团、第五十一团各一部，团长郭鹏率领朝东北方向进军的第五十团，任弼时、萧克、王震率领的军团主力则向乌江迂回前进。红六军团的处境是非常困难的，这时，如果没有黔东苏区，红六军团就没有目标可找，也收不到部队，后果是不可想象的。

两军会师时，红二军团 4400 余人，其中卫戍及伤病员 200 余人，共 3700 支枪，且每支枪的子弹不过 10 发。由于前期主要领导人贯彻执行王明的“左”倾路线，大搞肃反扩大化，干部被杀了一批又一批，会师后急需解决路线、干部配备和党的领导等诸多问题。红六军团经过78天的艰苦转战，全军由出发时的9700多人，锐减到3300余人，且伤病员就占了十分之一。

红二、六军团会师之后，在黔东特区的南腰界(现属四川酉阳县)进行了短期休整，部队进行了整编。经中革军委批准，红三军恢复了红二军团番号，贺龙任军团长，任弼时任政委，关向应任副政委，李达任参谋长，张子意任政治部主任。原红三军的第七师改为第四师，辖第十团和第十二团；原第九师改为第六师，辖第十六团和第十八团。红六军团由萧克、王震分别任军团长和政委，谭家述任参谋长，甘泗淇任政治部主任。红六军团因减员，暂缩编为第四十九团、第五十一团、第五十三团。同时，进一步恢复和健全了红二军团党的组织和政治机关，将原红六军团的政治部改为红二军团的政治部，红六军团另成立新的政治部。红二军团给予红六军团一些物资补充。经过整编，虽然未成立统一的领导机关，但由于任弼时是中央代表、原红六军团军政委员会主席，贺龙是南昌起义总指挥、红二军团军团长，在军内的威望又很高，关向应是六届中央委员、红三军的政委，实际上已形成了以任、贺、关为核心的集体领导。随后中央也来电明确指示：两军团的行动由任、贺、关统一指挥。正是因为两军团团结战斗在一起，大大提高了战斗力，所以两军团才得以在战斗中消灭敌人，发展和壮大自己。

其次，湘鄂川黔革命根据地的进一步创建、巩固和发展，带来了红二、六军团的发展壮大。湘鄂川黔革命根据地初具规模之后，省委对红二、六军团的发展壮大非常关心。1934年12月，省委在《关于创造湘鄂川黔边苏维埃新根据地任务决议》中，就明确地提出了红军建设的问题；1935年1月，省委书记任弼时同志在红二、六军团党的积极分子代表会议上，又强调提出要加强红军建设的问题。在湘鄂川黔革命根据地时期，湘鄂川黔省委和军委分会在红军建设上，主要抓了以下工作：

第一，建立和健全政治工作系统，发展党团员，提高部队的政治素质。红二、六军团的政治工作，是从恢复红二军团的党团组织和加强各级政治机关开始的。两军团会师前，红二军团虽然已在开始恢复被湘鄂西中央分局执行党的六届四中全会错误路线而解散了的党团组织和政治机关，但这项工作进展缓慢。1934 年 11 月 1 日，任弼时、王震、关向应、张子意给周恩来的电报中这样提到：红二军团“直到最近才开始恢复部队的党团员，但不到十分之一。在连队中还没有党支部，有的两个连队才成立一个支部。多数支部只有几个党团员，也没有划分小组，而且组织也不健全，只有一个支部书记。师、团政委都是新提拔的，工作能力很弱，指导员缺少一大部分。政治工作系统还未建立，部队中的肃反恐惧仍然存在……师、团参谋长还有的是最近俘虏来的成分，军事干部多不是党团员。”

为了迅速改变这种状况，作为中央代表的任弼时，从大局出发，从红六军团调出了大批优秀的政治工作干部去红二军团工作。例如，调原红六军团五十二团政委方理明任红二军团第四师政委、袁任远任第六师政委，调红六军团第五十一团政委冼恒汉、五十三团政委缪聚群分别到红二军团任团政委，又从红六军团的红军学校抽调 58 名干部支援红二军团，以后又陆续抽调了几批党政干部到红二军团。同时，把红二军团原来被无端逮捕的干部，一批一批地解放出来，送到军政干部训练队学习，然后重新分配到红二军团担任各级军政干部。

党团员的登记和党组织的恢复工作，虽然在黔东时期已经开始了，但还不全面，而此时才得以全面地开展。如登记党员，重建党支部、党小组等等。到 1935 年 1 月下旬，红二军团党的基础初步建立，党的生活开始走向健全化的道路。“1934 年 11 月以前，党团员只有 213 名，现在除十一团、十七团两团外，有党员 703 名，团员 413 名，三个月中增加了两三倍党团员。”到 1935 年底，仅红二军团就有党员 2300 多人、团员 1800 余人。各级政治机关都进行了调整、充实或重新建立。其他如司令部、供给部、卫生部等，也都建立了系统的政治工作。

第二，开办红军学校，培训军事和政治骨干。湘鄂川黔革命根据地建立之后，省委和军委分会在原“随营学校”的基础上办起了“中国工农红军学校第四分校”（简称“红四分校”或“红校”），校址在永顺塔卧。校长由王震兼任，副校长谭家述，政治部主任张平化，教育（处）长陶汉章。学员是从前方和后方部队中抽调来的。学校设立“两班两队”，即高级班、普遍班和地方武装训练大队、特科大队。高级班学员主要是营、团级干部，也有个别师级干部；普遍班学员是连排干部，有时也单独由连队指导员组成；地方武装干部训练大队的学员是军分区及县级武装干部，还有游击队长；特科大队则是训练掌握专门技术（如打机枪）的干部。学校主要开设政治和军事两门课程。1935 年 4 月中旬，陈家河、桃子溪战役后，红校迁到桑植县城，改为“红军大学”，萧克兼任红军大学的校长，苏鳌为政委，谭家述为教育长，张平化仍为政治部主任。学校有学员 800 余人，于 8 月开学，学习三个月，于 11 月初毕业。学员毕业后回到原来的部队，使部队增强了骨干力量。

第三，发展地方革命武装，为主力红军建立一支强大的后备军。在湘鄂川黔省委和省军区的积极发动和组织下，根据地各乡、区游击队、赤卫队如雨后春笋般地建立起来。据永保、郭亮、大庸、桑植、龙山、保靖、慈利、石门、沅陵以及酉阳、宣恩等县的不完全统计，共有游击大队（支队）36 支，游击分队 200 多支，1 万多人。赤卫队 10 多万人。1934 年冬至 1935 年春，还先后成立了大庸县独立团、慈利县独立团、永保县独立团、龙（山）桑（植）独立团、郭亮县独立营、龙山县独立营、永（顺）沅（陵）联县独立营。在此基础上，分别在大庸县永定镇和永保县灵溪镇成立了第一军分区和第二军分区。党所领导的这些地方革命武装，不仅在发展游击战争和配合主力红军作战中起了重要作用，而且后来都集体加入了主力红军，使主力红军得以发展壮大。

第四，吸收红军战士，扩大红军队伍。红二、六军团指战员除动员城乡工农青年踊跃参军外，还从湘鄂川黔边区历次战斗俘虏的 8000 多士兵中，经过教育改造之后，吸收了一部分参加红军，有的还担任了红军的指挥员。到 1935 年 11 月突围转移时，红二军团由原来会师时的 4400 多人发展到 9200 多人，并且新成立了第五师（辖第十三团、第十四团、第十五团共三个团）；红六军团也由会师时的 3300 余人发展到 11000 多人，新成立了第十六师（辖第四十六团、第四十七团、第四十八团共三个团）。

在湘鄂川黔革命根据地时期，红二、六军团经历了大小战斗数十次，部队不仅没有减少，而且发展到两万余人，比两军团会师时增加了两倍，这为

1936年7月在甘孜组成红二方面军奠定了坚实的基础，使红二方面军成了中国工农红军三大主力之一。

（三）增强少数民族对中国共产党认同感的实践中心

湘鄂川黔革命根据地各少数民族与红二、六军团全体官兵并肩作战、同舟共济，共同书写了一段光辉的历史。在根据地的革命斗争中，红二、六军团始终保持与根据地人民群众的血肉关系，坚持人民的利益高于一切，坚决维护人民群众的根本利益，涌现出了诸如“一条裤子”、“两个红薯”、“100块大洋”、“不拿群众一针一线”等不计其数的感人事迹和现象。这些令人感动的历史细节正是中国共产党人热爱人民群众的精神品质的生动体现，增强了当地少数民族对中国共产党的认同感。正是在共产党领导的红军将士们的高尚品质的感染下，涌现出一大批少数民族的英雄儿女，他们积极参加红军，支援前线，照顾伤员，为根据地建立与建设作出了不可磨灭的贡献。根据地的光辉历程，凝聚着中国共产党人和当地少数民族相濡以沫、团结一致、顾全大局、艰苦奋斗、不怕牺牲的高尚情操。

湘鄂川黔革命根据地的创建和坚持，通过革命斗争的实践，为中国共产党造就一批治党、治国、治军的领导干部和各方面人才，提供了有利条件；也为中国革命、为中国共产党培养了数不清的优秀党员、革命英雄。从湘鄂川黔革命根据地走出的红军指战员，有的成为中华人民共和国的元帅、将军，有的成为中华人民共和国的领导人，还有的成为抗日战争时期同日本侵略者浴血奋战、英勇牺牲的抗日烈士。抗日战争时期中国共产党领导的八路军是英勇抗日的主力部队之一，而其中的八路军第一二〇师，主要由湘鄂川黔革命根据地时期的红二、六军团改编而成。今天在中国人民解放军档案馆中，保存着一份八路军第一二〇师第三支队第七团、第八团阵亡将士登记表，其中可以看到这样的记载：

王明仙，第8团第3营第10连连长；23岁；籍贯：湖南永顺县里桥镇；家庭经济状况：家有人7口房3间地3亩，欠债300元；永久通讯地址：湖南永顺里桥镇王记粉厂收转；何时何地入伍：1933年在本县入伍；何时何地作战死亡：1938年3月在山西崞县神山堡阵亡；负伤部位：头部；负伤类别：盲贯；死亡日期：1938 年 3 月 21 日；是否党员：党员；因何致死：步枪弹；葬埋地点及情形：当战斗结束后用棺木葬埋；遗嘱物：无。

许尚清，第 8 团第 3 营机关连连长，24 岁；籍贯：湖南永顺县老水沟村；家庭经济状况：家有人 5 口房 2 间地 3 亩；永久通讯地址：湖南永顺地汉镇许白应收；何时何地入伍：1935 年在本县入伍；何时何地作战死亡：1938 年 3 月在山西崞县崖底阵亡；负伤部位：胸部；负伤类别：盲贯；死亡日期：1938 年 3 月 27 日；是否党员：党员；因何致死：机关枪弹；葬埋地点及情形：当即葬埋；遗嘱物：无。

刘静波，第 7 团第 1 营第 3 排排长，23 岁；籍贯：湖南永顺县莲台村；家庭经济状况：家有人 3 口房 3 间地 5 亩，欠债 80 元；永久通讯地址：湖南永顺莲台村刘静元收；何时何地入伍：1932 年在本县入伍；何时何地作战死亡：1938 年 3 月在山西岢岚县三井镇阵亡；负伤部位：腰部；负伤类别：盲贯；死亡日期：1938 年 3 月 17 日；是否党员：党员；因何致死：手榴弹；葬埋地点及情形：当即葬埋；遗嘱物：无。

霍振双，第 8 团第 2 营第 9 连排长，26 岁；籍贯：湖南永顺县芳莲村；家庭经济状况：家有人 2 口房 5 间田 9 斗，欠债 100 元；永久通讯地址：无；何时何地入伍：1935 年在本县入伍；何时何地作战死亡：1938 年 3 月在山西五寨阵亡；负伤部位：头部；负伤类别：贯通；死亡日期：1938 年 3 月 31 日；是否党员：党员；因何致死：机枪弹；葬埋地点及情形：战斗结束后抬到小交村用棺木葬埋；遗嘱物：无。

刘尚金，第 8 团团部通讯员，25 岁；籍贯：湖南永顺县小豆村；家庭经济状况：家有人 5 口房 8 间地 3 斗，欠债 100 元；永久通讯地址：无；何时何地入伍：1935 年在本县入伍；何时何地作战死亡：1938 年 5 月在山西崞县田家庄阵亡；负伤部位：腰部；负伤类别：盲通；死亡日期：1938 年 5 月 20 日；是否党员：党员；因何致死：手榴弹；葬埋地点及情形：因敌人进攻未及葬埋；遗嘱物：无。

肖中林，第 7 团第 1 营第 2 连卫生员，21 岁；籍贯：湖南永顺县肖家庄；家庭经济状况：家有人 1 口房 2 间地 9 斗，欠债 100 元；永久通讯地址：

无；何时何地入伍：1933 年在本县入伍；何时何地作战死亡：1938 年 5 月在山西忻县高村站阵亡；负伤部位：胸部；负伤类别：贯通；死亡日期：1938 年 5 月 15 日；是否党员：党员；因何致死：机关枪弹；葬埋地点及情形：战斗结束后抬到高村附近用棺木葬埋；遗嘱物：无。

李文良，第 7 团第 3 营第 9 连班长，27 岁；籍贯：湖南永顺县石桥村；家庭经济状况：家有人 9 口房 8 间地 11 亩；永久通讯地址：湖南永顺石桥村李庆增收；何时何地入伍：1933 年在本县入伍；何时何地作战死亡：1938 年 7 月在山西广灵洗马庄阵亡；负伤部位：头部；负伤类别：盲通；死亡日期：1938 年 7 月 1 日；是否党员：党员；因何致死：机枪弹；葬埋地点及情形：当即葬埋；遗嘱物：无。

高耀新，第 7 团第 3 营第 9 连班长，27 岁；籍贯：湖南永顺县高花岭；家庭经济状况：家有人 7 口房 4 间地 1 亩田 2 担；永久通讯地址：湖南永顺高花岭高保臣收；何时何地入伍：1935 年在本县入伍；何时何地作战死亡：1938 年 7 月在察省（今河北省）蔚县白水泉阵亡；负伤部位：腹部；负伤类别：贯通；死亡日期：1938 年 7 月 7 日；是否党员：党员；因何致死：机枪弹；葬埋地点及情形：当即葬埋；遗嘱物：无。

何廷和，第 7 团第 1 营第 3 连班长，23 岁；籍贯：湖南永顺县白山罗村；家庭经济状况：家有人 3 口房 3 间地 10 亩；永久通讯地址：无；何时何地入伍：1935 年在本县入伍；何时何地作战死亡：1938 年 7 月在察省（今河北省）蔚县白水泉阵亡；负伤部位：腹部；负伤类别：盲通；死亡日期：1938 年 7 月 7 日；是否党员：党员；因何致死：机枪弹；葬埋地点及情形：当即葬埋；遗嘱物：无。

张殿臣，第 8 团第 2 营第 5 连排长，23 岁；籍贯：湖南永顺县张新店溪怀村；家庭经济状况：家有人 2 口房 5 间地 5 亩田 1 担；永久通讯地址：湖南永顺溪怀村张魁收；何时何地入伍：1935 年在本县入伍；何时何地作战死亡：1938 年 7 月在山西大同小石庄阵亡；负伤部位：头部；负伤类别：贯通；死亡日期：1938 年 7 月 28 日；是否党员：党员；因何致死：机枪弹；葬埋地点及情形：战斗后用棺木葬埋；遗嘱物：无。

以上10位仅是从湘鄂川黔革命根据地的永顺县走出的抗日英雄，他们是一个英雄的群体，是湘鄂川黔革命根据地培养出来的一群民族精英，是根据地人民的杰出代表。他们无一例外的都是中国共产党员，年纪最大的27岁，最小的21岁。他们大都是在家乡参加红军，经历了艰苦卓绝的万里长征的考验，胜利地到达陕北。在中华民族面临日本侵略者侵略，祖国面临生死存亡的紧急关头，他们义无反顾，奔赴抗日疆场，为中华民族的独立解放，默默地献出了自己年轻的生命，流尽了最后一滴血，没有留下任何遗嘱和遗物。这仅仅是中央党史研究室组织全国力量进行抗日战争时期中国人口伤亡和财产损失调查得来的大量资料的冰山一角。永顺县的这10位抗日英烈，大都牺牲在全国抗战初期，在1938年7月或更早就牺牲在了抗日前线，还有的一次战斗中牺牲了两位来自永顺的烈士。还有的烈士因为敌人进攻，战友们连掩埋他们遗体的时间都没有。名单中不仅有湖南永顺县阵亡的八路军指战员，还有受伤的指战员。这些真实具体的档案资料令人震撼。还有千千万万的烈士，甚至没有留下姓名。他们永远同祖国的山河同在，永远活在我们心间。我们永远不能忘记，正是因为有无数有名无名的先烈们的牺牲和奉献，才有了中国的今天，才有我们今天的幸福生活。红二、六军团的英勇表现，增强了根据地少数民族对中国共产党的认同感，使少数民族竭力支持和拥护党领导的红军，并为革命作出杰出的贡献。

（四）提供以弱胜强战斗范例的军事平台

红二、六军团在湘鄂川黔边区这块广袤的战场上所进行的反“围剿”战争，都是面对强大的敌人，但由于打得机动灵活，有声有色，提供了许多红军以弱胜强的光辉战斗范例。

一是诱敌深入，一网聚歼。1934年11月，红二、六军团占领湘西永顺县城，立足未稳，湘西军阀陈渠珍就派周燮卿、龚仁杰、杨其昌、皮德沛四路纵队一万余人前来进犯。红二、六军团主动撤离县城，并烧毁小西门的花桥，断敌退路，然后采取诱敌深入的战术，以一部兵力保持与敌接触，造成败退的假象，其主力则退到离永顺县城以北90里的十万坪周围山上，布成口袋阵势，等待来敌。当敌聚集在十万坪窥测红军主力的去向时，埋伏在四周山上的红军指战员一齐跃出，将来势汹汹的敌人打得焦头烂额。此役共击毙敌人1000余人，俘敌旅参谋长以下2000余人，缴获长短枪2000余支，不仅打击了敌人不可一世的嚣张气焰，打出了红军的胆略和军威，而且为红二、六军团在湘西立足，创建和发展湘鄂川黔革命根据地，举行了一个绝妙的奠基礼。

二是在运动中寻找战机，分割围歼。1935年4月，蒋介石利用湘鄂两省敌军，组成六路纵队"围剿"湘鄂川黔革命根据地及红二、六军团。4月初，各路敌军已逼近湘鄂川黔省委所在地——永顺塔卧。4月12日，省委和军委分会率领红二、六军团撤离塔卧，向北转移。第二天，正当我军进至桑植陈家河时，发现鄂敌陈耀汉五十八师之一七二旅孤军深入至陈家河，离其师部及一七四旅的驻地均相距数十里。于是红二、六军团领导决定打了这一仗再走。13日深夜，我军兵分三路，完成对敌包围。经过14日一天的激战，歼灭敌一七二旅大部，击毙旅长李延龄。陈耀汉闻讯，如惊弓之鸟，连夜率部逃跑。15日，我军猛烈追击，直逼永顺桃子溪。此时陈耀汉率部正赶到桃子溪宿营。我正面部队分成两路冲向桃子溪前面的杨家台、李家台，然后围歼桃子溪的敌军。仅用了两个多小时，就结束了战斗。这一仗，除陈耀汉和他的特务连的一部分经葫芦口跑掉外，我军将敌一个师部、一个旅部、一个山炮营和三四七团全部消灭，并活捉敌师参谋长周桂先，还缴获了两门山炮。

三是声东击西，围城打援。1935年6月初，湘鄂川黔省委及军委分会鉴于湘鄂两省敌军指挥上的不统一，决定对湘敌取守势，对鄂敌取攻势，并率领红二、六军团深入鄂西，声东击西，围城打援。6月9日，红六军团包围宣恩县城，红二军团隐蔽在宣恩城南20里处，随时准备迎击增援的敌人。宣恩城的守敌，只有四十八师和保安旅各一个团。鄂敌司令徐源泉远居恩施，害怕宣恩失守后危及恩施，进而威胁长江交通，急忙命令驻来凤的纵队司令兼四十一师师长张振汉率部驰援。我军截获这一情报后，决定在忠堡设伏，歼灭前来增援之敌。忠堡是咸丰城东30多里处的一个集镇，有百来户人家，与宣恩、来凤邻近。它的周围都是竹林茂密的山岭。6月12日，敌军向忠堡开进。我红二军团和红六军团一部以急行军完成了对忠堡之敌的包围。经过 13、14 日两天的激战，我军活捉了敌纵队司令兼四十一师师长张振汉，歼敌四十一师师部、一二一旅和特务营，并给予其他六个团以沉重打击。

四是利用敌人弱点，在运动中采用伏击或截击的办法歼灭敌人。1935 年 7 月，蒋介石为了加强鄂军对湘鄂川黔革命根据地和红二、六军团的“围剿”，从江西调来八十五师归徐源泉指挥。徐源泉命令八十五师由小关开到李家河驻防（均属宣恩县）。我军了解到敌人这一行动计划后，利用敌八十五师不熟悉鄂西地形和不了解我军实力的弱点，决定以伏击或截击手段将其歼灭于运动路途之中。8 月 2 日，八十五师开始行动。第二天上午，八十五师沿着上洞坪，拟经板栗园前往李家河。此时，我红二军团赶到了八十五师必经的板栗园东侧之利福田谷地。这个谷地长约 15 里，宽不足 1 里，东西两侧都是高山密林，而南侧岩石裸露，陡峭难攀，很像一个巨大的瓶子，极其利于我军埋伏。中午时分，敌军进入我军的伏击地带。战斗打响时，敌八十五师师长谢彬也钻进了瓶口。激烈的战斗一直进行到晚上才告结束。这次战斗，我军歼敌一个师部、两个团和一个特务营的大部，敌师长被我军打中头部后自杀；缴获敌军六百多箱弹药，六万多块银圆及无数枪支。

红二、六军团在湘鄂川黔革命根据地所进行的反“围剿”战争，创造了众多以少胜多、以弱胜强的光辉战斗范例，这为中国工农红军游击战争思想提供了有益的借鉴，也为抗日战争和解放战争树立了榜样，提供了经验。

湘鄂川黔革命根据地从创建到结束，虽然时间不长，但是，它以绚丽的色彩、多姿的场景和精深的内涵，在中国共产党的革命历史上写下了光辉灿烂的一页。它的历史作用之巨大，历史地位之重要，应当永垂青史！

三、湘鄂川黔革命根据地在塔卧时期红军的主要革命活动

湘鄂川黔革命根据地于 1934 年 11 月 26 日在大庸建立，12 月 10 日迁至湘西永顺塔卧，1935 年 4 月 12 日离开塔卧，历时 4 个多月。在这 120 多天时间里，红军开展了一系列革命活动。

（一）建立各级党组织及革命政权

1934 年 12 月，土地革命形势迅猛发展。新形势的发展，要求尽快建立

党的各级组织，以便领导各项建设。湘鄂川黔省委成立后，要求尽快在城乡建立、健全党的组织，加强党的领导，为此，省委于 1934 年 12 月下旬作出了《关于新区党的组织问题决议》。为了保证《决议》的贯彻执行，要求充分发挥党员的先锋模范作用。1935 年初，在永顺塔卧召开了第二次党的活动分子会议。任弼时同志在报告中总结了过去两个月党的工作，分析迅猛发展的革命形势，批判了原湘鄂西中央分局书记夏曦同志坚持“左”倾路线的错误，最后指出党在目前的紧急战斗任务：以争取粉碎敌人大举进攻为一切的工作中心，去动员、组织、武装广大工农群众，在满足群众要求的基础上发扬群众革命积极性，造成一切为着战争的热潮。任弼时同志强调，加强党的领导是完成这一任务的根本保证，强调了党组织和加强党的领导的重要性。在发展党员方面，《决议》要求各级党“应大开其门，让志愿者来加入队伍”，反对任何不相信群众的“左”倾关门主义。《决议》还要求各县委、区委加强对地方武装与群众团体的领导，加强党内政治思想教育和组织纪律教育，并在战斗中选拔优秀党员到各级领导岗位上工作，加强党的作风建设。

在省委的领导下，永顺党的各级组织派出了工作队，深入到每个乡，发动群众进行革命斗争，从群众骨干中发展党员，然后建立乡党支部、区委和县委。红军派出 1000 多人的工作队，在根据地中心区域永顺、保靖、大庸、龙山、桑植等地区建立各级党政团体及党的组织。在省委的领导下，深入各乡、县的工作队，首先着重抓了党的组织建设工作。他们及时吸收工人、农民中的优秀分子入党，建立各乡党支部，然后再成立各区委、县委。早在 1934 年 11 月十万坪大捷后，就成立了龙家寨乡党支部。这是湘鄂川黔边区的第一个党支部，铁匠出生的田玉祥（土家族）就是这个支部的支部书记。与此同时，成立了大寨乡党支部。不久，在离龙家寨不远的杉木村、碑立坪、新寨等乡的党支部也先后建立。随后建立了中共龙家寨区委。接着其他区如毛坝、官坝、塔卧、颗砂、石堤西、猛岗、扶志、城市、盐井、对山、大坝、勺哈等区委也于 1934 年底至 1935 年初先后建立。在此基础上，工作队的部分同志，如刘亚球、唐治成、陈罗英、田玉祥等由游击队从龙家寨护送到永顺县城。1934 年 12 月，成立了中共永顺县委，由刘亚球任县委书记。1934

年12月24日，省委将永顺县分为永保、郭亮两县，分别于1934年底成立了永保县委和郭亮县委，永保县委会设灵溪镇土豪吴云荪宅内。永保县县委书记先后由刘亚球、李国华、严汉万担任，组织委员李国华、宣传委员刘成述、妇女委员陈罗英、段五姑，少共书记刘光明，下辖塔卧、颗砂、石堤西、猛岗、抚志、城市、盐井、对山、大坝、勺哈等十个区委。郭亮县委会先设砂坝刘家寨，后迁龙家寨。郭亮县县委书记先后由李金山、刘俊秀担任，宣传部长曾涤，妇女委员范二、马玉香，下辖龙家寨、毛坝、官坝等三个区委。1935年春，在石堤西成立永（顺）沅（陵）中心县委，刘俊秀担任县委书记。

各级党组织建立后，大力发展党员，深入开展土地革命斗争。据不完全统计，从1934年底至1935年3月，永保、郭亮两县共有党员约400人。永保县的党员由几十名发展到300多名，郭亮县也发展了60多名。省委很注意本地干部的培养，在建设政权过程中，积极选拔了一批在斗争中涌现出来的积极分子参加县、区、乡党政领导工作。为了培养干部，省委在塔卧办了一所党政干部学校，由省委委员张子意主要负责，王恩茂任教务处长。先后有数百名党的地方干部和军队干部在这里参加学习，回去后担任党的各级领导工作。此外，在红校还办了一个高级干部队，学习马列主义基本理论。

1934年底和1935年初，中共湘鄂川黔省委先后在大庸县城和永顺塔卧召开了两次党的活动分子会议。参加在塔卧召开的第二次活动分子会议的有郭亮、永保、龙山等县党的积极分子，党校已毕业而等待分配的学生，省级党的活动分子以及省委全体成员。在这次会议上，省委书记任弼时在《关于粉碎敌人大举进攻最后的彻底的粉碎敌人五次“围剿”前面党的紧急任务》报告中，总结了过去两个月中党的工作，分析了革命运动的新形势，提出了目前党的紧急战斗任务。报告再一次强调，加强党的领导、改善领导方式，是完成这一任务的根本保证。

在此期间，省委自始至终很重视党内的思想教育。在省委的要求下，各县委、区委成立了党的工作委员会，对党员进行教育工作。

省委在加强党员教育的同时，积极地开展党内思想斗争，针对党员的一些错误倾向，进行“耐烦的细心原则的解释，同志关系的批评”。

在党的建设中，党的各级领导干部，特别是省委的负责同志，以身作则，带头执行党的纪律，发扬党的优良作风。任弼时、贺龙、萧克、王震等领导同志讲团结、讲大局，艰苦朴素、平易近人的作风，至今广为传颂。

湘鄂川黔革命根据地的各级地方政权机关，都是根据《中华苏维埃共和国地方苏维埃组织法草案》规定的基本原则组建起来的。省革命委员会直属机构有：土地委员会，主任王邦秀；劳动部，部长由省革委会副主席朱长清兼任；没收委员会，主任陈希云；财政部，部长先后有喻杰（代理）、陈希云、虞志清；粮食部，部长张经展（后名张大成）；肃反委员会，主任吴德峰；秘书处（当时也叫总务处），秘书长张启龙。

永顺县、区、乡革命政权建立的步骤，一般都是从乡开始，再到区到县，与建党的步骤大体相同。第一步，建立乡、区、县的临时政权——革命委员会；第二步，建立正式革命政权——苏维埃政府。到1935年春，根据地先后建立了永保、郭亮、桑植、龙山、大庸等县革委会（或苏维埃政府）。据不完全统计，湘鄂川黔革命根据地共建立了9个县革命委员会（或苏维埃政府）、51个区苏维埃政府（或革命委员会）、230多个乡苏维埃政府。其中：永保县革命委员会于1934年12月在石堤西成立，后不久迁至县城东正街杨宏顺绸布店。永保县所辖地区占永顺的三分之二，外加上保靖的普戎等两个乡，因而叫永保县。人口有16万2千多人。主席田玉祥，副主席盛晴宏，军事部长陈春林，财政部长田玉祥（兼），粮食部长郁安之，土地部长谭龙生，肃反委员陈方年，保卫队长徐恩泉，秘书朱继光，收发科长龙新凤。下辖猛岗、颗砂、塔卧、石堤西、抚志、勺哈、盐井、城市、大坝、对山、列夕、柏杨共12个区苏维埃政府、39个乡苏维埃政府以及16个乡农会。1934年12月，在红军李金山、曾涤、康良岩、刘金旭等帮助下，在永顺北部的砂坝刘家寨成立郭亮县苏维埃政府，辖永顺北部地区。郭亮县苏维埃政府主席彭兴富（土家族），副主席刘家全（土家族）、邹自刚，军事部长滕浩晴，土地部长刘家全（兼），粮食部长李子源，财政部长刘金旭，牧育部长刘科升，肃反委员康良岩，妇女委员梁成菊。下设龙家寨、毛坝、官坝等3个区苏维埃政府、11个乡苏维埃政府及以3个乡农会。1934年底，郭亮县政府由刘家寨迁至龙家寨。

乡、区、县各级革命政权组织机构，一般是乡设主席、文书、土地委员、财务委员、调查委员、妇女委员（或妇女主任）、游击队长、儿童团团长；区设主席、副主席、秘书、土地主任（下设若干委员）、粮食委员（或粮食部）、财经委员（或财政部）、肃反委员会、妇女委员会（或女工农妇代表会）、游击大队长；县设主席、副主席、秘书（或秘书长）、土地部、肃反委员会（或肃反部）、文化教育委员会（或文化教育部）、妇女委员会、社会互济会、总务处等。

对于群众团体，省委曾明确指示：共产主义青年团是党的得力助手，党必须经过青年团动员青年群众实现党的决议和任务，各级党部委员会直到每个支委，都必须帮助青年团发展组织，建立团支部，使团的组织赶上或超过党；其他如工会、贫农团、反帝拥苏同盟、互济会、女工农妇代表会，都是党动员组织群众的有力武装，必须立即广泛地建立起来。以后，各县建立的少共县委、共青团组织，在团结、教育广大青年和协助党组织及政权机关方面做了大量工作，起到了党的助手的作用。当时的少共省委书记是周玉珠。

在城镇，工会、商会组织陆续成立。大庸县永定镇的店员工会，就有会员 130 多人。各地工会在宣传党的政策，关心工人的生活福利，增加工资等方面做了不少的工作。在农村，普遍建立贫农团，以乡为单位，每乡一个，村寨则成立贫农团小组。各乡还建立了女工农妇代表会，其工作主要有宣传男女平等，禁止养童养媳和纳妾，提倡男女婚姻自由，帮助红军洗衣、缝补衣服、做军鞋；战时则帮助红军运粮食、抬担架、送子弹等。儿童团也在各地普遍建立起来。永保县就有儿童团约 9000 人，郭亮县有儿童团约 1000 人。大庸县永定镇就有 800 多名儿童参加了儿童团。桑植城关镇郑纪儿所领导的儿童团也有 30 多人。

此外，在很多地区还建立了互济会，收容红军家属，组织他们进行一些有益的活动，如缝洗衣服、慰劳支前等。

这些群众组织，在教育和团结各界革命群众，动员革命青年参加红军，组织广大群众支援红军战斗，积极参加土地革命和各项建设工作等方面都起到了一定的作用，为革命作出了巨大的贡献。

（二）建设革命武装

湘鄂川黔省委和军委分会十分重视红二、六军团的建设。

省委一成立，就及时地提出了从政治、组织上建设坚强红军的任务。湘鄂川黔革命根据地时期红军的建设工作，是从恢复红二军团的党、团组织和加强各级政治工作开始的。两军团会师后，中央代表任弼时从大局出发，从红六军团调出了大批优秀的政治工作干部在红二军团工作。同时，把红二军团原来被无端逮捕的干部，一批一批地解放出来，送到军政干部训练队学习，然后重新分配到红二军团担任各级军政干部。党团员的登记和党组织的恢复工作，虽说在黔东特区时期就开始了，但此时更全面地得到开展。登记党员，重建党支部、党小组，发展新党员，建立各级党的组织，到1935年1月下旬，党的基础初步建立，党的生活开始走向健全化的道路。到1935年底，仅红二军团就有党员2300多人、团员1800多人。各级政治机关干部、战士，都进行了调整、充实或重新建立。其他如司令部、供给部、卫生部，也都建立了系统的政治工作。

1934年12月，中国工农红军学校第四分校（简称“红四分校”或“红校”）在永顺塔卧创办。校长由红六军团政委、湘鄂川黔省军区副司令员王震兼任，副校长为谭家述，政治部主任为张平化，教育（处）长为陶汉章。学员是从前方和后方部队中抽调来的。1935年4月中旬，陈家河、桃子溪战役后，红校迁到桑植县城，改为红军大学。萧克兼任红军大学校长，苏鳌任政委，谭家述任教育长，张平化任政治部主任。

红二、六军团会师后，部队进行了整编、调整，充实了师、团、营、连各级军事干部。1935年2月，根据中革军委2月11日的指示，成立了以贺龙为主席的湘鄂川黔军委分会，建立军事上的集体领导。

在红军的组织和领导下，永保、郭亮县的广大地区，各区、乡游击队和赤卫队迅速发展起来。贫苦农民把枪杆子、刀把子拿在他们自己手中，各乡、区游击队、赤卫队如雨后春笋，纷纷自动成立起来。有些地区自行规定，在贫苦农民中，凡18岁至25岁的青年参加游击队，26岁至50岁的参加赤卫队。也有些地区不按年龄规定，而是采取自愿原则。赤卫队和游击队都是党领导下的地方革命武装，不同的是，赤卫队不脱产，游击队脱产；赤卫队的武器为鸟枪、梭镖、大刀及棍棒，游击队则属县里统一调配，虽有梭镖、大刀，但以枪支为主；赤卫队在本地打土豪维持地方治安，非常紧急情况下才配合红军作战，而游击队不仅在苏区活动，还要到白区进行游击，时常配合红军作战。

游击队开始建立的时候，区只设立大队长，乡只有队长，有些游击队没有政治委员和共产党员。有的游击队甚至把中农贫农也当作土豪打，有的游击队混入了地主富农土匪头目等分子，有的地主分子甚至当了队长。鉴于这种情况，1934 年 12 月 22 日，中共湘鄂川黔省委和省军区政治部发布了《关于游击队中党的工作的指示》，对游击队中党的工作提出了六项要求：（1）强调加派政委，发展党员，建立党的支部；（2）要保障党和苏维埃政府政策的执行，并同坏人坏事作坚决的斗争；（3）要加强党对游击队的教育，防止贪污腐化及赌博等坏现象产生;（4)要努力学习军事技术,学习政治;（5）在党支部的领导下，对队员成分进行严格审查，坚决洗刷地主富农及一切异己分子；（6）支部委员会，应建立其集体领导与日常工作的秩序，依照红军政治工作条例,建立支部的系统工作。并且规定: 支委会应有书记、副书记、组织、宣传、青年、地方工作等的分工。支委会应分配与检查每个同志的具体工作，每月应向当地上级党部与政治机关报告工作等。此后，各县县委、区委和当地工作的红军政治机关，陆续派遣优秀的共产党员到区游击大队担任政委，到各乡游击队任指导员，并在区乡游击队中普遍建立了党支部，还设立了锄奸委员，清洗坏人，整顿队伍，这使游击队的战斗力有了很大提高。

据不完全统计，永保、郭亮、大庸、桑植、龙山、保靖、慈利、石门、沅陵以及酉阳、宣恩等县，共有游击大队（支队）36 支，游击分队、中队 200 多支，共计 10000 多人。其中，永保、郭亮两县共有 12 支游击大队，下辖 30 多支游击队。这些地方武装在保卫苏区、配合红军反“围剿”的战斗中，起到了重大的作用。

根据地还建立了赤卫队、女儿队、儿童团等群众性地方武装组织。至于赤卫队的人数，永保县约 65000 人，郭亮县约 15000 人，永保县有儿童团员约 9000 人。1934 年冬至 1935 年春，还先后成立了大庸县独立团、慈利县独立团、永保县独立团、龙桑独立团以及郭亮县独立营、龙山县独立营、永（顺）沅（陵）联县独立营。这些地方武装人员，大部分是自愿参加的农民，少数是收编的“神兵”和土匪。省委和军区很重视对地方武装的领导，多次从主力红军中抽调干部到地方武装中去建立党的组织，进行政治和军事的教育与训练，并注意加强对收编的“神兵”和土匪的教育改造。

为了统一对地方武装的领导，还在省军区之下成立了两个军分区：第一军分区设在大庸县永定镇，司令员乐尚连（后叛变），政治委员先后为袁任远、刘亚球，下辖大庸、慈利两县独立团和游击队；第二军分区设在永顺县灵溪镇，司令员先后为马赤、刘子奇，下辖永保、郭亮、龙山、桑植等县的独立团、独立营及游击队。军分区在发展游击战争和配合主力红军作战中，都起到了重大的作用。这些地方武装大大充实了红军的后备力量，在配合红军开展土地革命、清剿地主武装、保卫苏维埃政权、维护地方治安、配合主力红军作战等方面发挥了十分重要的作用。

（三）发展财政经济文化

湘鄂川黔革命根据地形成与发展时期，战争频繁，农业因久旱歉收，群众生活困难，更为严重的是国民政府对根据地进行严密的经济封锁。

面对这一情况，省委在领导根据地军民反“围剿”的同时，根据湘鄂川黔革命根据地建立时间不长，来不及从发展工农业生产中增加财政收入的实际情况，制定了解决湘鄂川黔革命根据地财政经济困难的政策。如省委在1935年1月29日的指示中指出：“新的苏维埃区域革命战争经费的负担，应当完全加在剥削者——地主富农资本家身上”，强调这是苏维埃财政政策的原则 。同年2月，湘鄂川黔军委分会成立后，立即发布了第一号《布告》，具体地规定了财政经济的政策。省委在给各级党委指示中，又强调了关于筹足革命战争经费，收集粮食，统一财政，反对贪污浪费的具体办法。省委财政部还指示各县、区成立经济审查委员会，对各地经费开支进行严格审查。

根据省委和军委分会制定的财政经济政策和具体规定，红军，各县、区、乡党政机关，地方武装及群众团体，迅速掀起一个为革命战争筹足经费，打破敌人经济封锁，克服财政经济困难的群众运动的热潮。在永顺县，没收了外逃的大地主、反动资本家杨宏顺的财产。永顺县杨拱桥乡有田园玉、周纯青、严国章三户富农，区苏维埃政府根据他们的财产情况，分别派捐 200 块或 100 块银元。发动工业商户筹款，视资金多少而定。中等商户 200 元至 400 元，小商户二三十元。此外，县、区、乡各级苏维埃政府还把打土豪的粮款派人运送给红军。永、大、龙、桑等县均如此。截至 1935 年底，除各项开支外，仅红二军团就存有战费 215300 元（银元），包括黄金 130 多两，和其他一些物资的折价在内。其中红四师有 55100 多元，红五师有 10900 多元，红六师有 78400 多元，军直有 58300 多元。从这些不完全统计数字中，就可以看到当时收缴战费的成绩显著。

与此同时，省委和军委分会还自办工厂，以解决军用物资的部分需要。1934 年 11 月，在永顺县塔卧创办了湘鄂川黔边区临时修械厂，就起了很大作用。这家工厂设在塔卧附近涂家台土家族农民涂光模家里。厂长马宜胜，是塔卧有名的铁匠，会造快枪。副厂长涂向成，政治指导员曾陆生，经理田瑞武，管理员周羽鹏。工人都是部队中以及当地的铁匠、木匠，共有 50 多人。厂内有红炉、子弹、翻砂、修理、炸弹等多个车间。他们用简单的铁、木工具修理枪支，把空弹壳装上火药、火蒂把，把铜钱和废铜熔化，制成了弹头，还用土火药试制手榴弹、炸弹等。塔卧修械厂搬迁到了龙家寨躲狮坪（今多士坪）后，改称躲狮坪兵工厂，规模达到 330 多人，其中有 100 人的运输队和 50 人的警卫部队。工厂下设财政、红炉、修械、翻砂、炸弹等科，还有红炉、修械、翻砂、炸弹、木工等几个车间。工厂的工人，既是生产队，又是战斗队，平时生产，战时拿武器同敌人拼杀。1935 年 4 月中旬，红军撤离永顺，兵工厂便随红军分别迁至桑植的方家坪和龙山茨岩塘的甘露坪，继续生产，直到红军突围转移为止。

1934 年 11 月，省军区供给部在大庸成立了有 120 多人（其中妇女 40 多人）参加的缝纫工人连，连长阎自成，业务由裁工罗吉清负责。经过一个多月的努力，赶制了大批冬装，基本上解决了部队的急需。同年 12 月 10 日，省级机关迁到永顺塔卧后，在当地招募缝纫工人和弹匠，并以缝工连为基础，在龙家寨办起了被服厂，利用简单的工具，为部队生产了大批被子和服装，有力地支援了革命战争。

根据地的文化工作，主要是群众性的文化活动。当时报刊只有临时的战报和红军各连队列宁室办的墙报。但部队中组织的文化宣传，如唱歌、跳舞、演戏等活动，非常活跃。流行的歌曲很多，如《当兵就要当红军》、《送郎当红军》、《红漆桌子四四方》、《打土豪、分田地》、《少共之歌》、《妇女放足歌》、《红军纪律歌》等，一些传统小调如《苏武牧羊》、《绣荷包》、《花灯》等，也都填上了新词。在老百姓中间，还出现了大量的民谣、民歌，如《拿起梭镖跟贺龙》、《穷人日夜盼红军》、《红军永远是真心》、《苏维埃干部好作风》等。一些民间艺人，还编唱反映现实生活的鼓词《大战十万坪》，三棒鼓词《围龙山》。新的民间传说如《接龙桥》、《脚印》、《真假游击队》等。所有这些歌曲、歌谣、鼓词、传说，主要是歌颂红军、赞美苏维埃干部，描绘红军战士英勇杀敌的事迹，反映了根据地军民乐观战斗情绪和亲如一家的深厚情感。在根据地还出现了一些漫画、组字画，通俗易懂，形式生动，为老百姓所喜闻乐见。此外，省委、军委分会和红二、六军团政治部，还印发了大量的宣言、传单、战报，翻印与出版了《乡苏维埃》、《中国工农红军政治工作暂行条例草案》等书籍（石印）。

在教育方面，省、县革委会设有教育部，区革委会内设有文化教育委员会。省委设有党校，红军设了中国工农红军学校第四分校，一些区、乡先后办起了工农群众自己的学校——列宁小学和红军小学。这些学校大都是利用国民党留下来的校舍，教师则由县教育部派遣，或留用原来的教员。学校招生，绝大部分是贫雇农子弟，以少年儿童为主，也招一部分青年，一律实行免费教育。学校废除了打骂教育制度，建立了革命教学秩序。当时，郭亮、永保县兴办的列宁小学11所，其中郭亮县有龙家寨、李家寨、大寨、碑立坪、濯洛、杉木村、马塔铺、塔泥湖、小溪、万民岗等10所列宁小学，永保县有畔湖列宁小学，两县共有列宁小学学生440人。学生实行免费入学，学校的经费由所在区、乡苏维埃核实报销。学生学习，有时在教室，有时在山上，这是战争时期的必然。省委办有不定期画报，红军还办有逢胜仗出版的捷报等宣传物。永保县革委会在机关内设有列宁室，永保县独立团在大路旁还设有识字牌等文化活动场所。郭亮县的龙家寨区组织了8个宣传队，经常搭台演出《打土豪分田地》、《当兵就要当红军》等小型节目。

根据地卫生事业也有了一定的发展。1934年12月，红军在郭亮县龙家寨办了一所医院。医院设置管理处和医疗室两个部门。医院包括领导、医生、护士和洗衣队工人，共300多人，而伤病员最多时达4000多人。住院伤病员分成3个连，即轻伤连、重伤连和病号连。当时药品奇缺，医疗器械更是寥寥无几。最好的药是盐水、红汞、碘酒。每个伤员只能发两条绷带，写上名字，用了就洗，洗了再用。重伤病号每天5分钱菜金，轻伤病号每天3分钱菜金，而医务工作人员只有2分钱的菜金，只能喝点酸菜汤。医院工作十分辛苦，许多医务人员既要当医生又要当护士，既要看外科，又要看内科，一人顶几人用，一上班就是十几个钟头。除了劳累的医院工作之外，他们还要上山找草药，下乡访良医，并负责站岗放哨，保护医院，有时还要参加一些战斗。1935年4月间，红军医院迁至龙山茨岩塘和桑植上河溪、杜家山等地。

（四）开展土地革命

根据地时期，同全国其他地区一样，永顺的土地也绝大部分为地主豪绅所有。永顺县境内，从事农业的人占80%以上，大多数农民没有土地，或者仅有少量而且贫瘠的土地，约占人口10%的剥削阶级却占有大量的好田好地。永顺的“六大家”都是当地著名的拥有大量土地的土豪劣绅。

根据地刚迁到永顺塔卧时，永顺县境内的绝大部分土地为地主豪绅所有。例如，塔卧约有田地9000亩，大部分为瞿、田、丁等几家地主豪绅所有。龙家寨地主仅占总人口的3.73%，却占有土地达57.9%；富农占总人口的3.2%，占有土地比例达11.4%；中农占总人口的38.4%，占有土地为24.4%；贫雇农占总人口的54.67%，占有土地仅6.3%。桑植、永顺边境的官坝，三分之二的田和大部分山林被一家恶霸霸占。广大劳苦农民只有很少土地或完全没有土地，不得不租种地主的土地，一般要缴收获的一半或60%以上，备受佃四主六、佃三主七甚至佃二主八、佃一主九的高地租剥削。还要经常为地主服各种劳役，逢年过节或地主家有红、白事都得送礼，不然就要被地主收回另佃。

高利贷剥削也极为残酷，“滚滚”息、“跟斗”息在这一带极为普遍。地方当局更是巧立名目，横征暴敛。大小军阀和各派恶霸势力，对农民的剥削压榨更为残酷，或强迫农民种植鸦片，纳款买枪；或以保家、保寨为名，制造械斗；或抓丁派工，修筑寨堡。农民稍有反抗，即遭残害，被割头挖眼者有之，被截肢断脚者有之。广大劳苦群众在军阀、官僚、土豪劣绅的残酷压榨下生活极端痛苦，迫切要求民生，要求土地。他们在红军节节胜利的革命形势鼓舞下，经过教育和发动，积极参加了打土豪、分田地的革命斗争。

永保、郭亮两县的土地革命运动，大致可分两个阶段：第一阶段，在湘鄂川黔根据地的中心区域塔卧、刘家寨、颗砂等地进行。这些地区一般都在1934年底结束。第二阶段，则在根据地的其他苏区广泛开展土地革命。开展土地革命斗争，一般分两步。

第一步，打土豪。分田之前，红军与地方工作队发动上千的农民群众涌进地主、土豪家封仓挑谷，赶猪牵牛，收缴衣物，挖出底财，然后以少部分上交作为红军战费，以大部分留给群众作为“胜利果实”。永保、郭亮两县共打大土豪18家。据不完全统计，没收粮食70多万斤，光洋8万多元，耕牛33头，肥猪70多头，皮箱400多口，以及衣服、用具、银器、鸦片等难计其数。

第二步，分田地。打土豪之后，县、区都举办训练班，训练了一大批地方骨干，再由红军和地方骨干组成工作队深入到乡村，讲政策，讲阶级，开展“谁养活谁”的专题讨论，进行先报后评的土地登记，按照实际划分阶级。阶级阵线分明后，即行烧地契，议田到人，插牌分田。据城市、塔卧、龙家寨、石堤西4个区27个乡的统计：共有6920户、15212人，分田71004挑，每人平均为4.6挑，近一亩。农民大部分欢喜，也有的发愁，不敢要田。

湘鄂川黔边省革命委员会于1934年12月1日颁布了《没收和分配土地的条例》。条例规定豪绅、地主、军阀、官僚、大私有者的土地、房屋、财产及用具“须一律没收”，但地主兼商人的，“其商业及与商业相连的店铺、住房、财产等不没收”；富农的土地应该没收，“但富农兼商人的，其商业及与商业相连的店铺、住房、财产不没收”；“中农土地是否拿出来与雇农、贫农一律平分，以中农群众自己的意见来决定”，如多数中农不愿意，“应不实行平分”，少数愿意平分者，仍给以“平分的权利”；富农按劳动力与人口混合原则分坏田，豪绅、地主及其家属全家不得分配土地。条例规定：以乡或村为分配土地的单位，雇农、贫农、中农、农村工人、失业独立生产者，应按照人口，根据田地好坏、多少均匀进行分配，但中农必须按照自愿的原则。《条例》对红军干部、战士怎样分配土地也作了具体的规定：红军干部、战士本人及其家属分配土地与贫农、中农一样，但须分在附近或离红军家属住地不太远的地方。长期在红军中服务的红军干部，战士中地主、富农出身的分子，在他们坚决为工农利益作战的条件下，不论指挥员、战斗员本人及其家属均有分配土地的权利。但被开除军籍者，则应收回其土地。

根据地迁到塔卧后，省委于1934年12月16日又颁布了《分田工作大纲》。《大纲》指出：“彻底解决土地问题是提高群众的政治觉悟与阶级觉悟，动员群众积极参加革命战争，巩固与发展新的苏区的主要条件。……摆在全党面前的紧迫任务是继续开展和深入农村的阶级斗争。随着这一广大区域迅速赤化与巩固发展，迅速动员更广大的群众参加快要到来的新的决战，是目前工作的中心一环。我们要用最大的努力求得在最短期间（十二月份），将基本区域内的土地完全分配好。”《大纲》重申，中农的土地是否平分，必须特别集合中农，征求大多数中农的意见，由中农表决；要求巩固工人、雇农，贫农与中农的亲密联盟，同时要防止把富农当地主，中农当富农，而进行消灭富农、动摇中农的倾向。

根据分田工作大纲，土地革命在根据地全面展开。各县都召开了干部会议，举办了土地革命训练班，深入学习分田政策和布置分田工作。区乡先后召开群众大会，宣传分田政策。各乡成立贫农团具体领导群众划分阶级、丈量土地，以乡为单位按人口平均分田。至1935年1月，根据地中心区域的塔卧、龙家寨、刘家寨、颗砂等区以及靠近红军驻地、分田工作较好的一些乡村都完成了分配土地的工作。

随着红军湘西攻势的胜利，根据地迅速扩大，土地革命需要在更大范围展开。1935年1月6日，省委书记任弼时在第二次党的活动分子会议上强调指出："彻底分配土地是完成战争动员不可分离的任务"，要求"各地方党应抓紧这个基本的斗争，求得迅速解决新区的土地问题"。此后，土地革命运动在根据地内迅速全面地展开，只用了一个多月的时间就取得了较大的成果。此前，根据地中心区域的塔卧、刘家寨、龙家寨、颗砂等地的土改工作都在 1934 年 12 月底结束，也取得了很大的成果。县委、县革委会在龙家寨万寿宫举办了土改训练班，以乡为单位召集贫雇农会议，讲解政策，宣传土地革命的道理，动员少数民族自己起来开展土地革命，然后组织群众进行评定成分、丈量土地、烧毁田契、分田到户等工作。据塔卧、石堤西两区统计，这次分田 71000 多挑（五挑为一亩），分得田的 10000 多人，人均一亩多，还分得粮食 15000 多斤。

省委在这次分田工作中，吸取了过去的经验教训，对民族工商业采取了保护政策。没收和分配土地条例规定，凡地主、富农兼商人的，其商业及与商业相连的店铺、住房、财产等不没收。同时，放弃了过去驱逐地主豪绅家属出根据地的错误做法。这些政策，对活跃根据地的经济，扩大革命统一战线和孤立敌人，以及稳定社会秩序都起到了一定的积极作用。但在分田过程中，也沿用了过去那种地主不分田、富农分坏田、对中农土地倾向于打乱平分的政策。虽有少数地区的领导干部根据以往的经验教训，对中农采取了团结的方针，对其土地没有打乱平分，但多数地区还是按政策打乱平分了，并且在划分阶级成分时一般定得偏高，结果在总的方面还是扩大了打击面，侵犯了中农的利益。后来省委为了纠正工作中的偏差，于 1935 年 1 月 28 日又颁布了《关于土地问题的决定》，决定指出：目前只能削弱富农，而不应该消灭富农，必须反对侵犯中农利益与消灭富农的倾向；各地要细致地正确地划分阶级；对那些介于富农和中农之间的疑似成分，以及没有把握判定的成分，必须报告上级批准；中农的土地不经本人同意不能平分等。

短短 40 多天时间，红军在湘西的土地革命就取得了显著的成绩。例如，到 1935 年农历年前，大庸县的土地改革形势较好，据对该县 6 区 71 保的统计，共分配了土地 151900 多亩，约有 93000 多人分得了田地。永保、郭亮两县的土地革命运动从 1934 年 12 月开始，到 1935 年 2 月结束，取得了很多重要的成果，可以说土地革命是成功的。据不完全统计，在龙山、永保、郭亮、大庸、桑植、慈利等县，共分田24万多亩，18万多贫苦农民分得了土地。

（五）开展扩红运动

1934年12月，省委印发了《为粉碎敌人新的进攻，保卫新的苏区宣言》。《宣言》正确分析了形势，阐明了省委的主张，指出了必胜的前途。在省委的号召下，一个“一切为着战争”的革命热潮在永顺掀起来。永保、郭亮县的县、区、乡游击队和赤卫队以及各个群众团体，都立即召开了活动分子会议和群众大会，宣传了省委关于反“围剿”的战争动员。他们认识到，争取反“围剿”战争的胜利，不仅有利于红军在前线作战，也有利于保护工农群众的切身利益。各区、乡苏维埃政府提出了“工农武装上前线”、“参加保卫新区的革命斗争”、“保卫永顺”、“保卫苏维埃”等响亮口号。至今保存完好的在永顺连洞乡谢家祠堂左侧墙壁上的“彻底粉碎敌人五次围剿”的大字标语，就是1934年12月25日猛岗区苏维埃政府在那里召开千人大会时，区游击大队政委李绍堂亲笔书写的。

为了巩固湘鄂川黔革命根据地，必须动员更多的力量。1935年1月4日，中共湘鄂川黔省委发出关于地方战争动员的指示，指出目前全省正面临与进攻的敌人进行决战的紧急关头，应“最大限度地集中红军的有生力量，配合群众的一切力量，消灭敌人的主力部队，以游击战争与群众武装斗争配合红军作战，钳制和吸引次要方向的敌人，巩固与扩大新的苏区”。

为此，省委提出三项任务：（1）动员群众武装起来，积极参加红军，“完成省委号召三个月内扩大一万二千新战士的计划”；动员游击队整批加入独立团、独立营，“在战地最大部分精壮的党员、团员和工会会员都应加入游击队”，配合主力红军在敌人堡垒间隙之中和远近后方积极活动，“以钳制、疲惫、迷惑、瓦解与分散敌人”。（2）严厉打击地主武装、法西斯党徒对苏区的破坏与捣乱，对俘虏、被欺骗的群众，应争取“说服和领导他们与我们一起去进行武装斗争”。（3）在敌人后方的党团组织和工会要发动妇女、儿童和老人，通过他们去瓦解白军与民团士兵，并领导群众反对白色恐怖，反对苛捐杂税、修马路、筑炮台等。

随着土地革命的进行，中共湘鄂川黔边临时省委于 1934 年 12 月 1 日提出了在三个月内扩大 12000 名红军新战士的任务。

湘鄂川黔革命根据地的扩红工作，是做得很好的。根据省委决定，前方后方，党政军民共同努力，广泛开展了扩大红军的运动。各地都把思想动员放在第一位，采取的办法主要有：（1）地方机关和红军部队都组织了扩红突击队，深入群众，了解情况，担负起艰巨的思想动员工作；（2）召开各种群众性的集会，比如贫农团、职工会、妇女会、青年会、赤少队员会、游击队员会或茶话座谈会，广泛动员；（3）根据群众思想实际，宣传先进事例，用典型推动一般；（4）利用群众赶场的机会，开会讲演；（5）运用化妆演出、歌曲、标语等形式，作通俗的形象宣传。总之，把战争的形势、扩红任务和扩红运动与每一个工农的利害关系，都向群众讲得明明白白，使群众真正懂得扩红运动的重要性，齐心拥护扩红，很快就造成了为保卫湘鄂川黔苏区，保卫土地革命胜利果实而踊跃参加红军的热潮。

在扩红工作中，省革委会翻印了中央苏区优待红军家属条例（即十八条），广为宣传。县、区、乡苏维埃政府普遍建立了七至九人参加的优待红军家属委员会，督促优红条例的落实，协助解决有关问题。如春耕繁忙季节，各地均组织劳役队，为红军家属耕田、播种、插秧。从省级到乡一级机关的工作人员，每个星期日都要为红军家属做一天工夫。苏维埃政府在分配土豪财物时，也要优先分给红军家属。地主、富农的捐款，一般抽 5% 救济红军家属。妇女和学校的学生，均定期开展给红军家属挑水、砍柴、送光荣匾的活动，使参军光荣、红属光荣成为苏区的良好风尚。永保县岩板铺的土家族农民全永山，不仅自己参加红军，还动员了 3 个儿子参加红军。在苏区，兄弟姐妹齐参军，父子夫妻共同上前线的情景到处可见。

在扩红运动中，许多赤少队、游击队、独立团（营）成建制地参加红军，成为红军队伍壮大的主要来源。如龙山游击大队改编为龙桑独立团，后又集体参加红军，改编为红五师第十五团。桑植游击队在扩大为桑植独立团之后，改编为红十八师第五十二团。大庸、永保、郭亮、桑永、慈庸等游击队，也先后扩大为独立团，尔后成建制地编入了红军主力部队。

由于采取了地方全面动员和个别扩大，改造俘虏相结合的扩红方法，到1935年1月中旬，两个军团共扩大了4000多名红军新战士，各部队的兵员大为充实，同时还以少数主力红军作骨干与一部分地方武装合编，组建了第十一团、第五十团、第五十四团；以收编、改造的李吉宇部“神兵”2000余人为基础，成立了红六师第十七团。

1935年2月底，省委又发出了扩大红军的指示，要求各地区在头两个月取得良好成绩的基础上，从3月10日至4月10日为扩大红军的突击月，征集5000新战士上前方。在突击月中，各地实行了严格检查与报告制度。乡、区三天检查一次，县五天检查一次，每检查一次都要写出报告，逐级上报。各县确定了中心区域作为重点，普遍开展评比竞赛，以先进推动后进。在扩红运动中，还注意了加强肃反委员会的工作，防止敌人乘机破坏。

湘鄂川黔革命根据地各族人民是拥护红军的，在各级党的领导下，一个参加红军的热潮迅速在各地掀起。挥舞红旗，敲锣打鼓的送兵场面到处可见，父送子、妻送夫、兄弟争先入伍的动人场面比比皆是，“当兵就要当红军”、“不打胜仗不回乡”、“送郎参军上前线”的嘹亮歌声到处可闻。当时有这样一首民谣：“扩红一百，只要一歇；扩红一千，只要一天；扩红一万，只要一转。”这表明根据地土家族、苗族、白族、汉族人民为保卫苏区而参加红军的热情是何等炽烈！

以省委、省革委会所在地塔卧邻近的永保、郭亮两县为例，扩红工作就搞得热火朝天。永保县首车有个土家族农民王德胜，先只为红军抬担架，后来根据自己的所见所闻，认识到红军确确实实是贫苦工农的军队，便主动报名参加红军。仅石堤西区冷水沟，先后就有49个苗族青年参加红军。在县城灵溪镇街上，有个苗族妇女石芝，加入红军后，还串联发动了几十个青年男女一起参军。年仅十三四岁的女少年曾洪林，靠磨豆腐营生。她听到扩大红军的消息后，多次报名后获得批准，走上了革命的道路。三家田乡土家族少年彭喜祥，听说红军要招兵，高高兴兴去报名。红军连长见他个子矮小，年仅14岁，便动员他回家。任说什么他也不离开，站在那里一动也不动。红军连长见他人小志气大，就答应了，分配他当了一名通讯员。郭亮县杉木村有个贫苦妇女张金莲，带着 13 岁的女儿范琴芳参加红军，母亲在红军医院洗衣服，女儿在红六军团当宣传员。贺龙曾对他母女说，等我们革命成功了，请个作家为你们写本母女英雄传。从 1935 年 1 月至 10 月，永保县参军约 6000 人，郭亮县约 4000 人（两县参加红军的妇女有 100 多人）。红十八师大部分为永顺人，红十七师四十九团一营三连有战士 160 名，全部为永顺人。经过扩红工作，不仅红军主力得到扩大，地方革命武装游击队、赤卫队同样得到增加。永保县独立团由原来百余人增加到 500 多人，郭亮县独立团由原来仅有的十几人猛增到 300 多人，为反“围剿”作了充分准备。

到 1935 年底，红二军团由原来的 4400 多人，发展到 9200 多人，并且新成立了红五师（辖第十三团、第十四团、第十五团）；红六军团也由会师时的 3300 多人，发展到 11000 多人，也新成立了红十六师（辖第四十六团、第四十七团、第四十八团）。在一年多的时间里，红二、六军团经历了大小战斗数十次，部队不仅没有减少，而且发展到约 20000 人，成为中国革命的坚强的主力红军之一。

（六）清剿地主武装和土匪

湘西地主武装和土匪很多。从清朝末年农民反清运动兴起，这个地区就出现了众多的“袍哥会”、“兄弟会”、“天地会”等民间武装社团，遍地皆是。他们各以自己的会旨联络会友，舞刀习棒。后来，这些武装社团相互仇杀、火拼，逐渐分化，有的成为镇压农民的地主私人武装，有的成为抢劫农民钱财的土匪，还有一些社团如一部分“神兵”坚持反对官府、豪绅的压迫。湘西军阀陈渠珍不仅拥有相当多的正规部队，还网罗了永顺、大庸、桑植等地许多掌握武装实力的土豪劣绅，给以资助，组织团防；同时，还以收买利用等方法，纵匪养匪，与土匪相勾结，在湘西形成了军阀、豪绅、土匪三位一体的反动统治。

肃清地主武装和土匪，巩固后方，是建设根据地和准备反“围剿”的一个极其重要而艰巨的任务。龙家寨战斗胜利后，虽然消灭了一部分地主武装，收编了一部分土匪，但封建反动势力和土匪的活动仍然很猖狂，对根据地地方工作的开展和战争动员妨害极大。有一次，任弼时率领省委机关人员由大庸的丁家溶回塔卧，行至温塘附近，突然遭到大股土匪的袭击，红四师第十一团用了两个连才把土匪打跑。

清剿地主武装，是巩固根据地后方，以便集中全力粉碎国民党反动派反革命“围剿”的紧迫任务。为此，省委曾作出指示：对于一切反动武装，首先应采取坚决的军事上的进攻，动员广大工农群众，配合红军、游击队去猛追猛打，消灭他们，绝不能采取放任与防御政策。同时应采取政治工作，号召民团与土匪士兵回家打土豪分田地，发动他们的家属、亲戚、朋友去宣传邀他们回来，派人到他们中间去工作。对于俘虏，应分别清楚，其首领或阶级异己分子应公开枪决；被欺骗的工农分子，应优待他们；从政治上去瓦解他们的组织。这里，“杀土匪”、“剿匪”的口号，以及不分阶级，不分首领，捉到便杀的办法，只会帮助敌人，巩固敌人阵地。特别是对于被豪（绅）地主欺骗与压迫而向我们喊“捉”喊“杀”或打土炮的群众，我们应该以同志的态度去争取他们，说服和领导他们与我们一起去进行武装斗争。并提出在分田时，他们中间工农出身的士兵应同样分得土地。省委还特别强调，当前最危险的倾向，就是对反革命容忍姑息、妥协让步的右倾，我们应开展反对这种倾向的斗争；少数地方捉到土匪不审查成分，不分别首领就杀，这也是不对的，因为这要妨碍我们瓦解他们的工作。省委还及时给民团散发了传单，张贴了标语。

由于采取了较为正确的政策，清剿地主武装取得相当的成绩，经过一个多月的努力打掉了不少地主土洞子或土寨子，收缴的枪支约 2200 余支。如新寨坪的弄塔大地主王金礼和国民党塔卧区区长张奎全，欺骗部分群众，储备了可供 100 多人吃一个多月的粮食，携带四挺机枪、十支连枪和五六十支步枪，进入永保县颗砂、车坪交界处的趴水洞里，与人民为敌。他们作恶多端，血债累累，群众恨之入骨，纷纷要求政府围攻趴水洞，抓住这两个杀人不眨眼的魔王。省委、省革委会组织游击队和赤少队，并派遣少量红军部队，由当地一位土家族农民带路，将该洞团团围住，一面用火力封锁洞口，一面喊话，号召山洞里的士兵赶快觉悟起来，同恶霸划清界限。经过一个多月的围攻，趴水洞终于被攻破了，缴获了全部机枪和步枪，还有无数财物，把这股反动地主武装全部消灭，王金礼和张奎全这两个魔王也被抓住枪决了。大庸县大庸所崇山的半山腰上，有个地形险要的土堡子，盘踞着武卫乡广岩嘴村的一支地主武装 30 余人，拥有 20 多支枪，为首的是绰号“大屠夫”的李近丰。他们凭借悬崖峭壁，出没无常，残害百姓。后来红军与当地群众的围剿，迫使这支武装弃洞潜逃，保障了附近农村的安宁。1935 年 2 月初，红六军团的前卫团在晏福生带领下，活动在大庸四斗坪一带，歼灭了一支 100 多人的地主武装。大庸县大坪地区有个隐蔽在熊壁岩山洞的另一支地主武装，也被红军、游击队彻底歼灭，缴枪 30 多支。土家族聚居地龙山县靛房，当地一个大劣绅严凤岗，纠集部分武装力量，躲在屯集洞里。这个山洞坐落在悬崖峭壁上，易守难攻。游击队在红军四十九团的帮助下，曾多次发动围攻，未能攻克。后佯装撤退，引蛇出洞，才将敌人消灭，该洞也不攻自破。龙山县招头寨附近的猫儿洞，也藏了一股地主武装，常常潜入村寨，杀害或恐吓群众。游击队和红军采用军事进攻和政治瓦解相结合的办法，将猫儿洞击破，除枪支外，将收缴的粮食、腊肉、茶油等都分给了贫苦农民。红军对于俘虏的一般士兵，遣送回家，对民愤极大的地主分子则处以极刑。如桑植县“八大诸侯”之一的张东轩，系大地主，当过团长、县团总，平日无恶不作，清剿中被抓获，经批准枪决，群众无不拍手称快。

但是，由于这些地区的地主武装和土匪特别多，根深蒂固，盘根错节，非一次围攻所能奏效。加之主力红军忙于对敌正规部队作战，留在地方活动的少数部队和地方武装当时又偏重于边缘区的斗争和向外扩大新区，土匪和地主武装的问题并未根本解决。同时，由于一些地方在土地革命中没有认真贯彻省委的政策，采取了一些过“左”的做法，不给地主以生活出路，过重地打击富农，侵犯中农利益，对于一些与共产党和红军有统战关系的人，也作了不恰当的处理，打击面过宽，树敌过多。所以，随着国民党军“围剿”的逼近，地主武装和土匪的活动越来越猖獗。

（七）召开丁家溶会议

为了纠正夏曦的错误，解决夏曦的问题，1935 年 1 月 27 日，中共湘鄂川黔边临时省委在大庸的丁家溶召开了红二军团党的积极分子会议。集中批判了夏曦在根据地建设、肃反、建军和建党等方面的严重错误，贺龙、关向应都发了言，省委书记兼红二军团政治委员任弼时作了总结发言。

关帝庙院内，红二、六军团师以上干部全部分排坐。主席台设在大殿廊檐下，任弼时、关向应、贺龙、萧克、王震等人坐在台上。

任弼时宣读了中央用密电发来的遵义会议决议，然后既严肃又兴奋地说："那个指手划脚的外国人终于下来了，毛泽东又在指挥红军了！"如果说红二军团的干部还有些不明所以的话，红六军团的同志们则无不精神为之一振。决议是摘要拍发的，只有一个梗概，但任弼时严肃之余略带兴奋的语调，表明了它的沉重分量。

接着第二项议程便是夏曦作检讨发言。他把近来自我反思所得、对所犯错误及其危害的认识一一作了阐述，承认自己的所作所为给湘鄂西党、红军和根据地造成了不可弥补的损失，同时对自己犯下错误时的一些真实思想——尽管不理解，但不得不忠实执行中央指示作了说明。他还表明了自己深深的歉疚、愧悔心情。台下观众鸦雀无声。那些原来在红二军团工作的同志们一个个挺起腰板，情不自禁地对夏曦怒目而视。夏曦说完，回到台下前排听众席就座。

接着，贺龙在发言中从第一次"肃反"说起，讲到周逸群含冤牺牲，讲到王炳南父子、周小康、段德昌、花娃等一大批自己所熟知的红军将士的惨死，讲到红三军失去根据地之后的艰难辛酸的流浪生活……句句是控诉，句句显真情。

关向应在发言中，批评夏曦不相信群众、不相信红军干部战士，同时也检讨了自己。他表示："作为中央委员，作为负责人之一，我也有责任，有不可推卸的重大责任。"

最后，任弼时作总结发言。此时，会议已经开了一天时间，夕阳已经西沉了。

任弼时在总结发言中首先指出："红二军团过去有它的光荣的成绩，它在湘鄂西的时候，曾经粉碎了敌人无数次的进攻，取得了很多次伟大的胜利。"他说，夏曦的错误主要是："一、最明显而基本的错误，是看不见无产阶级和共产党的领导作用，认为共产党是可要可不要的东西，竟走到公开地解散党组织，取消党所领导的各级苏维埃政府，……取消红军中政治组织和政治工作，公开走上了取消主义的道路。二、夸大反革命力量，形成错误的肃反路线，造成党和部队中的严重损失。……在反革命活动面前，惊慌失措，认为部队中连长以上的干部，有 90% 以上都是改组派，逮捕的在 2000 人以上。……夏曦同志同样认为，湘鄂西地方党、苏维埃区、县、省级的干部，也有百分之八九十是改组派。……夏曦同志不能正确估计反革命，夸大反革命组织力量，而采取扩大化的、简单化的错误的肃反路线，这正是帮助反革命达到破坏党、政府和红军的阴谋，上了反革命的当。……在这种恐怖与不信任，以肃反为中心的情况下，没有人敢说话，或自动去工作，人人觉得有被人认为是改组派而遭拘捕杀头的危险。这种情况的严重的确可以走到自己解体的危险前途。三、由于不相信群众，不相信红军力量，在敌人进攻面前悲观失望，退却逃跑，没有决心创造苏维埃根据地，使红军长期过着流荡游击生活。……因为没有创造新的苏区，所以我们红三军，没有后方依托，只好东奔西走。打了仗，伤兵只好沿途寄居在群众家里。部队疲劳的时候，也得不到一个安全的地方休息、整理训练。这样就使红军受到不应有的削弱。以上一切，都是夏曦同志过去所犯错误的实质。这不是什么个别问题上的错误，而是一条有系统的、与党中央路线完全相反的机会主义、取消主义的路线。”

在分析、总结了夏曦犯下错误的原因之后，任弼时转向大家说：“对待这些错误，我们要有两条：第一，要彻底肃清影响，还有很多工作要做。……第二，要从这些错误中引出经验教训，找出根源，以保证在今后的工作中不再犯类似的错误。”

在这次会议上，任弼时、贺龙、关向应、卢冬生等对夏曦在湘鄂西苏区工作中的严重错误进行了严肃的批评。夏曦在会议上检讨了自己的错误，对在湘鄂西苏区执行“左”倾冒险主义，大搞肃反扩大化，以及因此而造成的严重后果，承担了主要责任。尽管他对某些问题仍然想不通，但态度诚恳，并以积极主动的工作，表示自己决心改正错误的诚意。

任弼时在会议总结报告中指出了红二、六军团会师后红二军团的成绩，也指出了红二军团存在的弱点，提出了红二军团当前的建设任务。

会议在晚饭时结束，这次会议系统地清理、批判了夏曦的错误，认清了其错误的性质、根源，并在思想组织整顿、平反等工作中作出了行动上的纠正。

丁家溶会议是红二、六军团历史上的一次重要会议。会议澄清了是非，统一了思想，教育了同志，达到了消除顾虑、增强团结的目的。同时，会议还为红军以后的发展和建设指明了方向，从而为红二、六军团发展成为红军三大主力之一奠定了基础。这次会议之后，全军面貌焕然一新，有了新的活力。

四、湘鄂川黔革命根据地时期红军在永顺及周边发动的重要战役

（一）十万坪大战

红二、六军团进入湘西，使湘鄂统治者十分震惊。国民党第十军军长兼湖北省主席徐源泉急令驻湖北藕池的第三十四师开赴湖南津市、澧州地区，阻止红军向东发展。国民党湖南省主席何键也严令陈渠珍派兵“堵剿”。根据何键的指令，陈渠珍在凤凰召开“剿匪”会议，成立了“剿匪指挥部”，委派龚仁杰、周燮卿（外号周矮子）为正副指挥官，指挥龚仁杰旅、周燮卿旅、杨其昌旅和皮德沛部共10个团1万多人，分四路向永顺进攻，企图乘红二、六军团立足未稳之际将其消灭。

红二、六军团如何对付当面之敌，打好进入湘西的第一仗，是能否立足湘西进而建立新的革命根据地的关键。两军团领导分析了敌我情况，认为湖南何键的部队正被中央红军吸引在湘南，湖北徐源泉部大部分分散在鄂西南和洞庭湖滨的津市、澧州一带。当面敌人只有陈渠珍这一股。红二、六军团认为有条件在这一带消灭这股敌人，而且也必须消灭这股敌人，才能在湘西打开局面，站住脚跟，并乘胜发动攻势以策应中央红军的战略转移，遂定下了歼灭陈渠珍10个团的决心。

1934年11月7日，红二、六军团占领永顺，取得湘西攻势的初步胜利。

红二、六军团占领永顺县城后，一边抓紧休整队伍，一边抓紧筹集物资，准备打好进军湘西后的第一场至关重要的战斗，为开辟新的革命根据地奠定基础。贺龙、任弼时、关向应等总指挥部的同志经过缜密考虑，认为敌我兵

力悬殊，装备差距很大，在县城不利于我方作战，决定诱敌深入，找个合适的地方对敌军实行歼灭战。

11月13日，红二、六军团接到中革军委电示:“现我西方军(即中央红军)已进入宜、郴之线，湘敌全部被调来抗击我西方军，红二、六军团应乘此时机，深入湖南西北去扩大行动地域。”于是，红二、六军团决定主动撤出永顺，向敌示弱，诱敌围追，寻机歼灭之。红二、六军团一位红军干部把500块光洋交给商会会长，买下风雨桥，将其烧掉，造成打不赢怕敌人的假象，麻痹敌人，同时也断了敌人的退路。然后红二、六军团主力撤出永顺县城。

11月13日，龚仁杰、周矮子带着1万来人的乌合之众到达永顺县城。此时，永顺县城西门外腾起一股浓烟，风雨桥熊熊地燃烧起来。陈渠珍部误认为红军怯战，立即跟追。红二、六军团一方面以一部兵力与敌保持接触，且战且退，时而丢弃几支枪和一些物资，骄纵敌人；另一方面边走边看地形，选择有利伏击、侧击敌人的地点和时机。第一次拟在永顺城北附近设伏，但因敌军主力没有离开城市，追来的只是一部分，容易收缩固守，乃决定继续北撤。第二次准备在吊井岩打，但因战场容量小，最多只能消灭敌军两个营，也没有急于打。贺龙让部队在此作短暂停留，并派出侦察兵，密切注视敌人的动向。敌人满以为红二、六军团会在吊井岩凭险据守，准备集中力量猛攻吊井岩，把贺龙及其红军歼灭在吊井岩。可是，大部队进到吊井岩，贺龙率领红军又走了。随后两天，红二、六军团又在颗砂、塔卧等地部署一部分兵力，假战诱战，均因地形不利于大量杀伤敌人而作罢。

敌军连日追击，没有遇到抵抗，以为红二、六军团没有战斗力了，“不日即可获得全胜”。敌军的先头部队是周燮卿旅，周燮卿个子不高，人说他被贪心坠住了身子，只盼升官发财，见此情景，不由心花怒放，在马背上就嚎叫开了：“兄弟们，共军不堪一击，快给我追！”敌军因为连日追击均未遇到坚强的抵抗，越发骄怠，一直紧跟到永顺城北90里的龙家寨。最后红二、六军团选中了以龙家寨为中心的十万坪谷地作为战场。

十万坪是个天然的好战场，这是南北两溜大山夹着的一道山谷，东西横宽2到4里，南北约长15里。坪中间都是水田，道路都从水田中间穿过。

传说当年土司王在此点兵，点得人马十万，故而又称十万坪。这里谷底平坦，村庄较多，可容纳大量敌军。村中多是木板房子，没有固定的建筑物，利于攻击，不利防守。谷地两侧是一人多高密不透风的芭茅，山上则是又矮又密的油茶林，山势较缓，既便于隐蔽，又便于多路同时出击，是一个理想的伏击战场。红二、六军团的指战员们分别隐藏在南北两面的山上，另以小股兵力与敌人接触，且战且走。

周燮卿初到永顺时见贺龙临退不忘毁桥，认定红军兵弱怯战。于是，他电告陈渠珍表功："国军威壮，不费一枪一弹顺利占领永顺，不日即可获全胜。"捷报是发了，但他毕竟没有少上贺龙的当，所以就不紧不慢地跟了两天，以至胆子越来越壮。第三天的时候，他得知红军退过了龙家寨，猖狂的骄纵性情再也按捺不住，便令各部加速追击，妄想"风筒里赶鸡"，就在十万坪一带山谷里把贺龙由南往北赶个人仰马翻。

11 月 16 日凌晨三时，红二、六军团伪装继续北撤，撤至十万坪谷地东北隘口时即摆开了伏击阵势。两军团在总指挥部的部署下进行了埋伏。红二军团埋伏在西边的山上，红六军团埋伏在东边的山上，两军团司令部设在毛坝。贺龙、任弼时率红二军团指挥部和红四师部署在毛坝附近。红六师部署在杉木村后山，堵住谷口。红六军团第十七师（两个团）和第十八师（一个团）埋伏在毛坝以南谷地东侧的山林里。

这样就布下了一个口袋形战场。贺龙严格规定，埋伏时，必须用树枝掩护好，任何人不准讲话，不准开枪走火。他还对埋伏的战士说："我贺龙撤一，周矮子怀疑；我贺龙撤二，周矮子胆壮，非死追红军不可，同志们等着好戏看吧。"整个阵地静得似一摊不起丝毫风浪的死水，连当地的土豪劣绅都毫无知觉，以为红二、六军团早经过十万坪去桑植县了，一些急着想讨好陈渠珍"围剿"部队的土豪劣绅忙着报告，说这里平安无事，快去追贺龙。

下午四时左右，龚仁杰旅、周燮卿旅以及皮德沛和杨齐昌旅均在十万坪集结，钻入贺龙精心设计的"口袋"，龚仁杰旅在前、周燮卿旅在后，顺着山谷间的大路追过来，进入了伏击圈。当他们进入碑里坪时，准备在这一带扎营。龚仁杰有些不放心，就派他的参谋长带人爬上北山搜索。红六军团刚刚开晚饭，一听观察哨报告情况，指战员撂下饭碗就进入阵地，嘴里直叨叨："乖乖，总算等到你了！""好家伙，你真的舍得来呀！"红六军团政委王震此时正坐在最前沿的红十七师第四十九团阵地上，手里抓着一大团锅巴嚼着，眼睛一眨不眨地盯着坡下一窝蜂似地往上移动的灰色人影。王震悄声下令："没有我的命令不准开枪，把敌人放近了再打。"命令迅速口口相传开去。直到前面几个性急的敌人离阵地还不到 20 米的时候，王震的驳壳枪才打响，油茶林里随即响了一阵排枪，接着是手榴弹轰隆隆的爆响。一个连的搜索队顿时倒了一半，活着的连滚带爬地往坡下逃。王震跳出掩体，喊了一声："跟我来。"号声骤起，山顶上几面红旗穿过油茶林卷下谷底。龚仁杰旅立刻乱了套，坡上滚的、地上爬的到处都是，骡马、人群推作一团。机灵点的回头就跑，把正在集合的周燮卿旅冲了个七零八落。红六军团露的这一手，令刚才还在担心的红二军团官兵大为折服："江西老表个子是矮了点，还真能打仗。"时机一到，红二军团的战士们也从南山杀到谷中，往人群中甩了一阵手榴弹后，跟着就扑过去缴枪。周旅和龚旅在运动中突然遭到红军猛烈冲击，兵多摆不开，枪多不能发扬火力，无法构成防御体系，红军仅用两个小时就把这两个旅大部消灭。天很快完全黑了下来，整个山谷中面对面也看不清人影。只听得见人喊马嘶乱成一锅粥，到处是呼喝缴枪之声。红二、六军团战士们很快就找到了黑暗中认人的诀窍，逢人就拦腰一抱，再摸头上，是帽檐短而硬的就把他枪下了，喝令往后走，摸到软帽檐则是自己人，赶快放手……

贺龙坐在山上听了一会儿动静，叫来第六师师长钟炳然说："永顺城里的敌人得到消息就会跑。当面的这些搞不完的也要往永顺去。你带两个团走小路，天亮以前一定要赶到永顺，拦住他们！"从小路到永顺只有 80 里，红六师的官兵大多是湘西人，夜黑翻山自然不在话下。当了一阵预备队，听了这么多的动静，红六师的战士们早想杀下山去过过瘾。因而，他们一听有任务就都兴冲冲地直奔永顺而去。

再说红二、六军团主力跟着溃逃的零散敌人一路追到 10 余里外的把总河，发现杨其昌、皮德沛所部正在匆匆忙忙地挖掩体、筑工事，企图顽抗。萧克命令红六军团第五十一团和红二军团第十八团当即迅速展开夜战。第十八团从右侧攻击，第五十一团从正面攻击，不到两小时，即把杨旅大部消灭，敌人就如同鸟兽四散而逃，争先恐后地奔往永顺。红军留下一个团打扫战场，主力星夜向南继续追击。

这时，先前赶至永顺城边山上的红六师指战员们纷纷求战。红十六团团长常德善一再催促："师长，快打，别让敌人跑了。"钟炳然一再下令不得擅自行动，必须等主力赶到再打。大家眼睁睁地看着山下的逃敌直跺脚。天刚亮，红二、六军团的主力已经杀到城郊。这时，山上红六师的机、步枪才猛响起来。被红军追得失魂落魄的敌人在满街乱糟糟的绊脚杂物中跳来跳去，不时有人中枪倒地。红二、六军团指挥部移到了城边的山顶上，任弼时、贺龙此时已经可以安心观战。他们走到一挺机枪旁，看机枪手伏在地上朝街上不断线地打长发，枪声急促，可命中率不高。这时，一个伙夫挑着饭担子上山。他在机枪边溜了几眼，稍微犹豫一下，才放下担子走到机枪手身边："我来试试。"任弼时见伙夫腰扎围裙，不禁略有些惊讶。那伙夫提起机枪往胸前一抱，侧身一歪头，机枪"哒哒哒、哒哒哒"地叫起来。每次三到四声，很有节奏。再看枪口所指街面、河边，枪响人倒，绝无虚发。任弼时目不转睛地看着，大为叹服，转脸问贺龙："这人叫什么名字？这么出色的机枪手，怎么能让他当伙夫？"贺龙叹了口气，说："余家海，他能保住这条命已经是很不错了，像他这样有本事的人，这两年不知杀了多少。"

"'改组派'？"任弼时问道。"他是被别人牵连进去的，像他这样被人一口咬住，有的问都不问就拉去杀了，他在苏联学过坦克，原来是机枪连连长，还亏他平时嘴巴紧，不太爱讲话，他们抓不到什么把柄。"贺龙声音低沉地说。任弼时若有所思地点点头，缄默不语，转身再去看那机枪手，他已经挑起饮食担子走开了。任弼时指着他的背影，冷不丁冒出一句："先让他当个机枪教官怎么样？"贺龙应了一声："我没有意见。"

11 月 18 日，红军重占永顺。

十万坪大战是一个漂亮的伏击战，此次战斗以红二、六军团的大捷而告结束。这一仗，红二、六军团毙敌 1000 多人，生俘龚仁杰旅参谋长以下 2000 多人，缴获长短枪 2000 多支，轻机枪 10 挺和大量的子弹、马匹及其他军用物资。在战争中，当地老百姓积极支持，在红军追歼逃敌时，他们搬来门板、案板和桌椅板凳，堵塞路口、街巷、桥头，断敌退路，捕捉逃敌。这一仗使湘西土著军阀陈渠珍元气大伤，无力组织新的进攻，而红二、六军团装备得到了极大的改善。十万坪大捷，是扭转红二军团离开湘鄂西根据地及红六军团西征以来困难局面的重要转折点，从根本上扭转了湘西局势，转守为攻，为建立湘鄂川黔革命根据地奠定了牢固的基础。这一仗使湘鄂两省敌军震动，也把湘鄂两省敌军吸引过来，大大减轻了正在湖南境内苦战的中央红军的压力。

（二）天堂之战

1935 年 1 月，永顺“铲共义勇队”副总队长向沅生、伪颗砂乡长彭直斋等匪霸，逃进吊井乡天堂、茅坪一带的山林，与红军顽抗。1 月 29 日，刚组建正在颗砂整训的红军五十四团，开赴天堂村进剿。敌向沅生亦通知砂坝、塔卧、车坪等地“反动义勇队”增援。

1 月 30 日拂晓，红军向鲁家地茅屋、敌向沅生指挥所，发起猛烈攻击，打得匪徒魂飞魄散，向沅生在两个护兵挟扶下仓皇逃命。不料，红军在鲁家地吹胜利号集合时，埋伏在南北及东面山头的敌军机枪，突然向我正在集合的红军疯狂扫射，一排排战士倒下，血染天堂。南面山头的伪吊井乡长莫延桥督率匪徒向红军冲击，红军撤向北面山岗但又遭车坪乡陈兴武等匪徒攻击。红军指战员冒死冲杀，激战一整天，终于杀开血路，当晚驻扎野鸡庄。第二天又遭敌人袭击，战士丁仕弟等壮烈牺牲。

天堂激战，十分惨烈。红五十四团参战 700 余人，与 1500 多敌人拼杀，撤出战斗时仅剩 100 多人，何武胜、彭福清、丁仕良、王天宝、张清南等 300 余名红军战士英勇牺牲，其余失散。

今日的天堂是人民的天堂，是幸福的天堂，也是红军烈士鲜血染红的地方，也是革命传统和爱国主义教育的好课堂。

（三）后坪之战

1935 年 2 月初，国民党军对红军和湘鄂川黔革命根据地的“围剿”开始了。国民党军用来直接进攻和封锁红二、六军团的兵力，共有正规军 11 个师又

4个旅，约11万人。此外，还有一个保安旅又4个保安团以及每个纵队配有的两队作战飞机。

双方主力部队的兵力相比，国民党军占有十倍的优势，尚且地方武装和土匪很多。而根据地各项建设工作刚刚展开，基础尚未巩固。因此，形势十分严峻。红二、六军团回到大庸后，曾专门讨论了反“围剿”的作战方针问题。贺龙主张在根据地外线作战的主张没有得到通过，最后仍然决定在根据地内线作战，并制定了反“围剿”的具体方针。根据方针，贺龙、任弼时、萧克、王震于1935年2月11日致电朱德，报告了战役部署并请示了可能转移的地区。中央和军委于2月11日致电红二、六军团，作了非常重要的指示。中央的指示从根本上改变了“左”倾的战略战术原则，不仅明确提出了红二、六军团反对敌人“围剿”的基本原则，并且给予红二、六军团在执行这一原则时，可以按照实际情况灵活处置的主动权。同时，还正式确定了红二军团和红六军团军事上统一的集体领导机构。要求红二、六军团组织中央革命军事委员会的分会(军委分会)，以贺龙、任弼时、关向应、夏曦、萧克、王震为委员，贺龙为主席。

2月初到3月中旬，国民党军队按照筑堡推进的政策行动，非常谨慎、缓慢。2月8日，东面郭汝栋纵队的一个旅进到慈利之溪口东南地区，对大庸造成威胁；南面陶广纵队在军大坪、王村地区未动。因此，红军临时改变原来的部署，将集结在永顺、大庸和四都坪之间的主力调到东面，在溪口方向迎击郭汝栋纵队。结果溪口战斗没有打好，第十八团政委熊仲卿牺牲。此后，红二、六军团主力即返回大庸、永顺之间准备打击陶广纵队。但这时陶广把主要注意力放在了削弱、排挤陈渠珍势力方面，并未向红军发动攻势。而红二、六军团却一直盯着这股敌人，以4个团兵力在军大坪以北地区与陶广纵队第十六师对峙，进行持久防御。直到3月13日，陶广纵队第十六师一部和两个保安团由王村渡白河（西水）北犯时，这4个团才转到西南方向与北犯之敌作战。14日，红军首先在高粱坪击溃两个保安团，接着又给赶来增援的湘军第十六师两个团以重创，歼灭其中一部。这次战斗虽然取得了一些胜利，但没有达到全歼敌人之目的。

这时，从正面进攻的郭汝栋纵队和李觉纵队，趁红二、六军团主力远在王村附近的机会，向大庸县城急进。红军为迟滞郭汝栋纵队的行动，派红四师第十一团和大庸独立团与该敌保持接触，予以阻扰，后于大庸附近之子午台战斗后，放弃了大庸县城。李觉纵队继续西犯，企图与军大坪、王村北犯的陶广纵队夹击红军于石堤西地区，然后再会同陈渠珍新编第三十四师进攻永顺。郭汝栋纵队也从大庸西进，企图从温塘和仙街铺渡过澧水，进袭湘鄂川黔边临时省委所在地——塔卧。此时由三官市向西进犯的陈耀汉纵队，正兵分两路，迅速向桑植推进。新由湖北襄阳调到来凤、龙山地区的张振汉纵队，已进到了茨岩塘，准备向龙家寨、塔卧前进。国民党军的战役企图是，首先将红军压缩到永顺、桑植和龙山之间的狭小地区，然后集中主力决战。

高粱坪战斗后，红二、六军团主力随即转移到大庸与永顺之间的龙爪关、石堤西地区进行休整，补充兵员，准备再战。这时，湘鄂川黔边军委分会鉴于四面的敌人正在逐渐逼近，红军在内线活动的范围日益缩小，决定组织一个战役，扭转这种不利的趋势。战役计划是，集中主力8个团，首先在后坪（大庸城西约20里）地域，在运动中击灭李敌。估计李敌覆灭后，陶、章不敢急进，（我军再）以一部扼澧水以阻郭敌，主力隐蔽转移于桑植。击灭陈（耀汉第五十八师）、张（连三暂四旅）部队，进击和逼退郭敌，然后转移石堤西、永顺之线，迎击陶（广）、陈（渠珍）两敌，这样各个击破敌人，粉碎"围剿"。整个战役计划中，以击灭李敌为关键。

后坪附近的鸡公垭在澧水渡口西岸，是大庸县城通往石堤西、永顺县城的咽喉要道。1935年3月20日，红二、六军团以一个团扼守后坪东面的鸡公垭高地，主力隐蔽在附近地区，计划抓住李觉纵队主力渡过澧水立足未稳的时机，以突然袭击的手段，三面围攻，迫其背水而战，将其歼灭于鸡公垭与澧水之间的河谷里。这天午后下雨，李觉纵队进到澧水东岸就停止了。当时分析敌人可能发觉了红军的企图，同时也考虑到部队需要休息，就把主力撤到距离阵地后面约15里的龙爪关一带的村庄，只留下第五十三团在后坪担任警戒。

21日拂晓，李觉纵队先头部队两个团渡过澧水，并于7时左右占领了鸡公垭制高点，加紧构筑工事，准备进行防守。红军第五十三团一面向上级报告，一面向敌人发起进攻，很快攻占了垭口南面的山头，但在继续向垭口以北主要山头发展时，部队受阻。

这时奉命赶到崇山山麓团子园、娘娘坪地区的红军主力，立即以红十七师第五十一团沿山脊向垭口北面的敌人进攻，但在攻下一个山头以后，也被敌人的猛烈火力所压制。接着，红四师（欠第十一团）通过第五十一团的战斗队形继续进攻，在攻下第二个山头向主峰发展时，又被敌人新投入的一个旅所阻。此时，红军调整部署，一方面以红六师向大庸所之敌渡河点实行迂回。迂回部队发展顺利，很快就攻占了大庸所，消灭了一部分敌人，并破坏了澧水上的浮桥。红军正面进攻部队虽然打得十分英勇顽强，也取得了很大的胜利，但因在山脊上展不开兵力并受到主峰东面敌人火力的猛烈侧击，一直战斗到黄昏也未能攻占主峰。而此时郭汝栋纵队的第一五三团却增援到了澧水东岸，李觉纵队的预备队第一〇九团也从龙盘岗徒涉澧水，向红军侧翼运动。贺龙、萧克见情况不利，即于黄昏后撤出了战斗。

这一仗，李觉纵队占了便宜，红二、六军团伤亡了 700 多人，而李觉纵队仅有 500 多人的伤亡。在这次战斗中，红军干部损失很大，红六军团宣传部副部长刘光明、第五十三团政治委员刘志高和第五十团政治委员周志斌英勇牺牲。红四师师长卢冬生、政委方理明，以及红六师政委余导群等人均负伤。

这次战斗没有达到预期的目的，原因是多方面的，主要是：一、“对敌估计上的错误，认为敌已经发觉了我主力，因此影响到我们的决心，没有将主力置于后坪，而向后撤退 10 余里。” 二、“部队中游击主义的传统” 的影响，第五十三团没有按时占领鸡公垭。三、领导思想上害怕敌人继续深入，急于求成，在敌人已经占据了有利地形时，没有按照已经变化了的情况迅速改变自己的作战计划，却不顾红军火力弱和地形不利等条件，强攻硬拼。

（四）陈家河—桃子溪战斗

后坪战斗后，陈耀汉纵队乘虚进占桑植县城，并以一个旅的兵力赶到桑植西北的陈家河。郭汝栋纵队经温塘渡澧水进占了罗塔坪。李觉纵队之另一师推进至农车、洗车。张振汉纵队进占茨岩塘，向红军医院、学校、兵工厂、被服厂所在地龙家寨逼近。国民党5个纵队合拢上来，各路离苏区中心塔卧、龙家寨仅50里至120里的路程。随着国民党军主力的逼近，地主武装和土匪活动更加猖獗，苏区地方工作受到很大的摧残，力量较弱的地方武装也有些损失。红军主力部队在溪口、高梁坪和后坪的连续战斗中，伤亡较大，处境比较困难。

根据上述情况，中共湘鄂川黔边临时省委和军委分会认为，在塔卧、龙家寨狭小地区内同强大敌人决战于我们是不利的，遂作出决定：第一，暂时放弃塔卧、龙家寨基本地区。第二，集中全部主力，以地方武装之大部编入主力，充实和增强主力的战斗力量。第三，击破敌人封锁线，从敌人之侧翼后方坚决突击敌人，来击破敌之包围封锁与合击计划，以开展新的胜利局面。

1935年3月22日，任弼时向中共中央和中革军委报告请示："根据目前情况，我们决心争取这一地区的巩固，以与西方军（即中央红军）配合。正集中全力在保持有生力量条件下，首先求得侧击郭敌。必须取得两次伟大胜利，方能保持新区的巩固发展；否则，红二、六军团将被迫退出新的地区。目前，我们与西方军活动是呼吸相关的，西方军放弃桐梓、遵义，是否将转移于贵阳以西地带？万一，红二、六军团被迫转移，就目前情况只有渡长江到（南）漳、兴（山）、远（安）边为便利。因为乌江、酉水、沅江均无渡过条件，（恩）施、鹤（峰）逼近鄂军主力，不能立足。这种预定的方向，是否适宜？对此动作，请给予指示。"

4月5日，中共中央书记处复电指示："目前你们那里胜利的可能还是存在的，仍应尽力在原地区争取胜利。至于现在提出以后可能转移地区的前途问题，我们认为是适当的。如果渡江对于你们不成一个困难问题时，我们同意你们渡江的意图；但这只是你们认为在原地区不利于作战，且红军主力非转移地区不足以保持有生力量时，才可实行。"

省委和军委分会根据中央指示精神和实际情况，决定迅速转移到外线作战，并立即加紧了战略转移的准备：将地方武装编入两军团，以扩充红军的主力；红军学校的干部回部队加强对部队的领导，地方政府干部集中随部队行动；兵工厂的设备疏散隐蔽；医院里的伤员，团以上干部带走，营以下的分散隐蔽在民间。

1935年4月12日，省委和红二、六军团主力退出塔卧、龙家寨中心区域，开始战略转移。部队拟经万民岗、陈家河、仓官峪，从香溪（秭归东南）北渡长江，到达湖北西部的南漳、兴山和远安地区创建新的革命根据地。鄂军纵队司令兼五十八师师长陈耀汉急令其第一七二旅由桑植出发，沿澧水西进，并限于12日进抵两河口、陈家河地区；第一七四旅开往陈家河转向万民岗地区；陈耀汉则亲率师直属队到周家峪，居中策应，企图与西面的张振汉纵队打通联系，截击向北机动的红军。12日下午，担任前卫的红二军团第四师在陈家河西南10多里的蒋家垭突然与敌陈耀汉第五十八师一二七旅放出的警戒部队遭遇。前卫红四师一个冲锋就解决了战斗，消灭了敌军一个警戒分队，俘敌数名，并迅速抢占了蒋家垭北侧的田家坡高地。

红二、六军团从俘虏口中了解到敌人的具体部署，并得知敌只有一七二旅，且刚到不久，工事还没有完全筑好，并且分散配置在陈家河、铜关槽、庙凸、张家湾和澧水南岸的蔡家坪等高地，旅长李延龄率旅部和两个营驻扎在陈家河街上，街外半山腰的地势突兀的庙凸小山包上的一排土寨子里驻扎了一个营，河东岸几个山包上部署了张万兴的一个团。一七二旅已经抢先占领了陈家河，企图与西面张振汉纵队打通联系，截断红军向湖北机动的道路，敌第五十八师的其他部队还远在桑植。桑植到陈家河之间只有一条悬绕山腰、下临深谷的乱石小径，敌人增援和撤退都很困难。陈家河这个旅突出孤立，而且战斗部署分散。同时，由于他们以往多在北方平原地区活动，也不善于在山岳地区作战，跋山涉水均感困难。而红军方面十一个团都集中在一起，力量大大超过敌人，并且控制了田家坡高地，利于展开兵力和火力；特别是广大指战员有打一个大胜仗，争取反攻胜利，以保卫艰苦缔造的根据地的强烈愿望，斗志非常高昂。因此，军委分会主席贺龙抓住这个有利战机，明确提出：“我们要走，也要打完这一仗再走。”贺龙当即命令红二军团第四师第十二团团长黄兴汉部抢占陈家河。

4月12日当夜，乘着黑暗，红十七师和军团直属部队悄悄布置在陈家河后山上和庙围子附近的3个小山包上。3个小山包就布置了60挺机枪。

山上枣林茂密，贺龙一再命令：“不准暴露，不准打枪。”

4 月 13 日凌晨，红二、六军团在田家坡高地及其西北地区展开，准备攻击陈家河西面的庙凸和陈家湾山上的敌人，以使敌人陈家河、铜关槽大山上的主要阵地暴露出来，然后再各个歼灭铜关槽和蔡家坪、澧水两岸的敌人。4 月 13 日 8 时，正当红军准备发起攻击的时候，部署在庙凸山上的国民党军约一个营，沿着山脊向红军第五十一团阵地发起了进攻，企图先声夺人，破坏红军的部署。红军立即抓住这个有利的机会，将攻击的敌人放到了手榴弹有效杀伤距离内，突然开火发起冲击，趁敌混乱和回窜之机，一鼓作气攻占了庙凸、张家湾和吴家湾三个山头。从这些阵地向陈家河逃窜的敌人，也被红军从两翼伸出的部队全部消灭在山下的河谷里。战斗中，红六军团政委王震在率部冲锋时负伤。

与此同时，红二军团主力徒涉澧水，向蔡家坪和玛瑙台的敌人进攻。红六军团主力和红四师一部向铜关槽敌人主要阵地突击，第五十一团预备队第三营则沿大路直插陈家河，捣毁了敌第一七二旅旅部，破坏了敌人的指挥，割裂了澧水两岸敌人的联系，并在澧水河边击毙了敌旅长李延龄。战斗到下午 2 时，全部消灭了澧水南岸蔡家坪和玛瑙台的敌人。扼守铜关槽大山的国民党军 400 多人，利用山势高峻、地形复杂的有利条件顽强抵抗，战斗非常激烈，红军一直奋战到下午 4 点多钟，贺龙下令停止追击零散逃敌，战斗才结束。

陈家河一战，陈耀汉部五十八师第一七二旅被歼灭，旅长李延龄被击毙。

在陈家河战斗刚刚打响的时候，陈耀汉即亲自率领第五十八师直属部队以及第一七四旅（欠三四八团）由桑植增援陈家河。当进到两河口时发现第一七二旅已被歼灭，迅即掉头南逃，企图向塔卧的郭汝栋纵队靠拢。1935 年 4 月 13 日陈家河战斗当天天黑前，红二、六军团顺陈家河石板街道源源开过，跳到外线官里坪一带休整了一天。4 月 15 日下午 4 时，天上下着大雨。刚打了大胜仗的红二、六军团转头南下，经两河口折回塔卧。萧克率领红六军团行进至离桃子溪还有 10 里路时，发现河里水很浑浊，判定一定有部队通过，他们又看了一段通往桑植方向的路面。终于在泥水中发现了几个脚印，脚尖指向桃子溪。萧克断定，大雨天气，少有行人，卵石路面积水不易浑浊，必是大队人马刚过不久。而且，这队人马可能是从桑植方向赶往陈家河而从此折向桃子溪以去塔卧的陈耀汉部队。萧克猜测，陈耀汉部队的北方官兵本来就不惯爬山，下雨天更不可能摸黑赶山路，十之八九会在桃子溪宿营。于是命令部队加速向桃子溪前进。路上听老乡讲，桃子溪刚到了国民党军队，后面还在继续来。萧克立即决定投入战斗。任弼时、贺龙、关向应等人闻讯迅速赶到三岔路口，简短地研究了一阵，决定夜袭歼敌。

桃子溪处在永顺北部与桑植接壤的地带，是个稀稀落落、有200来户人家的山民聚居点。四面山岭环抱、中间平坦的盆地，是个名副其实的山窝。由于距永顺塔卧不远，通往塔卧的大路从山窝正中穿过，这是红二、六军团指战员走过多次的熟地方。萧克、王震当即命令红十七师随他俩从右侧小路上山岭，迂回占领盆地对面的各个山头，等主力打响再往下压。贺龙率红二、六军团主力顺大路从正面缓缓前进，为红十七师留出足够的时间迂回。计划一定，红十七师收起雨伞，斜挎在背后，跑步离去，而主力则不慌不忙地缓步推进。这时，下了一天的大雨丝毫没有减弱的势头，闪电不时地划破夜空，惊天裂地的雷声当头炸响。主力前卫摸到村外时，恰好发现几个打着电筒架设电话线的敌人在大雨中爬上爬下、骂骂咧咧地忙着。红军战士扑上去，就把他们逮住了。从俘虏口中摸清了敌人的情况后，贺龙估计萧克、王震和红十七师已经到位，就指挥主力兵分几路冲进村里。枪声一响，山上的红十七师也从树林中冲下山来。顿时，整个山窝里枪声大作。村中敌人乱成一团。许多班、排来不及冲出屋门，就被浑身是水的红军踹开房门缴了械。此时，大雨还在哗哗地下着。屋外，伸手不见五指，到处是"缴枪"的喊声。

突然，村庄正中爆出激烈的枪声，一大股敌人猝然发动反扑，顺着村中的泥路冲杀出来。散布在全村忙着抓俘虏的红军急忙相互靠拢。就在这一瞬间，红十七师一位刚刚伤愈、空手赶到战场找部队归队的副营长甩掉肩上的粮袋，顺手从别人身上抽了几个手榴弹，高喊一声"跟我来"，就劈头盖脑地朝敌人扔过去，背后迅速跟上一些战士冲杀，敌人的反扑就这么烟熄火灭了。但陈耀汉却带着他的特务连乘机溜走。

晚上八、九点钟，战斗不到两小时就胜利结束了，陈耀汉的师部、一七四旅（除三四八团外）和山炮营全部被消灭。红二、六军团以前没有缴获过山炮，这次一下缴获了两门（其中一门山炮现在军事博物馆展览），大家非常高兴。

至此，国民党军陈耀汉第五十八师除三四八团得以幸免外，其余全部被歼。

陈耀汉师被歼灭的次日，红二、六军团乘胜赶走陈师残部第三四八团，收复桑植县城和永顺、大庸县的部分地区，继而向湘敌的侧后迂回。敌各路“围剿”军见第五十八师覆灭，纷纷后退和收缩。湘军李觉纵队、陶广纵队等部纷纷后撤至慈利、潭口。北路鄂军张振汉纵队由茨岩塘逃回龙山，再往来凤，于5月初退守长阳、渔洋关地区；敌暂四旅向郭汝栋纵队靠拢，集中固守塔卧；侵占塔卧的敌军郭汝栋纵队也跟在湘军后面东撤。红二、六军团打破了敌人对湘鄂川黔革命根据地的第一次“围剿”，并由守势转为攻势，由被动转为主动。

陈家河、桃子溪战役，俘虏了大量敌人，缴获大批武器、弹药，还缴获了两门山炮。其中一门随军长征，参加过抗日战争和解放战争，现存北京中国革命历史博物馆；一门山炮在长征中，掩埋于云南。这是我湘鄂川黔革命根据地军民反“围剿”的一次重大胜利。

陈家河—桃子溪战役的胜利，是在遵义会议确定的军事思想指导下取得的。这次胜利证明了中革军委2月11日和4月5日的指示是英明的、正确的。这次战役胜利与反“围剿”第一阶段的情形形成鲜明的对比，成为湘鄂川黔革命根据地由几乎放弃到发展壮大的转折点。

（五）围困龙山

陈家河、桃子溪战役后，军委分会总结了经验，分析了敌情，决定按照毛泽东同志的战略战术原则，把主力部队转移到外线作战，在鄂西敌人战役纵深内寻找战机，消灭残余之敌。1935年6月9日夜晚，红军围困宣恩县城、攻下铜鼓堡。徐源泉唯恐宣恩失守，恩施难保，长江交通受到威胁，急忙命令纵队司令兼四十一师师长张振汉率领来凤、李家河地区的敌主力部队前来增援。6月12日，张振汉以四十八师的第一四四旅、保安五团和新三旅的一个团为右路支队，由李家河经冉大河、三叶台向前推进；以四十一师的第一二二旅为中路支队，由李家河经关口、老义口、韭菜园向前推进；以四十一师直属部队和第一二一旅为左路支队，由来凤经甘家沟、三堡岭向前推进。6 月 14 日，红军经过三天三夜英勇顽强的奋战，取得忠堡战斗胜利，歼灭了敌四十一师师部、一个整旅、一个山炮营、一个特务营，俘虏了 2000 多敌军官兵，缴获了 2000 多支短枪、数门山炮和其他许多战利品。

忠堡战斗后，红二、六军团又开始了龙山围困战。围困龙山的依据是：

第一，敌人在半个月至 20 天内增援部队没有到达的可能（鄂敌在忠堡惨败后，一时不能增援；湘敌因粮食困难，亦不易远道进援）。第二，守城部队（一团白军及一个保安团，只有 1400 多人）及城内居民共约万人，没有存粮（居民依靠逢场买米），至多只能维持 10 天到半月的给养。第三，守城部队炸弹极少，工事不甚坚固，在地形上我们容易接近城垣地带，可以实行坑道破城。第四，龙山城攻下后，来凤孤立，可能逼退驻守来凤之敌。我们若能取得龙山、来凤（两城只距 15 里），在地理及其他条件上最适宜作我们基本根据地地区。

围城战斗从 1935 年 6 月 23 日开始，持续了 35 天。在这期间。省委根据苏区重心已经向北推移的情况，重新调整了行政区划，将红军所控制的桑植、慈利各一部地区合并，以空壳树为中心成立了慈桑县；在新占领的地区，以茨岩塘为中心成立了龙山县，以沙道沟为中心成立了宣恩县，并在该地区初步发动了群众，吸收了一批新战士，休息整编了部队。

在作战方面，红军起初曾用坑道作业配合袭城行动，但没有成功，以后即着重进行了打援战斗。7 月 3 日，红六军团在永顺洗车河线上之小井击败增援的鄂军独立第三十八旅。7 月 15 日，红六军团在咸丰、来凤线上的胡家沟，打击了增援龙山的黄新纵队（共 5 个团），红十八师参谋长马赤、红十七师第四十九团政治委员段培钦阵亡。这三次打援，或阻止了敌人前进，或仅给敌人以杀伤，都没有达到歼灭敌人有生力量之目的。最后对龙山城又进行了一次袭击，也没有成功。战后，任弼时政委在总结时说："经过 30 天围困，城内居民饿死的日多，敌守兵已把菜叶、草根食尽。但最后我们未能攻占龙山城而撤退，原因和教训是什么？第一，是敌飞机能每日供运少数粮食，将毙之敌得以苟延。我们对这一点事前没有估计到，而对空射击技术又太差，未能阻止敌机降低到 300 米以内的投掷粮食的动作。第二，我们坑道作业技术太差。我们挖掘的地道已经超过了城角还不知道，被敌人从城内掘毁。第三，我们未能及时利用最好时机袭城（有一晚通夜大雨，城墙周围敌之照明灯均熄灭）。最后袭城时，我们动作与技术上差。第四，在困城时，对城内守兵及居民的宣传号召，未能达到发动白军士兵及居民暴动哗变的要求。”

贺龙后来指出：“围龙山，主要是想消灭陶广、陈渠珍的。那仗未打好，围城也未围好……原来围城、打援、休整，后来改为围城、休整、打援，是被动的，分散了。”

由于几次打援都没有大量歼灭敌人有生力量，湖北来凤守军得到了加强，陶广纵队又集中 10 个团继续增援龙山。这时夺取龙山、来凤的可能性已经不存在，红军遂于 7 月 27 日主动撤围，转战到南石，寻求新的战机。

在围困龙山战役中，红六师参谋长向国登阵亡。7 月 28 日，撤围的第二天，红军连夜南下，打击增援龙山的陶广纵队。次日 9 时，红十七师和红四师、红六师在招头寨以北地区与陶广纵队遭遇，激战一天，阻止了敌人的前进，但部队伤亡较大，红十七师师长苏杰、第五十团政治委员方振声、第五十一团团长黄林阵亡。

（六）板栗园之战

在红二、六军团围困龙山时，蒋介石为了加强对红军的“围剿”，决定将从江西调到利川的第八十五师拨归徐源泉指挥，并另从江西湖口调第二十六军的一个师接替第三十四师的防务，让鄂军集中作战；同时，命令湘、鄂军队从南北两个方向夹击红军。这时，徐源泉的兵力虽然得到了加强，但因他的部队屡遭红军打击，已经丧失了进攻的勇气，他所关心的只是如何将部队推进到湖北边境，防止红军再入鄂西。徐源泉于 7 月 30 日和 8 月 1 日先后命令驻太平镇的第三十四师两个团和驻高罗的第四十八师一个旅推进到沙道沟地区，驻小关的第八十五师开到李家河。另外，命令驻高罗的暂四旅以一部兵力占领水田坝，驻来凤的第一二三旅占领李家河，以掩护其第八十五师、第三十四师和第四十八师的开进。

红二、六军团在徐源泉发出开进命令的当天，就从截获的电报中明悉了他调整部署的计划。军委分会分析了这个计划后，认为敌谢彬的第八十五师新到鄂西，对当地各方面的情况都不熟悉。第八十五师所经路线，道路崎岖狭窄，不利部队行动、展开，沿途多经深谷大峡，两边崇山密林，不利其搜索和展开。红二、六军团的指挥员们甚至充分考虑到谢彬部队是从自己一方的纵深往前沿开进，戒备不会严谨。鄂西其他敌军都分守在几个县城和较大的集镇上，点与点之间空隙很大，这很有利于红军的进出。因此，军委分会决定集中红军主力，再一次进入鄂西敌人的战役纵深，利用第八十五师的弱点，以伏击或截击手段将其歼灭于运动之中。

红二、六军团的行动是分两个步骤进行的。第一步是麻痹敌人和破坏敌人整体开进部署。1935年8月2日，鄂军由太平镇、高罗和小关等地开始行动。同一天，红军由龙山之兴隆街突然向北进到沙道沟附近。红军这一行动，造成了徐源泉的错觉。他认为红军企图打击由太平镇和高罗向沙道沟前进的第三十四师或第四十八师的一四二旅，便立即命令这两路部队停止行动，严加戒备。第八十五师认为红军是向北行动，并且沙道沟距离他们的运动道路也较远，所以，仍然按照原计划行动，于当天下午进到了宣恩以南的上洞坪。来凤的第一二三旅也占领了李家河。这样，红军就取得了进入鄂军战役纵深和前出到第八十五师翼侧的有利条件。

第二步是歼灭国民党军第八十五师。8月3日晨，第八十五师贸然继续前进。这时，红二、六军团主力突然改变行动方向，从高罗和李家河之间直插敌人纵深，沿山间捷径向西南急进。11时，红二军团赶到了第八十五师必经的板栗园东侧的利福田谷地。任弼时、贺龙、关向应、王震、李达等红二、六军团总部首长云集山头，观察着脚下的山谷。这个谷地处在板栗园与李家河之间，可通湘西龙山。这是一条群山夹峙的山冲，长不过18里，宽不足1里。南侧是陡峭难攀的裸岩，北侧山上坡势稍缓，却满是茂密的丛林，利于隐蔽。红军因取得了先机之利，即以红四师和红六师组成一个梯队埋伏于谷地北侧之安家坡山上，待机歼敌。

这时，敌第八十五师（欠一个团）刚进到利福田西北七八里路的板栗园。由于红军行动迅速，隐蔽良好，该师完全没有觉察到红军的伏兵。这一天正逢赶集日。顶着烈日小心翼翼赶路的谢彬从集镇外用望远镜观察着熙熙攘攘赶集的山民，那些挑着的、摆着的柴担、山货、家具、蔬果和镇外种地、砍柴、钓鱼而来的百姓，加上接到从李家河返回的侦察分队报告“李家河街上很安静，李家河的友军住在碉堡里”，让谢彬原来有些紧张不安的心情顿时放松了下来：“地方非常平静，看来红军离这里尚远，前面又有友军占领坚固阵地掩护，现在第一要着，就是尽快地赶到目的地。”遂继续按第五一〇团、特务营、师司令部和第五〇五团的行进次序，沿河谷地道路向李家河前进。又渴又饿的官兵们请求在板栗园打打尖。谢彬眼睛一瞪：“胡说，今天必须尽早赶到李家河。”他不便说出口来的是“不怕一万，就怕万一。万一天黑前还在路上行军，红军得到消息攻打过来该如何是好？”

敌第八十五师的官兵们在谢彬的督催下来到利福田山谷入口。谢彬先是谨慎地派出尖兵搜索，并找来两个打柴的“山民”询问情况。谢彬坐在树荫下摆放的滑杆里问：“附近来过队伍没有？”两个“山民”显得有些恐惧：“没看见，长官，没有队伍来。”谢彬突然厉声喝问：“真的？”两个“山民”吓得直哆嗦，浑身乱颤着哀求：“长官，饶了我吧，我们都是本分人，真的没看见什么队伍呀。”谢彬直愣愣地盯着他们一会儿，终于信了。他接着又改口问：“这条山冲有多少里？”“有 10 多里，路好走。”两个“山民”立即答道。愚蠢的谢彬哪里知道，这两个胆小怕事的“山民”竟是红二军团侦察队两个艺高胆大的侦察员。

浓绿的丛林中又闷又热，汗水淋淋的红军指战员们在山上新挖的工事里目不转睛地盯着谷口的敌人。

12 时左右，谢彬率部放心大胆地走进了利福田谷地，走不多远，就完全进入了红军的伏击圈。这时，两侧山脊上担任侧卫的部队叫苦不迭，路太难走了。谢彬不假思索地命令：“撤下来，队伍在谷中原地休息。”4 个卫兵抬着的白布凉篷遮阳的滑杆落地，谢彬把肥滚滚的身子从轿椅里钻了出来，副官连忙递上望远镜。他接过来，朝谷地两边的山上看起来。戴着树叶伪装的红军战士们一动不动地伏在地上。满山谷都回荡着聒噪的蝉声，这种平常不过的嘈杂声既让热得浑身油汗的谢彬感到厌烦，又使他觉得有些安心：看来，情况正常。这时，谢彬叫警卫部队的机枪手向两侧山上的树丛中射击。几梭子弹过后，除了仍然聒噪的蝉声中夹杂着枪声在山谷中的回音之外，什么动静也没有。经过这番火力侦察，谢彬缩回滑杆上躺着闭目养神。那些又饥又渴、热得不耐烦的士兵们很快四散开来，横七竖八地在草坪上、树荫下、溪沟边躺下来。他们一个个解开衣扣，敞胸露肚地拿军帽扑扑打打地扇凉，有的干脆脱了衣服泡在溪沟里洗澡。

红二、六军团设在山顶上的指挥部里，贺龙正在全神贯注地盯着猎物。忽然，他拿出烟斗装烟丝，划根洋火点着，狠狠地吸了两口，习惯性地摸摸胡子，下令说："可以打了，下命令吧。"

山顶上清脆地响了3枪，红四师首先向敌人开火，两边山腰的几十挺机枪立刻沉闷地响成了一片，将敌前卫第五一〇团紧紧地压制在谷底，接着发起多路突击，一举将第五一〇团的大部歼灭于三灵沟、谭家岩地区。这时，第八十五师特务营和第五〇五团两个营见状匆忙展开，企图抢占红军伏击地西南的莫家坡大山，以稳住阵脚。第八十五师各级军官们纷纷抽出指挥刀，来往奔跑着驱赶自己的士兵。很快，他们便镇定下来，并迅速展开。士兵们取下了身上背着的十字镐、铁锹，在同伙的掩护下，飞快地挖起了工事，3个营的人马则一窝蜂地朝莫家坡飞奔，企图控制高地与红军对峙，以稳定阵势掩护主力。

贺龙通过望远镜把一切都看在眼里，他立即命令红六师第十六团迅速赶到山底，红六师得令后，以最快的速度沿着山脊奔到莫家坡，在山顶一线排开，只等敌军前来送死。

谢彬的五一〇团一边从正面冲击，一边占领四面的山岩、坟堆、土坡，用猛烈的火力压制红军第十八团的阵地。团长贺炳炎在阵地上不顾一切地跑来跑去，从这个营到那个营，从这个连到那个连，忙着指挥："你当营长，给我打呀。""你代理连长，往那边冲。快去，搞掉那挺重机枪。"不一会儿，2000多人的红军第十八团因地形不利，即已伤亡近半，3个营长已牺牲2个，只剩下三营营长曾其云，连排长更是换了好一批。在这种情况下，贺炳炎只能临时指定人手接替。谢彬的五一〇团拼着老命冲击一次又一次后，终于在更为顽强的红十八团面前犹豫了。

贺炳炎看出敌人最后一次冲锋极为勉强：稍冲一下子，就停住了。他抓住时机下令："冲锋号。"一阵号响，红军第十八团的1000多人挥着大刀、挺着枪刺，跳出工事向敌军冲过去。这时，刚刚消灭莫家坡上3个营敌军、跟着残敌追到沟底的第十六团和红四师也立即投入战斗。红六军团第十七师也从左翼投入战斗。

敌五一〇团残部跑了几步发现无处可逃，转身又向第十八团反冲锋，双方完全混在一起肉搏。那些厮杀、扭打在一起简直难以分辨哪个是红军、哪个是白军：都是浑身血迹的光膀子，血和汗水、泥土糊在身上裤子上，根本分不清是敌军的灰色军裤，还是红军战士的杂色服装。

贺炳炎按住性子，站在略微靠后的指挥位置上，只要看到敌人给压缩成堆，他就马上叫人去冲锋。就这样，谢彬的五一〇团在混战中时聚时散，人数越来越少。到最后，剩下的敌人终于吃不住劲，转身飞逃。

在土围子里，谢彬起初还在声嘶力竭地督战，狂喊："冲，冲。"这会儿，眼见得五〇五团主力两个营和特务营在莫家坡上被歼，五一〇团也已气数将尽，心里预感到大势已去，便下令残部一个营和溃兵们集中死守内外阵地。

红四师师长卢冬生指挥部分队伍把土围子围住，并立刻下令冲锋。这时，敌人以极其狂猛的火力拦击。一颗迫击炮弹在卢冬生身边爆炸，灰土迷住了眼睛，他使劲揉了几揉，高喊："冲，冲出去。"话音未落，他的身子就一晃栽倒在地上。几个战士抢上前来，抬起他就走。他却挣扎着："抓到谢彬我再走。"那些战士哪里由得他。就在不远处指挥的贺龙赶快命令："快，喊铁匠当师长攻打土围子。"

刚刚解决五一〇团的贺炳炎正在收拢队伍，总部骑兵通讯员来传令："总指挥部命令十八团团长贺炳炎同志立即代理四师师长，坚决消灭敌人。"

贺炳炎不假思索喊了声："跟我来。"司号员立即吹起冲锋号。在一种战斗精神的鼓舞下，红军第十八团的1000来人一阵风似地冲到土围子跟前，许多人边跑边脱上衣。红四师、红十七师的官兵正拼命压制谢彬警卫营的火力。

贺炳炎看了看围子周围的情况，就要跟着前面的少数同志往墙根冲。跑在后面的三营长曾其云抢上去一步，拉住贺炳炎的一只手，再猛地抱住他，急切地喊："这个围子你去不得，我不让你去。"

贺炳炎挣脱开来，深情地望了一眼朝夕相处的战友，然后说："好吧，你带头冲，小心点，我组织机枪掩护你。"

在贺炳炎的指挥下，几挺重机枪集中火力只打土围子上沿那些露头之敌。粗大的重机枪弹头把一排接一排不断冒出的灰军帽连同一层层墙头泥削得不见。

很快，土围子上再也无人敢站起来冒头，敌人的火力大大减弱了。冲锋的部队乘机拥到墙根下，挽臂踏肩地搭起两人高的人梯爬墙。先上的战士几乎清一色的光膀子，各抓几个开了盖的手榴弹。他们一翻身就不见了，接着墙内就接二连三地响起了爆炸声。随后，围子大门猛地打开，一群高举双手的俘虏神色慌张地走了出来。激烈轰鸣的爆炸声和枪声立刻平息下来，使人觉得分外沉寂。

此时，太阳已经偏西，长长的山影拖住谷底。南北两面远远传来枪炮声，那是阻击部队在与谢彬的后续部队和李家河来的援敌交战。

贺炳炎沿着山中的大路慢慢地走着，望着遍地死尸和成堆的机枪小炮，他向红四师、红十八团各单位下令："粮袋可以丢了，缴获的枪炮弹药一定要带走，不准丢下一枪一弹。"

这时，一个战士跑来报告："团长，谢彬被打死了。"贺炳炎猛地转过身来，那战士嘴巴一呶："嗟，肥得像猪一样。"战士的身后，谢彬肥胖的身子歪在地上，脸部、头上都流着血。贺炳炎兴奋地问："好家伙，你打的？"那战士摇摇头说："听说先是肚子上挨了一枪，最后是自己用手枪打的脑壳。"贺炳炎有些失望地摇了摇头。

悠长的集合号在山谷中持久地回荡。夕阳的余晖里，贺龙提着缰绳牵着马，走过长满芭茅的田坝，走向正在集合的队伍。他满脸都是喜悦，望着浑身都是硝烟战尘的战士们，他高声祝贺："同志们，谢彬的八十五师全叫你们吃光了，下一个轮到谁呢？"说到这句话时，他的黑胡子朝两边活动开了。

"陈渠珍。"很多人这么答。他们耿耿于怀的是围了一个月没有攻破的龙山。然而，贺龙却摇了摇头，他说："陈渠珍那个可怜虫，再经不住打喽，我们做事也不要做得太绝了嘛。"

队伍里"哄"的一声爆出一阵开怀大笑。贺龙猛地收住笑容说："我想打的，不是王东原就是李觉、陶广，你们敢不敢？"

"敢！"山鸣谷应。

板栗园这一仗，红二、六军团歼灭谢彬八十五师一个师部、两个团以及一个特务营，俘虏1000多人，缴获长短枪将近1000支，迫击炮6门，弹药600多箱，银元6万块。正如贺龙所说的："这一回，又发了大财。"

板栗园战斗，是一个在敌军战役纵深内以伏击手段速战速决歼灭敌人的经典范例。胜利的主要原因是坚决地执行了中革军委新的作战方针，掌握敌情准确及时，战场选择比较适当，抓住了敌人的弱点，相对集中了红军的兵力，并且在作战手段上，机动灵活，声东击西，造成了敌人的错觉。

自1935年5月中旬军委分会决定对湘军取守势、对鄂军取攻势的方针，到板栗园战斗结束，前后仅两个多月，红二、六军团先后歼灭国民党军第四十一师、第八十五师两个师的主力，取得了军事上的重大胜利。实践证明，军委分会的决定是很及时、很正确的。

板栗园战斗结束后，回师南下的红二、六军团又在芭蕉坨一举击溃了陶广纵队的10个团。蒋介石在这接二连三的沉重打击之下，不得不放弃湘、鄂两省南北对进的"会剿"计划，命令两省军队转入防御，等待新的生力军的到来。

至此，红二、六军团胜利地粉碎了十余万国民党军对湘鄂川黔革命根据地的"围剿"，革命根据地形势趋于好转。

五、湘鄂川黔革命根据地的成功经验

湘鄂川黔革命根据地能够在极其困难的条件下创立，粉碎优势敌人的重兵"围剿"，并在根据地取得土地革命和党的建设的巨大成就，其成功经验是多方面的，也是极其宝贵的。

（一）认真学习和领会遵义会议精神

1935年1月，中共中央政治局在贵州遵义召开扩大会议。这次会议是在红军第五次反“围剿”失败和长征初期严重受挫的情况下，为了纠正“左”倾路线领导在军事指挥上的错误而召开的。遵义会议是中国共产党第一次独立自主地运用马克思列宁主义基本原理解决中国实际问题的会议。会议初步确立了以毛泽东为代表的马克思主义的正确路线在中共中央的领导地位，挽救了党、挽救了红军、挽救了中国革命，是中国共产党历史上一个生死攸关的转折点。遵义会议结束了王明“左”倾冒险主义路线在党中央的统治，确立了以毛泽东为代表的新的中央正确领导，把党的路线转到了马克思列宁主义的正确轨道上来。

遵义会议通过了《中央关于反对敌人五次“围剿”的总结决议》，充分肯定了毛泽东等指挥红军多次取得反“围剿”胜利所采取的战略战术的基本原则，明确指出博古、李德在军事上的单纯防御路线，是我们不能粉碎敌人第五次“围剿”的主要原因。《决议》还指出，在战略转变与实行突围的问题上，博古、李德同样是犯了原则上的错误。他们没有及时转变内线作战的战略方针，实行战略上的退却以保持主力红军的有生力量，从而贻误了时机。在突围过程中，基本上不是坚决的与战斗的，而是一种惊慌失措的逃跑的以及搬家式的行动。遵义会议精神对湘鄂川黔革命根据地的领导人很有帮助，使他们更清楚地认识到中国国内战争的一般规律及其特点，以及由此决定的红军的战略战术，从而坚决克服脱离中国实际和中国革命战争规律和特点的战略战术。

正是因为认真领会和贯彻了遵义会议精神，红二、六军团才纠正了许多错误的做法，使湘鄂川黔革命根据地沿着正确的道路发展。

（二）深刻认识到必须坚决战斗才能创造新的苏区

正如遵义会议后中共中央、中革军委所指出的：“新的苏区根据地就是在革命战争的许多胜利中创造起来与发展起来的。和平的创造苏区，完全是一种幻想。没有流血的战争就没有苏区。”在湘鄂川黔也是这样，如果没有红军指战员的浴血奋战，没有地方党组织和人民群众的牺牲、参与、支持、帮助，就决不可能有湘鄂川黔革命根据地的创建，即使创建了也没有革命根据地的巩固。因此，湘鄂川黔革命根据地的红军主力部队面对强敌，马不停蹄，采取灵活机动的战术，同进攻的敌人展开了一次次的血战。只有歼灭敌人，才能保存自己。一切都要靠艰苦奋斗。

（三）必须建立集体领导，团结一致创造新苏区

红二、红六军团在湘鄂川黔会师，如果没有建立集体领导，没有团结一致的精神，要创建和领导湘鄂川黔革命根据地，也是不可能的。正是因为两支部队胜利会师后紧密团结，顾全大局，特别是建立了集体领导，才得以正确地分析湘鄂川黔的环境和形势，提出并完成所担负的重大任务，灵活地运用国内战争的战略战术，各个击破进攻之敌。活跃在湘鄂川黔革命根据地的两支红军主力部队，在集体领导、团结一致方面做得特别到位。红二、六军团在省委及军委分会的统一领导之下，团结一致像一个人一样，发扬为苏维埃而奋斗的牺牲心，英勇善战，忍苦耐劳，上下级的互信，以及指挥机关指挥的灵敏，计划的周详，情况判断的正确等等。

湘鄂川黔革命根据地存在的时间虽然只有一年，但在中国革命和中国共产党的历史上留下了光辉的一页。我们要不忘初心，继承和发扬革命光荣传统，不忘革命老区人民的伟大贡献和牺牲精神，为实现中华民族的伟大复兴而努力奋斗。

第三章
湘鄂川黔革命根据地时期永顺人民的历史贡献

湘鄂川黔革命根据地时期，永顺县各族人民积极支持红军，为根据地的建立、苏维埃政权的巩固、根据地各项建设、反对敌人的反革命“围剿”、策应中央红军的长征、保护红军留下的重要文物等方面作出了巨大的贡献。永顺县人民立场坚定、一心向党，以永远跟党走的决心和精神品质，用大无畏的牺牲精神，谱写了一段光辉的历史。

一、参加红军，投入战斗

湘鄂川黔革命根据地时期，在反“围剿”战争开始后，永顺人民无论土家，无论苗、汉等民族，也无论男女老少，人人以不怕牺牲的精神投入了保卫苏维埃的战斗。永顺人民始终坚贞不渝地支持中国共产党领导的红军，对革命作出了极大的贡献。据初步统计，仅永顺一个县就有 8 万多人参加和支援红军作战，11800 多人牺牲，其中大部分人为少数民族。

红军反“围剿”战争的节节胜利，是与当地人民群众的密切配合和积极支援分不开的。根据地时期，永顺人民排除万难，艰苦奋斗，用自己的全部精力和满腔热血，抒写了一曲支援红军、建设苏区、保卫苏区的壮丽诗篇。

1934 年 10 月 24 日，红二、六军团会师时仅 7700 多人，其中有伤病员 500 多人。因此扩充红军的数量就成了当时最紧迫的任务。1934 年 12 月 16 日，湘鄂川黔省委在永顺塔卧通过了《关于创造湘鄂川黔边苏维埃新根据地任务决议》，提出了在三个月内扩大 12000 名主力红军的任务。永顺人民在红军的宣传发动下，积极报名，踊跃参军。例如，塔卧仓坪的蔡长全、龙家寨的马忆湘、岩板铺的全永山及其 3 个儿子、石堤溪区冷水沟的 40 多个苗族青年、杉木村的张金连及其女儿、泽家的田官文、桃子溪的熊满芝、毛坝的张桂香等就是在那个时期加入红军队伍的。扩红运动开展 1 个多月后，仅土家族、苗族聚居的永顺一个县报名参加红军的人数就达 1 万人左右。

由于永顺人民及根据地周边群众积极参军，红军队伍很快得到补充和发展。到 1935 年底，红二、六军团由会师时的 7700 多人发展到 20000 多人，有力地补充了红军的力量。红二、六军团在永顺及其周边发动的十万坪、陈家河、桃子溪、忠堡、板栗园等一系列战役的重大胜利，都凝聚着永顺人民的鲜血和生命，他们为湘鄂川黔革命根据地的开辟与建设、策应中央红军的战略转移作出了重要贡献。

二、支援前线，护理伤员

在革命根据地时期，战争频繁，永顺人民无论男女老少，都积极响应省委的号召，大力支援红军。他们冒着枪林弹雨为红军运送武器装备，为红军指路，护送和照顾红军伤员。

十万坪大战时，龙家寨人民群众用自己的桌子、椅子、门板等帮助红军堵住敌人的退路，把从战场捡到的子弹壳送到兵工厂作为制造武器的材料，还主动为红军指路。在永顺县龙家寨地区传唱着这样一首歌谣："龙家寨，十万坪，老百姓个个是红军，满街放的绊马绳，白匪跑也跑不赢。"这首歌谣，生动地反映了十万坪大捷中军民并肩作战、英勇杀敌的壮烈情景。

在反"围剿"战争中，护养伤员已成为根据地各族人民的自觉行动。他们既要与当地的地主武装周旋，确保伤病员的安全，又要克服重重困难，为伤病员筹粮备药，确保其早日康复健康，重返前线。

1935年农历二月中旬，永顺县有35名红军伤病员由塔卧抬到龙家寨的大寨村，当地17户贫苦农民主动承担了护理红军伤员的任务。红军离开后，白军转回，风声紧张，这17户农民把红军伤病员隐蔽在一个深山岩洞里，不漏风声，轮流看护，历时5个多月，没有暴露目标。后来全部由红军派人接走，安全转移到龙山茨岩塘。

在永顺，至今还传颂着“田三姐虎狼窝里护伤员”的事迹。田三姐是永顺杉木村后寨的土家族农民，丈夫彭家安是篾匠，常年在外做工。那时，乡苏维埃政府接受护养伤员的任务，田三姐主动要求护理一个大腿伤口发炎、化脓的红军伤员。当她把这个只有十七岁的红军排长小张接回家后，就声言这是她几年前失踪了的弟弟回家了，并给保长王安之送礼，给弟弟上了户口，巧妙地躲过了民团的多次清查。当小张的伤养好了后，田三姐又送他绕过封锁线，在桑植县的南岔找到了红军。

永顺龙家寨土家族妇女张心兰，当红军主力撤走后护养了三个红军重伤员，她与丈夫一起，想尽千方百计，让伤员吃好点，早治好伤，早返部队。在白色恐怖下，她与丈夫一起，用窝窝（大）背笼将伤员一个一个趁黑夜背到深山岩洞躲藏起来，躲过“义勇队”一次又一次的清乡查寨。叫她的父母平时照料，她想办法弄到点吃的东西和药，就借走娘家送去。由于她善于与敌人周旋，三个红军在她照看下养伤两年，伤愈后才离别了张家去找部队，张兴兰一家送了好几里路，依依惜别，三个红军战士感激得热泪盈眶。

土家族草医彭善华，暗地里收养了两个红军伤员。没有药品，他上山采药；伤口化脓，他用嘴一口口吸出脓汁。他还把家里的衣物变卖，换来鸡蛋、红糖为伤员滋补。经他这样精心照料6个月，伤员终于痊愈，回到了部队。

官坝游击队为保护红军伤员，120名队员全部壮烈牺牲。1935年初，官坝游击队正为反“围剿”进行训练，全体游击队员住在向家祠堂内。这时，地主武装近千人，趁夜包围了游击大队。匪徒们狂叫：“只要交出那三个红军就不杀你们！”当时，祠堂内有游击队124人，武器除了刀剑、棍棒，仅有6支枪，30多匣子弹。游击队员毫不畏惧，当即开枪打死土匪两个，从清晨坚持到早饭后，游击队员部分牺牲。敌人用其强大火力轰倒前墙一角。红军彭万祥边指挥边狠狠打击敌人，全体游击队员同仇敌忾。子弹打完，就用石块、瓦片飞砍，打得敌人不敢近前。匪首向因吾便带领众匪，向祠堂四周浇煤油，纵火焚烧。游击队员坚持到最后全部壮烈牺牲。

塔卧附近涂家台农民涂光模主动将家腾出来作为湘鄂川黔边区临时修械厂房，用于制造武器弹药。

龙家寨的被服厂里 120 多名工人中大多数是当地的裁缝和弹花匠，工厂为红军生产了大批的被子和服装。

永顺人民还为红军洗衣、做饭、缝被，为红军做鞋。据统计，仅永保、郭亮、桑植等三个县的百姓为红军所送布鞋、草鞋的数量就达到 27000 多双。永顺人民的这些革命行动有力地支援了红军，为巩固苏区政权作出了贡献。

根据地的游击队在反“围剿”中也起了重要的作用。1934 年底，永顺万民岗游击队共产党员王茂庆（土家族），带了 7 个游击队员到桑植一带开展工作，当他们返回万民岗时，突然被地主武装包围。王茂庆不幸被捕。为了解救其他 7 个同志和战友，王茂庆一口咬定说：“我是红军，其他 7 个是本地老百姓，是我喊他们来的，要杀只能杀我一个人。”结果，他被敌人惨杀在桃树湾的亭子边。永顺县九冲乡，有一个江西籍的红军战士马光在这里组织了一支游击队，1934 年腊月二十八晚上，由于叛徒的告密，他们的住址被地主武装团团围住，马光和其他 4 位同志手挥大刀、木棍，与破壁而入的敌人展开了肉搏，终因寡不敌众，全部英勇牺牲。1935 年 2 月下旬，永顺游击大队长、土家族王子雄带队在保靖县的起车、唐家坡一带活动，与国民党保靖县政府的义勇队遭遇，激战 5 个小时，29 名游击队员光荣牺牲。其中有盐井区苏维埃政府主席彭泽宗（土家族），肃反委员王道彬（土家族），招募员向金耀（土家族），催款员王大宝（土家族）等。队长王子雄，财务委员罗桂德，游击队员王金全，则在被捕后均遭杀害。

根据地的赤少队，也是人人摩拳擦掌，奋勇争先为反“围剿”战争做贡献。无论白天还是黑夜，他们布满关卡要道，五里一小哨，十里一大哨，构成由联合哨、递布哨、瞭望哨、境界哨相结合的一个个哨网，又把各乡哨网连成一片，汇成了岗哨的海洋。他们手持棍棒、梭镖，盘问来往行人，防备敌人的侦察与偷袭。

根据地的各族妇女，在反“围剿”斗争中也是一支了不起的力量。1934年底，永保县塔卧区涂家台乡的贫苦女青年向冬梅（土家族），任女儿队队长，带领妇女为红军洗衣服、做军鞋，还跟群众一道打土豪、分浮财，干得很出色。有一次，她和红军战士马光、张月胜等几位同志，到离涂家台十多里的九冲乡筹建乡苏维埃政府和游击队。当她到塔卧汇报工作后返回九冲乡时，得知马光等几位同志已被地主武装杀害，她只得隐蔽在九冲乡附近的一个山沟里。这时，有3个红军战士正被敌人从十万坪追赶过来，红军战士边打边退，眼看就要退到一个死沟里。在这紧急关头，她急忙跑出山沟，给3个红军战士指引去十万坪的路，然后自己往相反的方向跑去，把敌人引向自己一边。地主武装头子黄意山将她抓到，知道上了她的当，气急败坏地命令凶手剥掉她的衣服，用带刺的树条抽打，用小刀割肉，也没有从她口里得到半点关于苏维埃政府和红军的情况。她壮烈牺牲时，只有23岁。

各地妇女除直接上前线参战、送子弹、送茶饭外，还为红军浆洗衣服，缝剪纳补。永保县送交军鞋5200双，郭亮县送交军鞋5800双。当红军来到村寨宿营时，当地妇女总是事先把房子腾出来，打扫干净，铺上厚厚的稻草，并送来一个个南瓜，一把把青菜，一坨坨盐巴。她们宁可自己家里勒紧裤带，靠挖蕨打葛充饥，也决不让亲人红军挨饿受冻。

三、坚守阵地，珍藏遗物

1935年4月12日，湘鄂川黔革命根据地撤离塔卧，永顺人民继续坚守阵地，高举革命的伟大旗帜，与国民党反动派及地方反动势力的疯狂报复作艰苦顽强的斗争。

红二、六军团主力离开塔卧后不久，国民党反动派和地方反动势力重新占领湘鄂川黔革命根据地区域，并成立清乡委员会，组织地方各种反动武装势力，对永顺人民进行了疯狂的阶级报复。永顺的红军家属、独立团成员、游击队成员、赤卫队成员、女儿队成员及地方干部等很多同志都遭受了惨无人道的酷刑和血腥屠杀。

国民党政府为加强对根据地人民的镇压，从行署到县、区、乡，均成立了清乡委员会或“剿匪”指挥部，制定了清乡条例，采取“五户一组、相互担保”的法西斯手段，控制根据地人民的行动。从长沙、常德和山洞里回乡的土豪劣绅，迅速组织了“清乡队”、“铲共队”、“义勇队”、“还乡团”等反动武装，对贫苦农民尤其是苏维埃、农会干部，进行了疯狂的阶级报复。他们搜捕到红军家属、地方干部、赤卫队员之后，或挖眼割舌，或剖腹掏心，或淋油焚烧，或剥皮抽筋，使用的酷刑达数十种，惨无人性，残忍至极。多少根据地儿女遭惨杀，多少房屋被焚毁，多少财产被抢劫，多少山民被逼得背井离乡。

1935 年 4 月，地主武装丁晓峰部袭击抚志区苏维埃，区游击队长向振武被敌捉住，被剁成 80 多块。妇女会主任王妹子被几个土匪轮番戳杀，惨不忍睹。最后，土匪们将杀死的区苏维埃烈士们的头和手砍下，挂在抚志宫示众。

杉木村土豪、伪乡长向泽生见红军来了，将几箱财物藏在叠沟响沙坡岩屋里，后被人抄走。红军去后，向泽生带来 20 多个枪兵在西库叠沟刘仁成碾房旁架起铁锅，烧开桐油，丢下铜钱，逼着全寨人非摸不可，并声称：“摸得上无事，摸不上的要赔。”在枪兵威逼下，叠沟全寨 20 多个贫苦男女，除刘仁成的亲戚外，全都摸了。瞎子毛桂连一只手摸不到钱，只好双手下锅，弄得皮开肉绽，叫苦连天。凡是摸了油锅的手几个月才能诊好，有的近一年还做不得阳春（指春耕）。

永顺县塔卧乡苏维埃主席丁祖华，随军转移时被打散，后被还乡团抓住。敌人用打谷桶将他覆盖了三天三夜，然后轮番使用“背火笼”、“猴儿抱住”、“竹钉钉指”等酷刑，最后将他乱刀砍死，暴尸荒野。

永顺县万民岗苏维埃政府经济委员龚宗德，面对敌人屠刀，坚定地说：“你们的天下不会长久，红军一定会回来的！”永保县肃反委员、苗族龙老幺被敌人推上刑场时，凛然地说：“你们杀吧，红军一定会回来替我报仇的！”

灵溪镇的龙天应，西岐乡的罗二妹等永顺的优秀儿女就是在红军主力离开根据地以后，继续高举革命的旗帜，与敌人顽强斗争，最后献出宝贵生命的典型代表。

桃子溪桐木坪的廖云卿，敌人为了从其口中得到有关红军伤员和游击队员的下落，用尽了酷刑，土豪黄益山用刀子割去廖云卿的鼻子。然后又命人将煤油桶内烧木炭火，绑在廖云卿的背上，用绳子牵着廖云卿在田里打转转。叫人将廖云卿的裤脚扎紧，铲来热火灰，倒入裤裆里，将廖云卿手卷背上，用绳子捆住，上下扯动，然而他坚贞不屈，没有透露任何消息，最后被敌人乱刀砍死。

有一次，永顺县毛坝乡一地主豪绅返回家来，就贴出标语，恐吓群众，上面写着："旗是红军旗，是我打倒的；谁若再竖起，剥他脑壳皮。"没过多久，当地群众把标语改成："旗是红军旗，被你打倒的；我今再竖起，算账定找你！"

凶残敌人对永顺的干部群众进行了野蛮的屠杀，仅在龙家寨杀害的干部群众就达400多人，塔卧被杀害的900多人。但是永顺人民并没有屈服于敌人的凶残暴行，他们与敌人进行了顽强的斗争。

红军离开塔卧后，敌人大肆搜查、焚毁红军的遗物。永顺人民冒着生命危险珍藏红军的遗物，盼望红军的归来。塔卧区桃子溪乡的一位烈士后代，为了躲过敌人的追查，将湘鄂川黔省委的宣言收藏在自己家墙壁的缝穴里，巧妙地保护了红军的遗物。根据地时期，红军伤员赠给石堤西冷水沟苗寨的一位妇女同志一册地图，该同志将其视为珍宝，秘密地隐藏起来，新中国成立后，将其捐给了政府。

还有的农民为了保存好红军留下来的标语，防止敌人将它铲掉，用厚厚的石灰将标语糊住，或是糊上一层废纸。一些红军家属和烈士后代，把亲人遗留下来的物品如军衣、军帽、印章、旗帜、文告等等，用油纸包扎好，封上蜡，用坛子装着，埋在地里。无论反动派是怎样三令五申，不准唱红军歌曲，但《不打胜仗不回乡》、《马桑树儿搭灯台》、《十送我郎当红军》等红色歌曲和《红军围龙山》、《红军大战十万坪》等三棒鼓和渔鼓词，仍在根据地人民中广泛流传。

永顺人民还用各种方式千方百计地保留了红军的文件、书籍、标语、口号等革命文物，至今，在永顺连洞谢家祠堂的墙壁上都还可以看到“彻底粉碎敌人五次围剿”的红军标语。

如今，这些珍贵的革命文物，已经成为传承红军精神，培育和践行社会主义核心价值观的宝贵财富。

四、红十八师策应主力突围

为了牵制敌军，掩护红二、六军团主力实行战略转移，湘鄂川黔省委、军委分会决定红十八师留守在根据地中心区域桑植、龙山一带，坚持根据地的斗争。

红十八师是一支坚强的部队，很多红军战士系永顺人。师长兼政委张振坤是有名的游击战专家，参谋长为刘凤，政治部主任为李信。下辖两个团：第五十二团，团长樊孝竹，政委刘诚达；第五十三团，团长刘凤（兼），政委余立金。这两个团加上师直机关干部、野战医院工作人员、苏区地方干部，约有3000余人。1935年11月4日，省委和军委分会在桑植刘家坪召开会议。研究反“围剿”问题，会议决定实行战略转移，突破敌人围攻线，转向湘黔边，争取在黔东创建新的革命根据地。

红二、六军团主力突围之前，萧克、王震和张振坤等召开团长、政委、参谋长以上干部会议，就红十八师行动作了详细研究，并自上而下进行了动员。之后，红十八师做了三件事：一、派出政治工作干部，深入桑植县城及附近农村，向群众解释主力红军突围的原因；二、动员群众开展坚壁清野，造成敌人因十室九空而难以站稳脚跟的困境；三、发动党、团员和赤卫队员乘夜潜入敌军驻地，扰乱他们阵脚，使之得不到安全休息。

红军主力突围之后，敌军进占永顺、大庸等地。躲在深山岩洞的地主武装卷土重来，许多苏维埃政府遭到破坏。这时，原省委委员刘士杰蓄谋投敌，被省委警卫营在湘鄂边捕获,后经批准枪决。湘鄂川黔特委书记方汉英(一说是龙、永、桑中心县委书记，一说是龙山县委书记），也被地主武装杀害于茨岩塘。这些情况的连续发生，说明红十八师面临的局势是多么艰难和险恶!

1935年11月18日，红二、六军团正式下达了突围命令。红军主力出发后，为了牵制敌人，张振坤师长率领第五十三团的一营和地方游击队近500余人，从龙山兴隆、茨岩塘出发，南下永顺、保靖，发起佯攻，调动湖南方面的敌军，然后又迅速北撤，返回茅坪、茨岩塘，并以第五十三团的第二营、第三营固守茅坪，以阻击湖北方面的敌军。

主力突围成功之后，为执行军委分会关于“向北进攻，吸引北面敌人”的指示，师长张振坤于1935年11月20日率领红十八师和游击队500余人，从茨岩塘出发，向东北进击，经水田坝到桑植上河溪、猫子垭、五道水，在苦竹坪与敌孙连仲第二十六路军的两个团激战。随即撤出战斗，经两河口、陈家河、水田坝回到茨岩塘。其间，在撤退中有一船女兵（医务人员、地方干部）被截走。另一位红军连长向宽二所带领的部队在凉水口与敌遭遇，被围困在莫家塔的一个山洞里，冲出重围后，只剩下30余人；后又在沙地坪遭敌阻击，直到弹尽粮绝，全部壮烈牺牲。

红十八师在短短的十来天时间内，时东时西，数百里的奔袭，经历了多次激战，承受了重大的牺牲，用生命与鲜血掩护主力实现战略转移。驻扎在桑植县城、洪家关、上河溪的五十二团第一营、第二营、第三营奉命向茨岩塘集结，重新布防。这时，形势越来越紧急。因为敌人知道红军主力已突过澧、沅封锁线，留在根据地的兵力不多，于是加紧向根据地压来。陶广纵队的钟光仁师，新编第三十四师的周燮卿旅、顾家齐旅，孙连仲的第二十六路军，徐源泉纵队的独立第三十四旅、第三十八旅，从四面向根据地中心合围推进，反动团防武装也积极配合。他们妄图将红十八师重重包围在南北10余里、东西40余里的茨岩塘地区予以消灭。

面对强敌，红十八师发扬大无畏的革命精神，依靠根据地人民的支援与配合，充分发挥游击战争的威力，与敌人展开英勇顽强的斗争。坚守茅坪的第五十三团第二营、第三营，以顽强的战斗打退敌人多次进攻。10月21日，敌军300余人在飞机、迫击炮、机关枪的掩护下，向红军前沿阵地反复冲锋，妄图突破红军防线，占据茨岩塘中心革命根据地。事先当地干部和群众为红军赶制了大量竹签，埋插在阵地前半山腰二三百米处，当敌人冲至竹签埋设区时，营长一声令下，密集的子弹射向敌群，敌军在一片惨叫声中，死伤无数。直到红军主动撤退之前，茅坪防线始终未被敌人突破。

12月初，敌新编三十四师周燮卿、刘文华等部，避开红军坚守的茅坪阵地，从兴隆街、望乡台、红岩溪、水沙坪一线向茨岩塘压来。红十八师决定主动撤出茨岩塘根据地，往东北突围。3日，驻龙山兴隆街的第五十二团撤回茨岩塘；7日，红十八师3000余人分批次撤出茨岩塘地区。其中，第五十二团和地方干部、游击队，从包谷坪突出重围，经水田坝、耳洞坪进入桑植县的新街、陈家河、仓关峪，然后转移到沙塔坪。第五十三团则经杨家界、水田坝，插进桑植县的猫子垭、五道水，直驱鄂西溇水西岸大山，威逼鹤峰县城，于当夜佯攻县城，第二天拂晓又急转南下，经桑植的五道水、芭茅溪，到达沙塔坪，与师部会合。红军一路上，边战斗、边收集地方干部，边扩红、边安置伤员，为尔后突围追赶主力做好准备。师长张振坤的战马在战斗中被打死，他与战士们一道，爬山越岭，涉水攀崖，给战士们鼓舞与信心。

12月15日，红十八师在陈家河召开誓师大会，动员坚定胜利的信心，突破重兵包围，与主力部队会合。16日，红十八师离开陈家河，开始了突围。17日抵永顺县的龙家寨，18日抵龙山县木油，准备经沙坪去招头寨，行至洗车河时，与何友松团激战至半夜，未能突破封锁，于19日绕过招头寨新编第三十四师周燮卿旅的封锁线，经弯塘到达比洞湖宿营。20日，以第五十三团为前锋，第五十二团、师直机关和地方工作人员为后卫，连夜急行军，在招头寨以北敌人防守薄弱的蓼芭洞突围。由于拂晓前红军一个连抢占了北山制高点，第五十三团全部、师直机关、地方工作人员和第五十二团一部共千余人，才顺利经过封锁线。第五十二团一营、野战医院及部分地方工作干部，因与前卫部队联络中断，误入敌人碉堡附近，被敌人火力封锁，大部分壮烈牺牲，只有很少部分逃散隐蔽和返回家乡。冲出敌人第一道封锁线的红十八师1000多人，于21日从卯洞上游一里许的浅水处，强渡酉水上游之北河。乘敌不备，一举夺下三个碉堡，抢占山头，掩护主力和师直机关涉水上山，全师顺利通过敌人凭险设防的封锁线。

渡河以后，红军进入湖北来凤县境，经新寨、舒家坪至漫水，途中与湖北保安旅接触，师参谋长兼第五十三团团长刘凤负重伤。红军在漫水整编，将第五十二团与师部警卫连合编为警卫营，原第五十二团团长樊孝竹改任第五十三团团长。接着，在湘鄂川三省交界的学堂堡、百福司一带与敌周旋，然后从漫水北指，经来凤的洗车沟、旧司，咸丰的忠堡，到宣恩的上洞坪、龙坪、小关，再经宣恩的大集场，抵咸丰的小村、李子溪、忠塘。29 日，从小水坪出发，经曾沟抵鄂川交界的朝阳寺。在小关，后卫部队第五十三团的一营与敌遭遇，激战 10 余小时，樊孝竹团长在战斗中光荣牺牲。团长先后由刘麟、苏鳌继任。红十八师再次冲破敌人的阻截，进入四川黔江县（今黔江市）境，顺利南下。1936 年 1 月 1 日，经甘溪进入酉阳草坝场（现属黔江）。接着，经高庄、楠木菁、菊花坝、三岔坝、双桥、金家坝、马蝗井、关子门等地，于 7 日进入贵州松桃县的甘龙，然后经石梁、烂泥坳沟、乌罗司和印江木黄，到达德旺、茶寨等地。1 月 9 日 ，红十八师胜利到达江口的磨湾红六军团驻地，与红二、六军团主力会合。军团长萧克和政委王震亲自带领部队到很远的地方热烈欢迎，赞扬红十八师这支拖不垮、打不烂的英雄部队。红十八师所部 600 余人缩编为一个团，归还红六军团建制。指战员们欢呼跳跃，欣喜若狂，热烈拥抱，一个个流下了激动的泪水。之后，红二、六军团召开了部分师以上干部会议，欢迎红十八师胜利回归。

红十八师的指战员们，在近两个月的时间里，在湘鄂川黔边广阔地区，跋山涉水，日夜奔袭，忍饥挨饿，风餐露宿，顶风冒雨，冲锋陷阵，冲破重围，与敌进行了大小二十多次战斗，出色地完成了钳制敌人兵力，掩护主力突围，然后与主力胜利会合的光荣任务。他们的英雄事迹，至今还在根据地广为传颂。

第四章
红色的记忆

湘鄂川黔革命根据地时期红军的重要文件、电报、通知、决议等，流传在永顺的民间歌谣，流传于永顺的红色故事等红色的记忆，是新时代老区人民在中国共产党的领导下同心同德奔小康、共筑中国梦的精神动力。

一、湘鄂川黔革命根据地时期红军的重要文件、电报、通知、决议

红二、六军团决定东进湘西给中革军委的电报

（一九三四年十月二十七日）

朱周：

1. 我二、六（两）军团明日向龙潭前进，到酉阳、龙山、永顺、保靖、永绥间；用口秀山附近民众根据地，且向凤凰、乾城发展。

2. 我们不直接向乾城、凤凰，有〈如下〉原因：

A. 凤凰、乾城、松桃，大半系苗民，武装多且极强，经常可动员万人，多受陈渠珍节制。

B. 廖、李口口口二十七日即进到乌罗司，分开堵我们，如我向凤凰、乾城，有被敌侧击之虑。

萧、王、贺、关

红二、六军团东进湘西途中给中革军委的电报

（一九三四年十月二十八日）

军委：

（一）根据总司令部及我们所得的谍报，敌五、一两支队在松桃、秀山间，三十四〈师〉龚仁杰在茶洞防。松桃之木沿河船只少，不能徒涉，且敌必防备。

（二）六军团除五十二团外，计三千三百余人，除留伤病员三百余人外，只存三千。二军团〈及〉独立师三千几百余人，卫戍及伤病员二百余，枪三千七百余。二军团每支枪子弹不过十发。

（三）在敌我及地方条件下，我们建议二、六军团暂时集中行动，以便消灭敌一二支队，开展新的更有利于两军团将来分开行动的局面。目前分开，敌必取各个击破之策。以一个军团力量对敌一个支队没必胜把握。集中是可以打胜敌任何一个支队的。且两军在军事政治上十分迫切要求互相帮助。

（四）今天两军行至酉阳、龙山道上的蚂蝗井才接到中央军委二十六日指令，因敌情地理关系，明日仍继续进到口口东四十里之板溪洼、分水岭一带。盼电复。

夏、贺、关、任、萧、王

中共湘鄂川黔边区临时省委通知

（第一号）

（一九三四年十一月二十六日）

（一）根据党中央电示，在湘鄂川黔边成立新的临时省委，为这个区域党的最高领导机关。以任弼时同志为省委书记，贺龙、关向应、夏曦、王震、萧克及张子意、刘士杰等同志及少共省委一人为省委委员。

（二）根据中革军委电示，在湘鄂川黔边区成立军区，以贺龙同志为军区司令员，任弼时同志为军区政治委员。

特此一并通知。

湘鄂川黔边区临时省委

于大庸城

湘鄂川黔省革命委员会没收和分配土地的条例

（一九三四年十二月一日）

一、哪些人的土地应该没收

（一）豪绅、地主、军阀、官僚、大私有者的土地、房屋、财产、用具须一律没收（但地主兼商人的，其商业及与商业相连的店铺、住房、财产等不没收）。

（二）祠堂、庙宇、公堂、会社的土地、房屋、财产、用具须一律没收。

（三）富农的土地应该没收（但富农兼商人的，其商业及与商业相连的店铺、住房、财产不没收）。

二、哪些人应该分配土地

（四）凡是雇农、贫农及农村工人、苦力须一律平均分配土地。中农土地是否拿出来与雇农、贫农一律平分，以中农群众自己的意见来决定。如中农群众中多数愿意平分，即使有少数不愿意，应即实行平分。如中农群众中多数欲保留原有土地，不愿意平分，应不实行平分；少数愿意平分者，仍给那少数人以平分的权利。

（五）乡村工人、苦力的家属须一律平均土地。工人家庭是富农和地主者，工人本身及其妻子依人成分不变更应分得土地，但家庭中其他的人照地主或富农成分处理。

（六）农村及本市镇独立生产者、医生、小学教员等失业者应分配土地（农村工人、独立生产者、小学教师、医生等人中有兼小块土地，因乡村不够维持生活，而将其小块土地出租，并非依为主要生活来源者应分配土地，不得当地主看待）。

（七）富农按劳动力与人口混合原则分坏田，即有劳动力者，按照当地每人分田数量分以坏田，无劳动力者酌量补以坏田，不能超过当地分田每人数量三分之二。

（八）凡在暴动前结婚的，地主、资本家女子嫁与工、农、贫民从事劳动依为主要生活满一年者，才可承认其为工人或农民或贫民成分。但工、农、贫民女子嫁与地主、富农、资本家者，如生活不与地主、资本家同等，而与工、农、贫民同等，或过同等生活不满五年者，依原来成分不变更。分配土地时依其成分处理（以女招郎及工、农、贫民以子女卖与地主、资本家及工、农、贫民与地主、富农互相以子过继者，均适用本条）。

（九）凡属豪绅、地主及反革命、富农的妻女，在暴动后用招郎的办法与工人、雇农、贫农、中农结婚，企图保存原有财产者，政府仍应将其财产、房屋一律没收，但分配房屋、财产时候，结婚的工人、雇农、贫农、中农应分得本人的一份。

（十）和尚、道士、尼姑、斋公、算八字的、地理先生等封建残余及基督教、天主教的牧师、神父，本人是以宗教为职吃饭的不得分配土地。如果是以宗教为副以耕田为主的，经群众赞成者可以分配土地。这些人的家属，如果不靠上述职业为生，而是工人、雇农、贫农、中农或是富农的，仍按照工人、雇农、贫农、中农或富农的地位分配土地。

（十一）豪绅、地主及其家属全家不得分配土地。

（十二）在暴动前后，有重大反革命行为的富农及其家属中参加了这种反革命行为的人，不得分配土地，并应没收其财产。

（十三）在革命以前，乡村小商人以做生意为主而能供给全家生活的不分配土地，如果失了业可以分田。

（十四）小圩场的贫民失业的，应该分配土地。

（十五）凡妇女出嫁时，土地由本人自由处理。

三、土地怎样分配法

（十六）应以乡为分配土地的单位，但据贫农、中农大多数意见，要以村为单位分配土地时，亦得以村为分配土地的单位。

（十七）雇农、贫农，中农、农村工人、失业独立生产者，应按照人口，将田地按好坏均匀，多少均匀去分配，但中农须按照自愿的原则。

（十八）茶山、竹叶山、杂粮山，可算成田亩或确定价钱，按照当地情形平均分配，富农只分得荒山。大森林应交苏维埃政府负责管理。

（十九）矿山须由国家管理，由政府决定租借或组织生产合作社开采，但目前应以租借为主要办法。

（二十）鱼塘可作田数或作价或合股养鱼去分配，只分养鱼不分水。塘水以灌田为主，养鱼为次。

（二十一）富农多余的耕牛、房屋、农具须没收，按照贫苦工农需要（没有或缺少）来分配。

（二十二）凡一切没收来的房屋、财产、耕牛、农具、用具，除留部分交苏维埃及革命团体应用，一部分救济红军家属、困难群众外，其余的分配给贫苦工农。

（二十三）政府及各革命团体工作人员，如果不是雇农、贫农、中农、工人、苦力与失业的独立生产者，一律不能分配土地。

四、红军土地怎样分法

（二十四）红军本人及家属土地的分配与贫农、中农一样，但须分得附近与不太远的地方（离红军家属家里）。

（二十五）长期在红军中服务的红军战士中地主、富农出身的分子，在他们坚决为工农利益作战的条件之下，不论指挥员，战斗员本人及其家属均有分配土地之权。但如被开除军籍者，则应收回其土地。

（二十六）留红军公田标准：每乡每人分得五担田以上的，每乡须留红军三人到五人的公田。如田多的地方，应多留公田，田少的地方（分不到五担田的），亦必须留出至少二人的公田，山林木梓不要留。红军公田主要的是发动群众耕种。耕牛、肥料、种子由群众自愿供给，必要时再由政府帮助，如在某种困难条件之下可以出私租，租额由租田人与政府商定。

五、租借买卖承继及其他

（二十七）凡属经过平均分配土地，土地革命的利益确系雇农、贫农、中农用得着的地方，应立即由土地部登记并发土地所有证，确定土地所有权，但分配不彻底的地方应即进行查田运动来彻底解决。如有土地革命的利益未为雇农、贫农、中农得着，而为富农得着的地方，便应由雇农、贫农、中农群众重新分配土地。

（二十八）土地分配后可以租借，但不能租借豪绅、地主家属，租谷多少由双方议定。

（二十九）土地分配后可以买卖，但不可以卖给豪绅、地主家属，土地价钱由双方议定。土地买卖须报告当地政府登记。

（三十）土地分配后实行家人承继，生的不补，死的不退，但死者无家属的，其土地由政府收回。

（三十一）被迫逃走了的工农群众，（除）逃跑首领外，余者一律分配土地，如耕种时仍未回家的，可由家属代为耕种，回来时作为租借论。但一年不回者，其土地得归政府收回。

（三十二）由工农出身当白军、保卫团、土匪、义勇队、民团、精选队士兵的本人及家属一律分配土地。但豪绅、地主、富农出身的不能分配土地。对保卫团、义勇队、民团、精选队、土匪、警察队、团丁、士兵，须在一年以内回来耕种，过期后本人土地可由政府收回。

（三十三）被欺骗加入反革命组织（如 AB 团、改组派、社会民主党等）的工人、雇农、贫农、中农等自首自新分子须照样分配土地，现在拘押者、尚未判决者，除富农外仍须留田。

（三十四）在分配土地时，应留出为了桥梁、渡船、茶亭及农事试验场等公共事业场而使用的土地。

主席：贺龙

副主席：夏曦 朱长清

中共湘鄂川黔省委制定的分田工作大纲

（一九三四年十二月十六日）

一、分田的意义

彻底解决土地问题是提高群众的政治觉悟与阶级觉悟，动员群众积极参加革命战争，巩固与发展新的苏区的主要条件。自龙家寨战争胜利以后，由于党与苏维埃的影响更加扩大，群众为粮食、为土地、为苏维埃政权而斗争的热情日益提高。由于我二、六军团红色战士与党的努力与团结，在中央路线与中革军委给予我们创造湘鄂川黔新的苏区与新的根据地的总的政治任务底下，积极组织与领导群众的斗争，我们在永顺、大庸、桑植等县广大地区内建立了许多乡、区的临时政权；建立了许多党与群众组织；组织了许多乡、区的游击队；动员了成千的工农群众加入红军；群众分粮、打土豪的斗争是大大地发动起来了。

摆在全党面前的紧迫任务是继续开展和深入农村的阶级斗争，求得这一广大区域迅速赤化与巩固发展，迅速动员更广大的群众参加快到来的新的决战，是目前工作中心一环。我们要用最大的努力求得在最短的期间（十二月份），将基本区域内的土地完全分配好，在分配土地斗争中创造许多新的经验，培养大批的工农新干部来开展和深入湘鄂川黔全省的土地斗争。分配土地是一个广泛的群众运动与残酷的阶级斗争，因此在分田当中应坚决反对一切脱离群众的官僚主义与非阶级路线，反对任何机会主义的动摇。根据我们过去分田与查田的经验草写成这一个工作大纲，以作分田的标准。须要同志们在分田的斗争中创造和收集许多宝贵的经验，新的工作方法与领导群众的艺术，以求得全省土地问题之迅速彻底解决。

二、分配土地的办法

1. 分配土地的运动是艰巨的残酷的阶级斗争，必须依靠广大群众的发动和动员。当然群众是迫切要求土地，党和苏维埃的土地政纲纯粹代表工农阶级的利益（是）毫无疑问的，定能获得广大工农群众的热烈拥护。但是要使党的关于平分土地的口号正确地在群众中执行起来，还需要许多艰苦的深入的宣传解释工作与组织工作，使广大工农群众深刻地了解而团结在党的周围。要在乡村屋场中广泛地宣传分配土地的意义与苏维埃的土地法、没收分配土地暂行条例和怎样分析阶级。要动员区、乡革命委员会团结当地积极分子（首先给他们教育，使他们了解），到乡村屋场的群众中去讲阶级，讲怎样分田。经过群众大会，贫农团、工会会员大会、赤少队、游击队队员会议以及晚会等来深入这一宣传到广泛的工农群众中去。

2. 分配土地是一个广大的群众运动，不是少数分田突击队和土地委员可以完成的。一切企图放弃组织群众参加分配土地的工作，一定要遭受失败。因此，在进行分配土地的宣传工作当中，必须紧密地联系着组织群众的工作。但一定要随着做宣传工作的时候，立即建立与广泛发展工会、贫农团的组织，组织群众参加村与乡没收和分配土地委员会。按照地区和工作需要，可以吸收积极的工农群众，暂时脱离生产来没收分配土地委员会，参加没收分配土地的工作（乡村没收分配土地委员会可在群众大会上选举，应注意吸引中农参加），吸收大多数的雇农加入农业工会，吸引整个雇农支部与不分年龄、性别的贫农及工人、贫农的家属加入贫农团，要使工会、农业工会、贫农团成为分配土地斗争中的先锋队与领导者。

3. 分配土地的运动是要把土地的果实完全落在工人、雇农、贫农、中农的手里，不让豪绅地主窃取一块土地，富农窃取一丘农田。这必须：（1）执行明确的阶级路线，清晰地分析农村的社会阶层，正确地判断各个阶级。首先要动员整个的雇农支部、贫农团和土地委员会去进行阶级调查、人口统计与土地数量和质量的登记（另有两种表格发下）。这里必须要反对由几个人挨家挨户登门造册的办法，以作延缓土地的分配。另一方面要反对放弃艰苦的从各种组织动员去口口口口，口口统计人口、土地、数量和质量，而只马虎检查一下，就召集群众的分配土地的方式。关于阶级分析、土地登记，必须动员工会支部、贫农团及土地委员会去进行调查与收集材料。登记户口、土地，不必挨户登门造册填表。应首先开工会、贫农团会议及群众举发地主、富农及一切异己分子，登记他们的土地、人口和剥削。应着重查清与登记地主、富农，同时应发动贫苦工农自动地迅速地来登记户口表。土地登记表则由土地委员会实际地到田野去填。已登记口口土地、户口调查表及从各方面所收集的材料，经过当地没收分配土地委员会的整理，即用大纸多写几张在大路旁及屋场中公布起来，使群众大家来看来评论。并须首先提交农业工会的会议讨论和审查，来彻底举发隐藏在贫苦工农中的豪绅、地主、富农等，然后再经过贫农团大会的讨论审查与举发。如工会组织的地方则又要经过贫农会议，最后再经过村或乡群众大会的讨论和通过。必须坚〈决〉执行中央政府的指示，最后决定阶级之权，要属于当地大多数群众。巩固工人、雇农、贫农与中农的亲密联盟，使豪绅、地主、富农等阶〈级〉异己分子无法假装贫苦工农。同时要防止把富农当地主、中农当富农，而进行消灭富农、动摇中农的倾向。（2）开展反对隐瞒土地的斗争主要的是要粉碎豪绅、地主、富农隐瞒土地的企图。这就要加紧群众的阶级教育，提高群众对于豪绅、地主、富农的阶级仇恨。打破地方界限与族姓界限，揭破地主、富农的改良欺骗与阴谋。反对个别受地主、富农利诱而包庇地主、富农分子。并且要严格镇压破坏分田的豪绅、地主、富农。（3）确定土地的所有权。在调查和登记土地、户口，判断阶级清楚以后，即由乡革命委员会经过充分的宣传与准备工作，召集全乡的群众大会，由土地委员会作详细的报告。经过群众的讨论与决定，原则上应以乡为单位分配土地。但如大多数乡要求以村为单位分配时，应即以村为单位分配。这必须征求大多数群众的意见，按照少数服从多数的原则，由全乡群众大会表决。中农的土地是否平分，必须特别集合中农，征求大多数中农的意见，由中农表决。经过群众大会决定后，再由乡革命委员会领导土地委员会协同工会与贫农团，按照群众的意见，根据没收和分配土地条例，实行以村或以乡为单位均匀分配。要留出红军公田与公共事业田。分配完毕则召集全乡庆祝分配土地胜利的群众大会，报告分配土地的经过，和通过某人分得某丘田；宣布确定他的土地所有权，给土地所有证；以后种得的谷子、麦子等都是自己的，不要交租给豪绅、地主、富农。

4. 分配土地的运动是农村中最残酷最尖锐的阶级斗争。豪绅、地主、富农等封建半封建阶级，几千年来奴役剥削贫苦工农，占有大多数土地，一旦被群众没收和分配，这是给了封建势力致命的打击。所以豪绅、地主、富农（封建与半封建阶级）必然要利用一切办法，明的或暗的进行破坏分配土地运动，或公开造谣和威胁群众，以及利用地主武装与勾引白军向我们进攻，或假冒贫苦工农钻进革命队伍秘密破坏。必须提高我们的阶级警觉性，严厉镇压分配土地运动中的反革命活动，洗刷投机的阶级异己分子。特别是要驱逐隐藏在革命委员会、没收分配土地委员会以及工会、贫农团中的豪绅、地主、富农，揭破他们破坏分配土地的阴谋和欺骗宣传。对于乡村的“大老板”须首先由革命委员会逮捕起来。

三、关于领导方式

1. 分配土地的运动，是目前党最基本的紧急任务，是一切工作最中心的一环。分配土地运动胜利的开展，将要推进着各项工作的成功。如果把分配土地运动与各项工作分离和对立起来，必要受到工作中的损失。必须抓住分配土地的中心一环，紧密地联系着各项工作，完成省委决定：各级党部扩大红军；发展党员；收集粮食；编制赤少队与模范赤少队；建立与〈扩〉大游击队的计划。

2. 在过去一时期内，有些地方工作同志表现出实际工作中的右倾机会主义以及官僚主义脱离群众的错误，这必然要阻碍分配土地运动的开展。因此，猛烈开展反对实际工作中的机会主义与官僚主义，是完成彻底分配土地的先决条件之一。

3. 分配土地运动的开展，毫无疑问地要涌现出千百万群众积极分子和群众领袖，这就加重了我们提拔和培养他们成为最好干部的任务。必须在分配土地的工作和斗争当中加紧他们的教育，使他们学习怎样管理政权与怎样领导群众，使这一批在土地斗争中培养的干部，能够动员去帮助落后区的分配土地运动，与担负其他新区的较重要的工作，以求得湘鄂川黔苏区工作的猛烈与迅速的开展，这是粉碎敌人五次“围剿”中我们的基本任务。

最后，分配土地的斗争，是要经过宣传及组织群众的艰苦的工作，需要更深入群众的组织的动员。但绝不能借口“麻烦”、“复杂”、“群众组织未建立好”等而延迟分配土地的斗争，耽搁土地长久不分配好。我们必须以突击的精神，组织强干的突击队，向着中心乡与重要的乡突击。一个乡的土地必须求得在十天上下分配完毕，并要求在十二月底彻底解决基本区域的土地问题。

中共湘鄂川黔省委

中央政治局关于战略方针之决定

（一九三四年十二月十八日）

各军团及军委纵队首长：

兹特电告中央政治局本月十八日关于战略方针之决定，此决定经你们传达至师及梯队首长为止。在部队中关于本决定之解释，总政治部另有训令。

中央书记处

中共中央政治局决定

（一）鉴于目前所形成之情况，政治局认为过去在湘西创立新的苏维埃根据地的决定，在目前已经是不可能的，并且是不适宜的。

（二）根据于：

甲、使我野战军于今后能取得与四方面军及二、六军团之密切的协同动作；

乙、在政治的经济的及居民群众的各种条件上，求得有顺利的环境，便利于彻底地粉碎五次围剿及今后苏维埃运动及红军之发展。政治局认为新的根据地区应该是川黔边区地区。在最初应以遵义为中心之地区，在不利的条件下应该转移至遵义西北地区。但政治局认为深入黔西、黔西南及云南地区，对我们是不利的。我们必须用全力争取实现自己的战略决定，阻止敌驱迫我至前述地区之西南或更西。

（三）在向遵义方向前进时，野战军之动作应坚决消灭阻拦我之黔敌部队，对蒋、湘、桂诸敌应力争避免大的战斗。但在前进路线上与上述诸敌部队遭遇时则应打击之，以保证我向指定地区前进。

（四）政治局认为，为着保证这个战略决定之执行，必须反对对于自己力量估计不足之悲观失望的失败情绪，及增长着的游击主义的危险。这在目前成为主要危险倾向。

（五）责成军委依据本决定，按各阶段制定军事行动计划，而书记处应会同总政治部进行加强的政治工作，以保证本决定及军事作战部署之实现。

中共中央政治局

中共湘鄂川黔省委关于新区党的组织问题决定

（一九三四年十二月二十二日）

一、湘鄂川黔边新区的革命形势与苏区组织上的中心任务

自省委提出在湘鄂川黔边创造新的苏区与新的根据地的任务以后，我英勇的红二、六军团团结在中央路线与军委统一战略意志之下，争取了几次战争的伟大胜利，掀起了湘鄂川黔边广大工农群众革命浪潮。城市工人斗争、游击战争与农村暴动是到处互相呼应着，临时革命政权是到处树立起来了。这一新的形势的转变，决定了湘鄂川黔党的严重的组织任务。

最近检查各地党的组织的扩大，以及党在斗争中的领导作用是远落于客观革命发展形势后面的。各县、区委与红军政治机关，对于发展群众革命斗争、建立临时革命政权与地方武装，虽得到了不可否认的成绩，然而对于党的当前许多组织任务还没有明确的了解。有许多乡村，游击队中、生产队中还没有建立党的支部，甚至没有发展一个党员。如桑植县有五个区，有五百以上的地方部队，包括十万以上群众的地区，而全县党员仅有五六十名。这证明桑植的党还只是在机关内而没有打进生产中、农村中、武装中去。这是一刻也不能允许的现象。

城市与农村的革命斗争，游击战争与临时革命政权胜利的保障，将依靠本党的路线的正确；依靠于党在每一街道、工厂、作坊，每一乡村、市镇，每一武装部队群众中领导力量的加强；依靠于党在生产中的堡垒（支部）去领导群众，去实现党的政纲、主张、决定和党所提出来的任务。因此，要求党以布尔什维克的速度去大胆吸引工人、雇农、贫农中的先进分子入党。建立每一乡村、市镇与每一武装队伍中党的支部。动员组织与领导他们参加保卫新区的斗争与粉碎敌人五次“围剿”的斗争。

二、广泛进行征收党员运动，强固党的无产阶级基础

在新区“党应大开其门，让志愿者来加入队伍”。要反对任何不相信群

众的右倾观点与“左”的关门主义。当然对志愿者应经过详细审查，严格防止地主、富农、投机分子混进到党内来。党应经过支部或自己派出之代表在各种斗争，尤其在工人斗争中，广泛宣传党的主张、政纲和策略及在共产党领导之下的苏维埃和红军的胜利与成功，进行征收运动。

新区党应严格注意强固无产阶级基础，大批吸收无产阶级和半无产阶级中的先进分子入党。在永定等大的城市中应成立以产业为原则的支部，即按照各职业工厂、作坊，成立单独的党的支部。在小的城镇中亦应划分党的各小组，以加强党对各业斗争的领导。

三、加强支部工作，健全区委的领导

各级党委必须面向支部，立即派人去召集各支部的支部大会（在游击区召集代表会），检查支部工作。以后必须定期召开支部会和小组会（游击区只开小组会），经常讨论上级的决议与当地群众斗争问题。必须随着发展党的运动中扩大支部委员会的组织，划分支分部和小组支委会，应按照新的分工建立常委，至少五天召集一次讨论和布置工作。各县委区委应培养支部干部，并选择几个中心乡建立中心支部与模范支部。

健全区的领导机关不是依靠上级派干部——这在目前是不可能，并且是不适宜的，而是要从斗争中大胆地吸引当地有信仰的积极分子，特别是工人、雇农分子参加区委常委。并有五个到十个不经常脱离生产之巡视员经常出席支部会议，帮助支部执行党的决定与解决一切问题。区委应经过区革命委员会、肃反委员会及工会的党团，去加强对于政权与群众团体的领导。

新区党的组织应保存着秘密或半秘密的状态，只有一定的干部完全公开（如只公开支书、乡苏工作委员、军委委员等），其余的干部和党员都应以工会会员、贫农团员等名义去活动。并准备隐蔽干部以便万一转入秘密环境时能继续其活动，领导斗争。游击区域与边境作战地区，应遵守党的秘密，小组不能超过五人以上，但游击队中党的支部应完全公开。

四、加强党对武装组织与群众团体的领导

县、区委应直接指导游击队中党的工作，按照红军政治工作条例建立政委制度及支部的组织和工作。游击队中的党、团员应占全体队员百分之五十

以上。赤卫军中应建立政治机关，应由县、区委的书记或军事部长兼任政治委员。实行党员军事化，每个党员都应加入赤卫军与模范营，在模范营中做到有百分之二十以上的党员，并成立党的支分部。

共产主义青年团是党的得力助手，党必须经过青年团动员青年群众实现党的决议和任务。各级党部委员会直到支部必须有专门负责指导团的“青年工作委员”，必须帮助团发展组织，建立支部，使团的组织赶上和超过党。其他如工会、贫农团、反帝拥苏同盟、互济会、女工农妇代表会都是党动员群众的有力武器，必须立即广泛地建立起来。

五、开展党内两条战线的斗争与巩固铁的纪律

新区党内的思想斗争必须“耐烦的细心原则的解释，同志关系的批评”。一切不经过教育和解释的惩办制度是错误的，特别是对于新区干部的个别错误应采取教育而不是动辄撤职。党必须在各种斗争中与实际工作中，联系到个别工作和个别同志的倾向的揭发。目前主要的是抓紧反对在新的环境下所产生的机会主义动摇。如最近在土地斗争中个别表现的“原耕不动，抽多补少”的富农路线；肃反斗争中没有丝毫的阶级警觉性（如大庸游击支队负责同志）；不积极消灭地主武装，甚至与地主武装和平共居，单纯地进行上层勾结之机会主义路线（如桑植）；以及忽视敌人的进攻，放松战争动员的“左”的倾向；特别是集中火力反对在敌人新的进攻前面表现张皇失措和退却逃跑，对于创造新的根据地缺乏胜利信心之右倾机会主义。

为着巩固党的行动的一致，对于经过党的斗争教育批评还不改正错误的分子，必须执行党的纪律更加严格。如少数不到会，不为党工作的同志，支部中要同他作斗争。个别贪污腐化的同志，支部中要采取必要的纪律制裁。在新区公开领导专政与领导战争的党，“每个党员特别是领导工作的同志对于上级机关指示的执行，以及与居民群众的相互关系，都要特别严格的负责”（国际指示）。对于革命纪律和苏维埃的法律，“党员比非党的工农更要严格的负责”。这主要是依靠于党的教育工作的加强，使每个党团员从政治上自觉地遵守党的纪律。

六、开展教育新党员的工作与提拔干部

在目前群众伟大的革命斗争猛烈开展，成千上万的群众中的先进分子大

批涌进到党里面来。因此，开展教育新党员的工作，对于新区党有特别重要的意义。这里首先吸引每个新党员参加支部工作，按期开会，缴纳党费，经常阅读党的文件和决议。吸引每个新党员到党的实际工作中去（如宣传组织群众分田斗争、游击战争、工人斗争，工会与贫农团工作，扩大红军组织与动员赤卫军等），并教育他们怎样去进行这些工作。各县、区工作委员会应经常开办短期训练班，召集支部中的积极分子，于一周或十天内将五中全会决议，省委创造新区决议、新党员训练大纲，苏维埃的土地法、劳动法、优待红军条例、没收分配土地条例、怎样分析阶级、分田工作大纲等材料教授完毕，提出问题讨论。再经过短期训练毕业的优秀学生去开办支部中的流动训练班与学校，进行支部中的教育工作。同时地方领导机关，还应采取个别谈话与党的活动分子会议、委员会议等形式去培养支部与区委的干部。

党必须大胆提拔从斗争中涌现出来的当地积极分子与群众中的领袖。特别是工人、雇农，只要他阶级意识坚强，成分好，工作积极，就可以担任指导机关工作。要把各级党团部革命委员会、工会的组织（各部或各科）充实起来。要分配他们以简单的具体的工作，利用检查工作的会议、汇报、讨论会、研究会等形式去加强他们的政治水平与工作能力。

七、学习新的领导方式

学习领导群众的艺术，对于新区党是特别重要。党必须反对以少数工作人员代替广大群众斗争的包办主义，反对脱离群众的命令主义与委派制度。只有艰苦的深入群众的宣传鼓动工作与组织工作，彻底地解决群众切身问题，使群众得到实际利益，才能吸引广大群众，参加各种斗争与新的革命政权的各项建设工作，以及保卫新区的革命战争。党必须倾听大多数群众的呼声，征求大多数群众的意见，到群众中去学习一切新的伟大的革命事业，必须吸引大多数群众自己动手来干。各级委员会须建立集体领导与个别负责制，深刻了解下层实际情形，收集各地斗争的经验。委员会应规定议事日程，经常分别讨论各个斗争与各个地方的工作。少说空话，多做实际工作，少空谈，多做些改善群众生活的日常事业，应当在实际工作中执行起来。

中共湘鄂川黔省委

中共湘鄂川黔省委、军区政治部关于游击队中党的工作的指示

（一九三四年十二月二十二日）

农村阶级斗争的开展，尤其是土地斗争的发动，常常一开始便容易进到工农阶级与豪绅地主武装冲突，工农群众纷纷的自动起来组织游击队，进行打土豪、分粮与分配土地斗争。

最近由于我红二、六军团的几次伟大胜利与群众革命浪潮的高涨，农村阶级斗争的尖锐，在永、保、龙、桑广大地区内，各乡、区游击队，如雨后春笋，纷纷自动成立起来。这些游击队成为保护土地革命、保卫新的苏区的伟大的群众的武装力量，将成为红军的最好的助手与后备军。

然而各地党部对于从群众斗争中所纷纷涌现出来的游击队的领导是异常忽视的。有些游击队还没有政治委员和共产党员；有的游击队把中农甚至贫农当作土豪打（如龙家寨区）；有的游击队混入了地主、富农、土匪头目等分子，甚至地主当队长。这种危险的现象将造成极严重的罪恶与损失，应引起我们极大的警觉与注意。

过去的经验证明，游击队中如果没有坚强的党的领导，便不能发挥其英勇伟大的作用，来担负其在土地斗争与革命战争中的光荣任务；或者要做出很多错误，造成脱离群众、侵犯工农利益，造成地方界限的严重现象；甚至为富农利用，破坏革命，或被地主、富农混入进行各种反革命活动，使游击队走到失败或消灭的危险。这对于新区游击队更为重要。因此口口口郑重向各地方党部与政治机关提出加强党对游击队的领导。巩固扩大与健全游击队是保证土地革命胜利，争取战争胜利，保卫与扩大新的苏区的重要条件之一。关于游击队党的工作有如下的指示。

1. 各县委、区委和在当地工作之红军政治机关，必须立即派遣最坚强

之共产党员去担任游击队政委，立即在游击队中大胆吸收先进之工人、雇农、贫农及最好之中农入党，得到当地上级党部或红军政治机关批准，建立党的支部（区乡游击队的支部，应直接受当地区委管辖，县游击队支部直接受当地县委管辖）。

2. 游击队中党的工作的主要任务是保障党和苏维埃政策的执行，保证游击队绝对在党的领导之下行动。游击队的政治委员、党的支部和每个党团员，必须经过党的支部会与军事大会，随时随地同破坏党和苏维埃政策、违反阶级路线的举动（如侵犯工农利益、乱打土豪等）作最残酷的无情的斗争。从这一残酷的斗争中，驱逐混入游击队的坏分子与教育全体党团员与游击队员。

3. 游击队中党的支部，必须同游击队中可能发生的坏的现象作最坚决的斗争。支部必须在队员中，发动反对贪污腐化、违抗命令，反对嗜好赌博吸烟的运动。必须加紧党内与队员中的教育，预先防止这些现象的产生，从斗争与教育中坚决消灭这些现象。

4. 游击队中党的支部，必须加紧对于党团员与队员的军事、政治教育。党团员必须领导队员学习瞄准、刺枪、劈刀、掷手榴弹；学习使用新式武器与各种旧式武器；学习游击队动作；广泛地宣传军事与政治纪律。必须立即开始上政治课。红军读本（主要教材）、土地法令、怎样分析阶级、没收分配土地条例等，必须有计划的立即开始在队员中讲授与讨论。党团员须上党团员特别课（材料可用新党员训练大纲），列宁室工作（如识字运动、墙报、文化娱乐工作）必须立即建立起来。

5. 游击队中党的支部，必须同混入游击队之投机、阶级异己分子与反革命分子，进行残酷与最坚决的斗争。在支部的领导之下，进行队员成分严格审查，坚决洗刷地主、富农及一切异己分子。长期脱离生产之惯匪亦不应留在游击队内。从斗争中改造游击队的成分，吸引大批积极的工农分子，特别是工人、雇农成分加入游击队。立即建立反逃亡十人团的组织。支部内应讨论肃反工作，并帮助特派员建立工作。以最高度的阶级警觉性来破获一切反革命阴谋破坏活动企图与组织。

6. 支部委员会，应建立其集体领导与日常工作，依照红军政治工作条例建立支部的系统工作。支委会应有书记、副书记、组织、宣传、青年、地方工作等的分工。支委应分配与检查每个同志的具体的工作，每月终应向当地上级党部或政治机关作工作报告。

中共湘鄂川黔省委

湘鄂川黔军区政治部

中共湘鄂川黔省委为粉碎敌人新的进攻保卫新的苏区宣言

（一九三四年十二月）

湘鄂川黔边的工人、农民、一切劳苦民众与革命士兵们：

全中国的民众是处在生死存亡的关头！

日本帝国主义，经过国民党，不费一枪一弹占领了华北，进行攫取内蒙古，并在福建开始其侵略的企图。英帝国主义，占领康、藏、黔边，进攻新疆、四川。半个中国，已被帝国主义瓜分去了。

国民党无耻的卖国，他不仅将华北奉送给日本帝国主义，而且要将整个中国奉送给帝国主义。使中国完全变为帝国主义的殖民地，使全中国的民众，变为帝国主义的奴隶——亡国奴。

国民党七年来血腥统治的结果，不但造成了中国的奇耻大辱，而且造成了中国空前未有的灾难。由于国民党的反动统治，帝国主义的侵略，军阀的苛捐杂税，豪绅地主的压榨掠夺，使劳苦群众陷于破产穷困、失地失产、流离失所，过着悲惨的非人的奴隶生活。

封建军阀的割据，使得湘鄂川黔的民众，遭受更深刻更惨痛的压迫与剥削。大军阀（如陈渠珍）霸占一方，小军阀（如周矮子、朱华生等）割据一县或数县，俨如土皇帝。奸淫掳掠，拉夫派饷，残害民众之暴行应有尽有。巧立名目搜括民众，苛捐杂税之繁重甲于全国。白军民团屠杀工农，打劫贫苦民众，抽收烟捐，包运烟土，鸦片之流毒普遍民间。集天灾兵灾匪祸烟毒之大灾难，加以极残酷的封建的奴隶的剥削，使湘鄂川黔广大工农陷于水深火热、民不聊生的道路。

亲爱的工农劳苦群众们！我们再不能忍受了。起来！寻找危机中革命的生路，推翻帝国主义、国民党、军阀、地主、资产阶级的统治，建立自己的苏维埃政权，为土地、为粮食、为增加工钱而斗争。

全国苏维埃运动的发展与红军的胜利以及我红二、六军团最近几次的伟大胜利，摧毁了湘鄂川黔边的反动统治与豪绅地主封建势力，创造了大块苏维埃区域。广大工农群众革命热情的高涨与兴奋，成千成万的群众踊跃地加入红军，自动地起来打土豪，分粮食，成立游击队，进行分配土地的斗争，是为苏维埃的巩固发展而斗争。这是直接威胁和动摇了帝国主义和国民党的统治，帝国主义及其忠实的走狗蒋介石不得不指挥与组织湘鄂川黔的军阀，准备新的对于湘鄂川黔边区与红二、六军团的绝望的进攻。

工农群众们！国民党军阀正在手忙脚乱，调兵遣将，准备对我们新的进攻。徐源泉、郭汝栋、陈渠珍等军阀的部队，已经开始移动了。红军占领区域内，已被打倒和尚未肃清之豪绅地主与反革命分子，正准备在内面响应敌人新的进攻。他们为的是要恢复豪绅地主之军阀的统治，夺回我们从分粮分田与打土豪的斗争中所已经得到的利益，准备新的大屠杀与镇压工农的斗争！

我们坚决相信，以我们工农自己的武装力量，以我们英勇红军的铁拳，一定要粉碎敌人新的残酷的进攻。

屡遭惨败之徐源泉、陈渠珍、何键等军阀，在红军胜利的前面发抖。特别是我中央野战军的胜利，逼近湖南和贵州的边境，与红四方面军在四川的伟大胜利，使敌人更加崩溃与动摇了。英勇的红军得到广大工农劳苦群众的拥护与共产党的正确领导，是更加强大与无敌了。我们已有了争取战争胜利的一切条件。胜利一定是我们的。

工农劳苦群众们！要保障我们已得的利益和土地革命果实，就要粉碎敌人新的进攻，争取革命战争更伟大的胜利。城市的工人与贫民们！武装起来参加分配豪绅地主的粮食与房屋的斗争，提高我们的工资，改善我们的生活待遇，加入工人的赤卫军，反抗敌人的进攻，为保卫城市的赤色的政权而斗争。乡村的基本农民与手艺工人们！武装起来，彻底消灭封建与半封建势力，自己动手来没收与分配豪绅地主的土地、粮食与财物，组织赤卫军少先队与赤色游击队，坚决消灭豪绅地主的武装与土寨子，同进攻我们的国民党军阀斗争到底。

工农群众们！武装上前线，加入红军，配合红军作战，帮助红军带路、侦探消息及担架运输，消灭陈渠珍、何键、徐源泉。

赤少队与游击队的队员们！夺取地主的枪支，用一切旧式武器来武装我们自己。学习军事与政治，配合红军行动，破坏敌人后方与交通，加紧赤色戒严，巩固赤色后方，发展游击战争，扩大与保卫新的苏区。

青年们！劳动妇女们！争取妇女青年的特殊利益与解放，积极参加分粮与分田的斗争，参加武装斗争与苏维埃政府的一切工作。先进的贫苦工农青年与劳动妇女到苏维埃政府办事，学习自己的政权。

白军士兵们！反对军阀的奴隶的压迫与打骂，反对军阀屠杀工农与进攻红军，要求发清欠饷，组织兵暴兵变，同暴动起来的工人农民携手，一同去打土豪分田地！同红军战士携手，一同去打倒帝国主义、国民党，进行神圣的反日反帝的民族革命战争。

全湘鄂川黔的工人、农民、贫民与革命的学生们！起来！反抗军阀的拉夫派饷、奸淫掳掠，反对一切苛捐杂税，反对豪绅地主的压榨与剥削，实行罢工与武装自卫，反对国民党军阀进攻苏区和红军，反对法西斯的血腥恐怖。拥护苏维埃与红军，实行分粮抢粮，夺取地主与军阀的武装，捕杀反动之乡长、保长及豪绅地主，实行农村暴动，响应红军胜利，为土地粮食而斗争。

工农武装上前线！

保卫与扩大新的苏区！

粉碎敌人新的进攻！

彻底地粉碎敌人五次围剿！

保障分粮分田胜利！

为苏维埃政权而奋斗到底！

中共湘鄂川黔省委

中共湘鄂川黔省委关于旧历年关斗争的决定

（一九三四年十二月）

旧历年关是地主、富农、高利贷者向贫苦工农逼租、逼债的最凶恶的时期。在新的苏区虽然推翻了地主阶级的统治，然而豪绅、地主、高利贷者仍未肃清。最近在许多地方发现地主、富农秘密收租、收债，威吓劳苦工农，而在白区工农群众正处在刀枪绳索的威胁之下，受着雷厉风行的逼租、逼债的痛苦，更是一刻也难忍受的难关到了。因此，省委为着铲除一切封建的压迫和剥削，开展新区与白区广大群众的年关斗争，特有如下的决定：

1．立即在党内和群众中进行广泛的宣传鼓动，在"不还地主、富农、高利贷者一个钱的账"，"不交一粒稞"，"捕杀收稞收债的地主、富农"，"谁秘密还稞还钱给地主富农，谁就是帮助地主富农来反对革命"，"捕杀替地主富农收稞收债、压迫贫苦工农的地主富农走狗"，"没收土豪的粮食、财物、肥猪分给贫苦工农过年"等号召之下，召集各种群众会议解释，多写传单标语散发，动员广大群众参加年关斗争。不让地主、富农从贫苦工农手里取收一粒稞一文钱的债，但工农原来有少数钱出借，仍然要还（不准取多的利息，今年还不起要推到明年还）。

2．在新区要利用豪绅、地主、高利贷者、反动首领回家过年，或回来挖地窖，以及逼租、逼债等的机会，动员广大的群众武装，捕杀豪绅地主、反动首领。应立即动员所有的赤少队加紧赤色戒备，通夜巡查和埋伏在山路小道和豪绅、地主房屋的周围，以及检查与搜索地主、富农、反革命分子的屋子，并发动群众查阶级，调查与没收地主、高利贷者隐藏的粮食与财物，发给当地最贫苦的工人和农民过年。

3．在白区和游击区要经过游击队和各种秘密组织动员群众捕杀逼租、逼债之地主、富农、高利贷者，尤其是消灭他们的爪牙——民团。武装工农，发动他们打土豪、分粮食、分猪肉、分衣服的斗争，以广泛地开展游击战争，建立临时革命政权。

4．在城镇应发动工人、贫民的年关斗争。实现工人年关发双薪与年关例假，增加伙食钱。反对资本家老板雇主开除工人。增加工钱与改订合同。反对奸商年关货物涨价。不还奸商、高利贷者一文钱的债。并在党的领导之下，提出具体的斗争纲领，镇压资本家、商人一切进攻工人、贫民与反攻的企图。

各级党部接到这一决定后，应立即提交常委会与同级党团会议讨论，同时派人到各支部传达与帮助布置工作，并将执行情形报告省委。

附：年关斗争的标语口号

（1）工农劳苦群众们！一致起来实行年关斗争！

（2）反抗豪绅、地主、富农、高利贷者收稞迫债！

（3）不还豪绅、地主、富农、高利贷者一粒稞、一文钱！

（4）捕杀收稞迫债的豪绅、地主、富农、高利贷者及其走狗！

（5）谁秘密还稞还钱给地主、富农，谁就是帮助地主、富农来反抗革命！

（6）加紧赤色戒严，防止地主武装掩护土豪回家来收稞迫债！

（7）努力完成编制赤少队，组织与扩大游击队，反抗土豪跟随地主武装回家收稞迫债！

（8）肃清地主武装、团防、土匪，免得豪绅、地主、富农利用回家来迫收贫苦工农群众的稞和债！

（9）深入分田斗争，没收土豪的粮食、财物、肥猪分给贫苦工农过年！

（10）实现工人年关发双薪与年关例假，增加伙食费及改善生活待遇！

（11）反对资本家、店主、老板对于工人的进攻与反攻！

（12）反对资本家、店主、老板克扣工人的工钱！

（13）反对资本家、店主、老板开除工人！

（14）增加工人工钱，减少工作时间！

（15）实行劳动法，普遍订立劳动合同与集体合同！

（16）工农劳苦群众们！要保障年关不完稞、不完债的利益，就要加入红军中去，粉碎国民党军阀的大举进攻！

（17）加紧战争动员，最后地粉碎敌人五次“围剿”！

（18）工农劳苦群众解放万岁！

中共湘鄂川黔省委

中共湘鄂川黔省委
关于粉碎敌人大举进攻湘鄂川黔新苏区的标语口号

（一九三四年十二月）

各县委、区委、支部及红军政治机关：

由于我二、六军团最近伟大胜利，掀起了湘鄂川黔边苏维埃革命剧烈的火焰，帝国主义国民党军阀现正从进攻西方军和湘鄂赣苏区抽调兵力，组织对我二、六军团及新苏区的大举进攻。为着动员新区千百万群众以一切牺牲为着决战胜利，特制定下列鼓动的标语。除送石印以后分发外，你们必须根据这些标语和省委宣言，一方面在群众中进行广泛的口头宣传鼓动，同时要写成纸标语贴在壁上。或用石灰和红、绿、黑等颜料涂写在容易看见的壁上。要把这些标语的内容很普遍深入地传达到每乡、每村、每屋场的群众中去，成为战争动员有力的宣传品。

粉碎敌人对湘鄂川黔新苏区大举进攻的标语口号：

（1）工农群众们！我们要巩固和发展新建立的苏维埃区域，就一致起来配合红军，粉碎敌人的“围剿”！

（2）我们要保持分得的粮食、衣服和财产不让地主豪绅抢回去，就要粉碎国民党军阀对我们新区的进攻！

（3）要保障分得的田地不被地主豪绅抢回去，要保持一家人有吃、有穿、有屋住，不冻、不饿，就要配合红军消灭敌人！

（4）我们不让周矮子、朱疤子、陈渠珍等国民党军阀再来剥削压迫、奸淫抢掠、屠杀工农群众，就应当用一切力量粉碎敌人对我们的大举进攻！

（5）国民党军阀政府投降帝国主义，出卖了东三省和热河，现正帮助帝国主义瓜分整个中国。我们不愿做亡国奴，只有粉碎敌人的“围剿”，推翻国民党政府，建立苏维埃政权，把帝国主义驱逐出去！

（6）日本和其他帝国主义努力在瓜分中国。国民党军阀不派兵去打帝国主义，拿全国十分之七的军队，对真正反帝的苏区和红军进行第五次“围剿”。彻底粉碎五次“围剿”，就是保障中国独立自由的重要步骤！

（7）各乡、各村、各区赶快把赤卫军、少年先锋队和模范赤少队普遍建立起来。每人背一根武器，加强军事政治训练，随时动员来配合红军作战！

（8）赤卫军、少先队日夜要放哨，加紧赤色戒严，查问行人，不让敌人一个侦探混进我们苏区里面来探消息！

（9）捕杀敌人的侦探。谁帮白军做探子，捉起来交群众，公审枪决！

（10）不要替白军带路、当伕子、筑炮台、修马路。谁甘心情愿去助白军的，他便是我们工农的敌人！

（11）红军打仗要大批粮食，以后没收地主豪绅的谷子，贫苦群众分一部分外，应当留一部分充裕红军的给养！

（12）要接二连三打大胜仗，彻底粉碎国民党军阀的“围剿”。工农群众应当踊跃地加入红军，大家努力扩大我们自己的军队——红军！

（13）只有工农贫苦劳动群众才有资格当红军，不让一个地主富农资本家混进红军。大家当红军去，迅速完成共产党扩大一万二千新战士的号召。

（14）当红军最光荣，红军家属应受到优待。大家帮红军家属耕田、种菜、砍柴、挑水，没收地主豪绅的米面，要多分些给红军家属。

（15）红军打了仗，我们大家要努力去搬胜利品，抬伤兵。这是每个工农应尽的一分责任。只有这样，红军更能够迅速移动地方，消灭别方面的敌人。

（16）赤少队每五个人做好一副担架，没编好赤少队的几家人共做一副。听到红军打仗，就自动拿担架去帮红军搬运战利品、抬伤兵。

（17）赶快把田分好，彻底消灭地主阶级，使土地革命的果实，完全落在贫农、雇农、中农的身上，免得豪绅地主利用这些财产来接济敌人。

（18）被我们推翻了统治、没收了土地财产的豪绅地主、军阀官僚和其家属，大家要严格监视他们的行动。他们如果勾引白军，替白军带路、送信、搬粮食，就立即把他捆起枪毙。

（19）白军士兵们！你们是工农出身，你们不要替卖国的国民党军阀打自己的弟兄。暴动起来拖枪过来当红军，一同去打帝国主义、国民党军阀！

（20）白军士兵们！不要听你们长官欺骗威吓你们的鬼话。苏区农民分得田；工人加了工钱；红军优待俘虏，这难道不是事实么？把枪口向着你们的长官，同红军一起去打倒帝国主义、国民党！

（21）白军士兵们！国民党政府不让你们打帝国主义，强迫你们打红军。蒋介石说："侈言抗日者杀。"你们不情愿做亡国奴，就要勇敢地来当红军，去打倒帝国主义，消灭国民党军阀！

（22）白军士兵们！红军是工农的军队，是为中国和工农自己谋解放的武装。红军里没有打骂，生活平等。当红军的家属受优待。打倒打骂你们、克扣你们薪饷的长官，拖枪过来当红军！

中共湘鄂川黔省委

关于粉碎敌人大举进攻
最后的彻底的粉碎敌人五次"围剿"前面党的紧急任务

——任弼时在中共湘鄂川黔省委第二次党的活动分子会议上的报告

（一九三五年一月六日）

同志们！今天到会的有郭亮、永保、龙山党的积极分子和已经毕业就要分到各县、区、乡工作的党校学生，并有省级活动分子参加。所以我要把目前战争形势和党的紧急任务，向同志们作一个简要的报告。

一、湘西北革命运动的新形势和敌人新的进攻

自从我红二、六军团汇合在中央和军委指挥之下，进到湘西北一带地区之后，党即决定在这一地区创造新的苏区根据地。不到两个月的时间，的确我们在湘西北创立了一个新的形势，这在中国苏维埃运动发展史上是有极大意义的。

首先是我们英勇善战的二、六军团，由于坚决地执行了党的进攻路线，在短短的两个月当中，给了陈渠珍以致命的打击。打散了朱疤子和刚由江西调来进攻我们的罗启疆部，总共击溃了敌人十五个团，消灭了四五个团的有生力量。接连占领了永顺、大庸、桑植、桃源、慈利等城市。特别是我们进攻辰州，包围常德，给了湖南敌人和进攻我中央野战军的敌人总后方以很大的威胁，有力地配合了野战军的行动。在红军胜利影响和党的正确领导之下，永保、龙山、桑植、大庸、慈利的工农群众踊跃起来革命，到处撑起了红旗，组织游击队，普遍建立了工农的临时政权。现在从洗车河到溪口有四百多里，从桑植以北到永顺石堤西以南有二百四五十里路的地区，已经成为我们苏维埃共和国的版图了。

在这一区域，包括有四五十万人，群众的斗争，从打土豪、分粮、分衣服财产的斗争，已经进到分配土地，彻底来消灭封建残余势力的更高阶段。

广大工农劳苦群众从国民党军阀长期压迫之下解放出来，得到了切身的基本的利益，参加革命战争的积极性大大地提高。首先表现在群众热烈地参加红军，使我们的主力红军扩大了一倍以上。其次是创立了大批的独立团、营和游击队，正在同地主武装进行残酷的武装斗争。各地群众都在积极地分配土地，组织工会、贫农团，建立赤少队的组织，为保卫革命政权和已得利益而坚决斗争。

同志们！正因为我们的伟大胜利与成功，我们在这一广大地区内推翻了地主资产阶级的统治；驱逐了帝国主义的势力；动摇了蒋介石"追剿"西方军的计划；掀起了苏维埃革命运动的激烈潮流，这就给了帝国主义、国民党军阀以很大的威胁。因此，垂死的最后挣扎的国民党军阀，正在征调力量，组织对我们二、六军团和新区的大举的绝望的进攻。据我们由各方面得到的消息，湖南军阀何键从进攻我西方军的战线上，抽调了两三个师，湖北敌人也调动了三四个师的力量，总共调了几十团兵力，布置对我们进行大规模的"围剿"。

二、最后彻底粉碎敌人五次"围剿"和我们这一战线上的任务

这里我们应当清楚认识和估计的就是：在整个国内战争中今天的任务是什么，我们在这一战线上是否有这样的力量来粉碎敌人这一进攻。同时我们在这一战线上的胜利或失败，对于彻底粉碎敌人五次"围剿"，对中国苏维埃革命运动发展的前途上有些什么关系，这是需要我们详细来说明的。

这里我们首先要指出，就是在整个国革命战争战线上，我们已经进到最后的彻底的粉碎敌人五次"围剿"的阶段上。

蒋介石在五次"围剿"中，调动了全国十分之七的兵力来进攻中国的苏区和红军。我们在过去艰苦奋斗中，全国各个战线上都给了敌人多次的打击，消灭了敌人巨大的有生力量，已经取得了粉碎五次"围剿"第一步的胜利。

以前敌人在我们苏区周围是依靠费了很久时间很多兵力建筑起来的炮楼，和许多坚固的工事来进攻我们。他不敢离开炮楼、工事和我们主力决战，所以我们很难找到在野外在运动当中来打击敌人、大量消灭敌人的机会。现

在呢？进攻中央、湘赣和整个江西苏区的敌人，被我中央野战军和二、六军团把他们最大部分调动出来了，这正是我们在野战、在运动中来消灭他们的好机会。

不仅我们有了消灭敌人主力的好机会，而且我们现在有了许多新的阵地。这就是说帝国主义、国民党拼死命来进攻中国苏区红军，苏区和红军不但没有被消灭，而且生长出了几大块新的苏区。以前我们苏区在江西一大块（包括湘赣、湘鄂赣、赣东北等苏区）、川陕边一大块、鄂豫皖一大块。现在我们在湘鄂川黔创造了一大块，中央野战军在贵州最近占领了镇远、黄平、施秉、遵义等县城市，那里也是一大块新苏区。这是我们消灭敌人更加有利的条件。

同志们！我们占领许多新阵地，敌人又被我们调动出来了。在中国存在着的革命形势剧烈发展的基础上，正是我们最后的彻底粉碎敌人五次“围剿”来争取革命一省、几省首先胜利的时期，我们是具有彻底粉碎敌人五次“围剿”极有利的胜利的条件。

我们现在的战线是很宽很广的。各个战线在军委单一意志之下，来互相配合呼应地进行战斗。每一战线的胜利或失败都可以影响整个战局的。我们这块苏区在整个战线上是处在一个很重要的位置，是靠近反动中心的武汉和长沙，是整个战线上一个前进阵地，同时又是在进攻中央野战军和四方面军主要敌人的侧后方。我们的任务就是要巩固这个新阵地，迅速粉碎敌人对我们的大举进攻，打败和消灭我们阵地前面的敌人，大踏步地开展这块苏区，牵制分散敌人，袭击敌人的后方，来动摇敌人的整个阵势，直接帮助中央野战军和四方面军迅速取得决战的胜利。若是我们在这个战线上不能粉碎敌人的进攻，或者是失败了，那便要影响整个战线，使其他战线方面增加一些困难，这是我们应清楚看到的。

三、我们能够战胜敌人的胜利条件是什么？

同志们！我们同敌人的决战已经迫近了，我们这个战线又负担着这样重大的历史任务，我们是否有这样的力量来粉碎敌人的大举进攻，来打败我们这一阵地前面的敌人，稳住我们这一阵地，大踏步向前发展呢？

我们的答复是：我们有这样的力量。我们能够战胜敌人的主要条件是：

（1）首先是我们红二、六军团在最近几次胜利中，是更加巩固和强大起来了。军事、政治上的进步，在数量上的扩大，缴获了敌人很多的武器，武装了我们的新战士，创造了很多地方武装——独立团、营，游击队。我们的武装战斗力量是几倍地加强了。同时我们不是孤立的战斗，到处有红军配合我们作战的。

（2）红军是工农的武装，是为贫苦工农谋利益的军队，他能得到广大群众的拥护和参加。周矮子、朱疤子和其他白军一来，群众就逃跑上山，或者与之武装对抗；红军来了，群众都来拥护。这就是说现在苏区有几十万群众，除了地主富农之外都是拥护红军，反对白军的。我们组织和领导得好，这几十万群众能当十万、二十万军队的力量。同时在白区还有广大反帝、反国民党斗争来与我们配合。这就是说，白区的广大工农群众也是反对白军，拥护红军的。这种伟大的力量，只有我们才有，国民党军阀是不会有的。

（3）国民党军阀的统治是在动摇崩溃着的，在政治上欺骗群众的范围更加缩小了，财政上的困难更加增加了。他们在一致进攻红军当中，内部的矛盾还是存在着，特别是他所依靠来进攻红军累遭惨败的白军士兵表现得更加动摇。譬如陈渠珍被我们打败后，地盘缩小，财政困难，士兵生活更加痛苦，甚至有时每月只发九毛伙食钱，士兵开小差的很多。何键的队伍都是过去被我六军团打败过的，这次长途远征走得很疲劳，士兵非常动摇。过去白军十六师士兵时常说：“我们只想同红军打仗，打仗就好缴枪，领三块大洋回家。”这表示工农出身的白军士兵是不愿坚决打红军的动摇状态。虽然目前敌人在数量上是超过我们几倍，但白军是存在着没落死亡命运的弱点。

我们具备着战胜敌人的条件，我们相信是能打败敌人的，但是同时要看清我们自己的弱点。在今天我们还有下列的主要弱点存在：

（1）我们这个区域是新创造的苏区。我们在动员和组织群众方面还存在着许多弱点。

（2）我们瓦解白军的政治工作还是一样的薄弱。但是这些弱点我们是有办法来消灭的。我们只要能以布尔什维克的工作速度，努力去动员组织武装群众，加紧派人到白军中去工作，加紧对白军的宣传鼓动工作。这些弱点和困难是可以克服的。

四、过去两个月工作的检查

同志们！根据目前这样紧张的战争形势，来检查我们过去两个月的工作。上面已经讲过，我们在短短的时期内是获得了伟大的胜利与成功。这些胜利与成功是在党的正确领导、红军英勇奋斗和广大群众斗争积极性发扬基础上得来的。谁看不见这些成绩就是机会主义者。但同时又要指出我们这一时期工作中的弱点和错误，在这两个月中我们最大的弱点是：

（1）这个区域的革命斗争是很快地发展起来了，但我们党的领导力量的强大还赶不上斗争发展的需要。如在这个地区有四五十万群众，但地方上党员还不超过一千人。这可以看出党在群众中领导力量是薄弱的，有许多斗争是自发的。我们还没有在每一个乡、每一个游击队、每一个企业、作坊、工厂和街道上建立党的支部，因此，在有些地方发生了严重现象。如最近刘家寨有几个乡的游击队，因为没有党的坚强领导，甚至没有党的组织和政治委员，在敌人包围时没有坚决同敌人斗争，被混入的反革命分子领导着投降敌人去了。有些群众自动组织的游击队，因为没有党的领导，发生乱打土豪的严重现象，如桑植有几个区，我们只有很少的党员，加上领导机关没有坚决执行党的路线，各种工作都推不动。地主、富农、反革命分子，也就容易混进了我们的政权机关和部队中来进行反革命活动。我们要了解没有党的坚强领导，我们的工作是不能收到成功的。

（2）这个广大地区的工农群众虽然得到一部分利益，但我们还没有能够最大限度满足群众的要求，没有很迅速地解决土地问题，使农民和农村工人都得到土地。城市与农村工人虽然有些部分增加了工钱，但这不是普遍的，没有广泛发动工人的斗争，来争取更多的实际利益。永顺城的店员工会直到现在还没有很好地组织起来。省委第一次活动分子会要求十二月份在基本苏区——塔卧、刘家寨、龙家寨、颗砂等，彻底解决土地问题。今天检查起来，没有一个区已经全部分好了土地的。不能深入群众的阶级斗争，给群众以更多的实际利益，是不能把群众参加革命战争的积极性发扬到最高限度的。

（3）我们没有迅速坚决地消灭地主武装，求得新区应有巩固。在有些地方，如以前桑植县委认为，地主武装大多数是会革命的，因此放弃了进攻地主武装的革命斗争，结果是给了地主武装聚集力量的时机，反而到处屠杀革命群众。我们在这一时期对于积极活动的地主、富农、反革命分子，没有能采取赤色恐怖手段来严厉地镇压，甚至有捉到的反革命分子还放走他，或不敢去捉他。以妥协、姑息、放任反革命的活动代替党所指出的以群众暴力来镇压反革命的正确策略，这便要阻碍群众阶级斗争的深入发展。

（4）在这个时期中，特别最后一个时期，对于粉碎敌人“围剿”的群众政治动员工作和实际武装组织群众来参加战争的动员工作是做得异常不够的。在扩大主力红军方面，虽然是完成并超过了十二月份的规定计划，但地方党扩大主力红军工作是万分不够的，没有从分粮、分田、增加工钱等等斗争中很好联系到扩大红军的任务。在编制赤少队和模范赤少队、收集粮食、筹款等工作中，没有一个县完成了省委的计划，而且都是相距计划很远的。

同志们！我们要指出，这些弱点和错误是很严重的。若是不能迅速消灭与克服，这对于彻底粉碎敌人“围剿”，争取决战胜利，是要受到很大影响的，是不能保障这一广大苏区的巩固与发展的。同时，这些弱点和错误的存在不是偶然的，最主要的原因是：

（1）在我们党内还存在一些机会主义的观点。如过去桑植的负责同志充分表示不相信桑植工农群众的力量，在敌人进攻前面表示无办法的机会主义动摇。其他地方有个别同志存在有不相信群众的机会主义观点。比如说群众怕当红军，不愿编赤少队等说法。这都是对目前革命发展形势估计不足，对苏维埃革命缺乏胜利信心的表现。

（2）由于我们不善于领导群众，不能适合斗争新环境，创造领导群众新方法，相反的，脱离群众的官僚主义的工作作风，还是普遍严重的现象。我们不能深入群众，了解群众中的实际情形，解决群众中一切迫切问题，那自然不能够很好去深入开展群众斗争，组织群众，发扬群众的积极性。要转变我们的工作，首先就要开展党内斗争，消灭这些阻碍我们工作转变的原因。

五、目前党的紧急战斗任务

湘西北的革命斗争形势已进到更残酷艰苦斗争的阶段。我们要粉碎外面来进攻我们的敌人，同时要消灭苏区内部的封建残余势力和一切反革命活动，来保卫巩固和发展我们这个新的苏区，来彻底粉碎敌人的五次“围剿”，开创中国苏维埃革命运动新的胜利局面。摆在我们党前面最基本的战斗任务，就是以争取决战胜利为一切工作的中心，去动员、组织、武装广大工农群众，在满足群众要求基础上发扬群众积极性，造成群众一切为着战争的热潮。关于战争动员工作，省委已有一个给各级党的详细指示信。这里只简单说明几项工作的中心内容。

（一）目前战争动员的第一个问题，就是要在广大群众当中进行艰苦的政治动员。我们要使全体党团员个个都了解现在战争的紧张形势和目前战争动员工作的重要性。到会的同志到各县、区、乡去，应当有计划地召集县或区的活动分子会议，布置战争动员的工作，随即召集支部小组会，在党员中报告和讨论执行的具体办法，并实际分工，做到每个党团员都做一件战争动员的具体工作，成为战争的组织者和领导者。在党的各种会议当中，要反对一切不正确的倾向。首先是反对在敌人大举进攻前面表示张皇失措、悲观动摇、退却逃跑的右倾机会主义，同时对忽视敌人进攻，放松艰苦战争动员的“左”的倾向，也要给以严厉批评。

我们的动员不仅仅在党团内，最主要的是要去告诉广大群众，使群众清楚了解目前战争形势，相信我们能够胜利，来巩固他们对战争的必胜信心。因此，党应经过革命委员会、各群众团体、赤少队和游击队去召开各种会议，报告和讨论战争动员工作。县、区一般应组织战争动员的宣传队，到各乡各村各屋场中去，经过会议或谈话，根据省委关于战争动员的宣传标语，做广泛的宣传鼓动工作。

（二）在战争动员中，摆在党前面最基本的任务，就是加强对武装的领导和组织，加强对游击战争的领导。我们在组织武装、领导武装方面：

第一，要保障完成省委扩大一万二千新战士的计划。一月份（一月十号至二月十号）应扩大四千新战士。我们如何去扩大：（1）依靠党、政府及各群众团体，经过自己组织去动员，在分粮、分田、增加工资的斗争中，密切联系到扩大红军工作。这里要反对认为群众不愿当红军，当红军的早已去了的观点。（2）整批动员赤少队加入红军。我们编好了赤少队，就要抓紧其中心的工作，特别是模范营，准备整批动员起来加入红军。此外，动员游击队一部分加入主力红军，一部分加入独立团、营去。我们提出永保、郭亮、大庸每个县在一月份至少要做到一个模范营加入到主力红军。（3）切实实行优待红军家属的十八条。过去这一工作未引起各级党和政府的注意。要立即动员群众去优待红军家属，实行共产党的礼拜六，在群众中造成当红军最光荣的社会舆论。

第二，我们应广泛发展游击战争。要认识到这是配合主力红军争取决战胜利的一个主要条件。游击队要真能深入到敌人侧后方，积极行动，吸引和分散敌人，破坏敌人后方交通，瓦解白军，并领导群众斗争，消灭地主武装和敌人单个部队，发展游击队。这里必须保障游击队能绝对执行明确的阶级路线。现在有许多区、乡都有游击队，但领导不强，力量又分散。我们应该将分散的游击队以区为单位集中起来，编成区或县的游击队。加强游击队、独立团和独立营中党的领导是异常迫切的问题。在每一个连队中应建立党的支部，坚决洗刷其中地主、富农和反革命分子。

第三，迅速把赤少队编制起来。我们若能将几十万群众武装组织起来，这的确是可以当得几万、几十万军队力量的，因为他能迷惑、钳制和疲困敌人。譬如敌人进到永顺城，我们以赤少队配合少数部队四面八方将敌人围困起来，断绝他们的粮食，可以做到敌人不敢随便出城行动。这是便利我们主力来各个击破敌人，消灭敌人的。赤少队编制好了，应加紧训练。一个月至少应下两次操，由区委或支部派人去上政治课。应经常准备好一切，以便能随时动员去参战。最近全省应做到动员三个模范营、四个赤少队去前方配合作战。与巩固部队和保障战争胜利不可分离的，就是收集粮食的工作。这一方面是要从深入阶级斗争中，查出地主的谷子，在说服群众，得到群众赞助下，留出大部分供给红军，并且将粮食搬到安全地方集中储藏起来。另一方面，就是组织群众随游击队到白区去打土豪的谷子。这里要防止脱离群众的现象，就是说要分一部分给当地群众，并向群众宣传解释充裕红军给养的重要性，把谷子搬进来，分发一部分给搬运的群众，留出大部分保存起来。各区乡要组织粮食委员会和保管委员会，来负收集和保管责任。

（三）迅速消灭在新区内的地主武装，用赤色恐怖来镇压反革命的活动，造成巩固一片的赤色后方是目前一个很重要的工作。最近的事实证明，地主武装在敌人大举进攻和新区内阶级斗争深入的时候，必然要更加积极活动起来。我们若不能迅速消灭他，将给我们以很大的阻碍。消灭这些地主武装的办法：一是靠我们武装去打。但必须去领导游击队、独立团、独立营配合赤少队去袭击包围消灭他，利用土枪、土炮、土炸弹去对付他，不应依赖主力红军去打。其次，除了打的办法外，还应该用政治工作去瓦解地主武装和土匪队伍。分田时，他们中间工农出身的士兵应同样分得土地，要利用他们的家属或派人进去，进行瓦解的工作。

被我们推翻了的豪绅、地主及富农必然要更积极活动起来。他们活动方法主要是：（1）背起零星的枪支隐藏在山上，袭击暗杀我们的工作人员。（2）混进我们的武装和政权中来破坏革命，阻碍分田斗争。（3）用欺骗威胁的办法来迟缓群众的斗争，欺骗落后的分子。我们对付这些反革命是要以革命群众的暴力，用赤色恐怖手段来镇压他。第一，我们对付藏在山上的豪绅、地主及反革命分子，应该发动赤少队搜山捕捉；对积极反革命活动的地主、富农，应立即由群众公审枪决。平时应发动群众严密监视地主、富农的行动。第二，平时应发动群众严密监视检举混入政府、群众团体和武装部队中的豪绅、地主和反革命分子。对积极活动的必须捉起来公审枪决。

过去在肃反中表现最危险的倾向，就是对反革命容忍姑息、妥协让步的右倾。我们应开展反对这种倾向的斗争。少数地方发生过捉到土匪，不审查成分，不分辨首领就杀，这也是不对的。因为这要妨碍我们瓦解他们的工作。今后必须建立坚强的肃反委员会。在新区，肃反委员会不管他是乡是区一级，他的权限应当是很大的。但这里最主要是保障执行阶级路线，不要使反革命分子混入了肃反机关来杀我们贫苦工农。省、县肃反委员会，应建立坚强而有战斗力的政治保卫队，省要有二连到一营，县要有二排到一连，用于肃清地主武装和镇压反革命的活动。

（四）彻底分配土地是完成战争动员不可分离的任务。这个工作我们已有一些经验。最主要的问题，就是靠我们发动农村中的基本群众，热烈来参加这一斗争。群众起来了，地主、富农是容易清查出来的，土地、人口也很快可以登记，并且瞒田也无办法，很快便可把田分好。这里贫农团和工会的作用是很重要的，必须加强扩大其组织并发挥他们的作用。我们要反对迟缓分田的现象，因为地主、富农就是希望迟延分田的。我们要反对原耕不动的分田原则，因为这要使分田的贫农、雇农、工人得不到好田，而且富农可以从中作怪。过去有些地方分配土地斗争中，不去经常严格检查，甚至地主、富农混进了土地委员会都不知道，这必须严格纠正过来。各级土地分配委员会必须坚强。首先就是检查这里面的成分，经常指示他们分田工作方法。龙家寨、杉木村分田时不要土地委员会，由群众去互相盘田，这并不是好的办法，而且是错误的。因为分田中有许多事情必须要有一定的机关来领导指挥，没有这种机关是做不好的，并且富农、地主可以利用机会偷取土地革命果实。分田的时候要特别注意中农的态度，不使他们发生动摇、恐慌。要向他们解释土地革命是不会侵犯他们的利益，而且是于他们有利益的。使他们没有丝毫的怀疑，站在贫农、雇农方面一同来反对地主、富农。这里首先就要靠我们从打土豪分东西起，直到分田都不能侵犯他们的利益。特别要防止把富裕中农判作富农，弄错了的要立刻纠正，并赔偿他的损失。把富农当作地主打，消灭富农的个别错误也必须纠正和防止，因为这样的事情也是可以引起中农动摇的。

在分好了田的地方，应立即进行分山、分鱼塘和房屋的斗争，并应进行查田的运动。如分田分得很坏的地方，地主、富农窃取了土地革命利益的地方，则应重新分配土地。各地方党应不放松地抓紧这个基本的斗争，求得迅速彻底解决新区的土地问题。实际经验告诉我们，土地问题正确解决了的地方，群众积极性要高些，各项工作都有成绩。

（五）加强和巩固党与政权机关的领导力量，改善领导方式，成为目前一个重要的任务。

第一，要反对依然存在着的关门主义，求得迅速在各个部分都有我们党的组织。在每个乡村、工厂、企业、街道、学校等和武装中的每一个伙食单位，都要有党的支部，这才能够保障党的领导的加强。在今天发展党的组织，要把力量用在那些没有党组织的地方，特别要向工人、雇农、苦力打开门，大胆地吸收无产阶级、半无产阶级的先进分子。这里要反对那些“和平发展”的说法。要晓得，我们今天是一个斗争的环境，有什么和平可说！问题只是在于大胆发展当中，要注意防止异己分子混入我们党内来。

第二，仅仅有了很多党员还是不够的，必须健全支部的生活和领导。支部要有很好的分工，每一个党员都要负担一件经常的工作。要健全支部委员会的工作，使他真正能领导本乡的政府、赤少队和其他群众组织的工作，真正成为执行党每一决定的机关和群众中间的核心，这才是健全和巩固了党的领导力量。加紧党员的教育是很重要的，这主要是分配党员做实际工作去训练。其次办法是要经常开办流动训练班。县委应开办干部培训班，培养大批新干部。要加强区委的领导，区委组织和领导加强，才能推进支部的工作。

第三，改善党和政府的工作方式，学习领导群众的艺术。我们在工作中碰了钉子，工作推不动，就要研究其原因，在其中去学习领导群众的方法。譬如塔卧乡开始分田的时候，群众会议总召集不成功，后来发现了土地委员会中有个反革命分子，他在周矮子时代，帮周矮子压迫群众。红军来了他就借红军名义打贫家人“土豪”，并且威吓群众说，现在分田将来国民党军来了就要杀头。后来把他捉起来经群众公审枪决了。群众热烈起来分田，什么工作都好做了。所以领导群众的艺术，就是在于去了解群众中一些实际问题而给以适当的及时的处置，满足群众的要求。党和政府要经常检查下面的工作，指示工作方法。如果只管发决议，下命令，不去检查，这种官僚主义的领导方式，对于我们是最有害的。各革命委员会的工作应该健全起来。党不能去代替包办政权的日常工作，而是应该加强对政权工作的领导，培养政权独立工作的能力。决定了大的问题，大胆交给政府工作人员去做，建立政权在群众中的威信和权力，使群众认识到政权是自己的权力机关。革命委员会里面的消极怠工分子和阶级异己分子应加以清洗，多吸收群众中的积极分子来改选并健全本身的组织机能，使他成为目前战争中坚强的组织者和领导者。在分好了田的地方，应马上进行苏维埃的选举运动，把革命委员会转变成为正式的苏维埃政府。各级军事机关也必须以大力去健全其组织与工作。我们要认识到党、政府、军事机关在领导革命战争当中是三个最主要的机关。我们要反对党不管军事机关工作的错误倾向，同时也要特别注意防止军事机关超过党，不把重要问题提到党的会议上讨论，只是通知一下党、脱离党领导的危险倾向。当然军事机关是有他的直接指挥系统的，但在军区指示方针下，各级军事机关必须协同当地同级党讨论决定具体执行的办法。

在边区、战区的党，我们应有秘密工作的准备。特别是边区的党更要注意，因为敌人容易伸进来破坏我们党的组织。在敌人暂时占领区域的党，应在当地继续活动，领导群众反抗白色恐怖，反对拉夫、修马路、筑炮台的斗争，反对取消一切活动的退却逃跑。全党应注意瓦解白军的工作，除对白军士兵进行一般的宣传鼓动外，应利用各种关系打入白军中活动，特别是边区乡、战区和被敌人暂时占领地区的党，要努力进行瓦解白军的工作。

同志们！这就是目前党最紧要的战斗任务。我们同敌人决战快要到来了，我们担负着伟大的历史任务。各个战线上面正在那里与敌人肉搏冲锋，前方战士正在那里摩拳擦掌，准备同敌人拼个你死我活，战争形势是很紧张严重的。我们及时把上面任务完成，才更能增加前方的战斗力量，保障迅速粉碎敌人的大举进攻，最后彻底地粉碎敌人的五次“围剿”。

中共湘鄂川黔省委

红六军团政治部关于党团员在战斗中的任务

（一九三五年一月十六日）

A、战斗前

1．每一党团员要知道，战斗是战争之主要的与决定胜负的主要关键。因此，政治工作的主要任务是加强与提高部队的战斗力。这种任务党团员应担负，因为党团员手里握有启发红色战士勇气的钥匙，握有“帮助”胜利的广大可能。所以，每个党团员应努力发扬共产党的坚毅性，而且给共产主义者开展了巨大的工作场所，以表现并发展共产主义的质量。“在战斗中谁的目的明显，谁详细了解敌我的情况，谁的动作坚决勇敢奇妙，谁为达其目的而表现顽强，谁即可得到胜利”。（苏联野战条令第四七条）

2．每个党团员应深刻了解战争的重要政治意义，并向非党团群众作解释。

3．党团员应明了敌我力量的对比和我们胜利条件，向群众宣传，坚持战斗胜利信心，提高战斗勇气。

4．在预备战斗时，进行参加党的支部会、小组会，并以英勇战斗，执行上级命令，起到核心作用。

5．不间断地同非党团群众谈话，以坚定其为苏维埃，为工农利益而奋斗到底。

6. 加紧军事宣传，领导全体战士加紧战斗准备（自己手中所握着的武器、枪支、弹药、刺刀、手榴弹等，准备领导战士投入冲锋）。

B、战斗时

1．在战斗中，党团员首先就要保障上级和自己首长命令的执行，勇敢冲锋或顽强抵抗。

2. 党团员在战斗中应为战士的模范，以身作则地表现出怎样与敌人搏斗，帮助指挥员来建立射击纪律和防毒、防空、对空纪律等。

3. 党团员在战斗中，应互相认识，互相激励，监视自己及党内同志，互相保持亲密的团结，准备于每分钟内彼此互相援助。

4. 领导全体战士对白军士兵作宣传鼓动工作。

5. 共产党不仅是工人阶级最革命的而且觉悟的一部分，这种觉悟在战斗中尤其需要。因此，每个党团员在战斗中要有充分的阶级觉悟，能为阶级利益而领导群众奋斗到底。

6. 在战斗中，要求每个党团员具备牺牲、英勇、果敢、坚决、无畏、顽强的决心来以身作则，发挥先锋模范作用。

7. 攻击前，党团员提出简单的鼓动口号与提出具体战斗目标（这里党团员须注意保障军事秘密），这经常是很有作用的。

8. 在攻击中，每个共产党员要为保证战斗任务的完成而牺牲一切的英勇坚决作模范，与一切动摇与慌乱现象作斗争，如发现拖枪投敌的叛逆分子就地射击。

9. 支部的党团员在战斗中，须以自己的勇敢与毅力作模范。在战斗危急之际，党团员须站在最前线，不顾一切，坚决沉着地消灭敌人，争取最后的全部胜利。

10. 在追击中，党团员应以身作则，防止一切发洋财观念或借口收集战利品、照料伤员而掉在后方。并与这些现象作斗争。

11. 在追击中，党团员应提出“不让敌人走脱一枪一弹”、“猛烈追击”、“加紧搜索”、“收集胜利品”，以争取战争的圆满胜利。

C、战斗后

国内战争的环境，使我们在战斗胜利后，休息整理时间常很短促，还要进行连续战斗。因此，战斗后党团员的工作应要求极速度的紧张：

1. 采取各种方式，进行巩固部队的战斗情绪。

2. 检查党团员在战斗中的工作。

3. 整理党的组织，补充及提拔党的干部。

4. 重新配备党团员，发展党团组织，加强党的组织。

5. 与地方党团建立联系制度，进行扩大红军工作，在战斗胜利后，占领新的区域应努力扩大红军工作。

6. 党应派出自己的同志去安慰伤员。

7. 加紧胜利宣传，巩固和发扬部队中的战斗情绪进行连续战斗，争取新的伟大胜利。

附：这一材料是供给每次战斗中党团员的参考，并在每次战斗的政治准备工作中，提到支部、小组会去讨论，使每个党团员都能了解这些问题后并在实际的战斗中负起这些责任。

红六军团政治部

于大庸毛坪

中共湘鄂川黔省委关于土地问题的决定

（一九三五年一月二十八日）

彻底解决土地问题，是肃清农村封建与半封建势力，巩固与扩大新的苏维埃区域，动员广大群众参加战争的主要前提之一；也是中国革命的基本任务之一。只有使土地革命的果实完全落在雇农、贫农、中农的身上，才能大大地提高广大群众的政治积极性，更进一步地改善工农群众的物质文化生活，吸引他们整个的力量与热忱，卷入工农民主专政新的国家建设工作之中，卷入神圣的保卫苏维埃领土的民族革命战争之中。

最近二三个月来党在艰苦的领导斗争中，运用了老苏区，特别是江西苏区过去分田与查田的宝贵经验，领导了塔卧、龙家寨等区，以及其他各地各个乡村的广大群众的分配土地的运动。在这些区域内许多乡村已经依照党的正确的路线与策略分好了田，群众的积极性与保护土地革命利益、保卫苏维埃的决心是大大提高了。然而多数地方党部与革命委员会不了解土地斗争的重要意义，缺乏充分动员群众的工作方法，甚至重复了过去分田中的许多错误。如抽多补少，抽肥补瘦，原耕不动，分田不分青苗，以及登门造册，挨户调查等非阶级非群众路线。特别是有些地方地主、富农，以及地主、富农派遣忠实走狗混进革命委员会与土地委员会，造谣、威胁、欺骗、阻止群众的分田斗争。而我们的党政工作人员，尤其是肃反机关的工作人员，没有高度的阶级警觉性，尖锐地揭破与动员群众严厉地镇压一切地主、富农、反革命分子的活动。所有这些错误和缺点，必然要阻碍分田运动，造成地主、富农窃取土地革命果实，或者“分假田”的恶果。省委为着迅速地彻底地解决全省土地问题，防止与纠正土地斗争中的一些错误，特作如下的决定：

（一）各级党部必须立即领导青年团、革命委员会、肃反委员会、工会与贫农团等，一致动员起来，进行分配土地的突击运动；立即以县为单位召集政府负责人员、土地委员会与贫农团主任的联席会议，同时在县、区两级及先进区乡征调积极干部，给予几天的训练，组织分田突击队。首先集中力量，抓住几个重要的区乡突击。定出十天或半个月的工作计划与工作日程，并以县为单位，征调各乡干部，开办分田训练班（十天一期，每月两期）。

（二）计到新区环境的复杂，才暴动起来的农村无产阶级和农民的阶级觉悟程度的不够。同时，刚被推翻之封建与半封建阶级，利用他们现在还保存的经济的政治的势力，过去统治的经验与一切封建关系，疯狂的企图复辟，首先就是反抗土地斗争。因此，必须充分地说服群众，揭破地主、富农的阴谋活动与欺骗宣传，尤其是镇压他们破坏分田的企图。各级党部必须根据省肃反委员会第一号训令，提高阶级警觉性，大量发挥各级肃反机关的权能，执行革命群众暴力的赤色恐怖，严厉镇压地主、富农的阴谋破坏、公开的秘密的活动与反抗分田斗争。

（三）在土地斗争中必须执行明确的阶级路线，以农村无产阶级为基础，依靠贫农，巩固与中农的联盟，以消灭地主和削弱富农。这里首先必须正确地分析阶级，判定一个地主或富农必须经过工会支部与贫农团会议的讨论，再由群众大会表决通过。对于那些介在中农与富农之间的疑似成分，以及没有把握判定的成分，必须报告上级批准。其次在分配土地方面，必须反对“抽多补少，抽肥补瘦”以及“原耕不退”等错误办法。贫农自己少数的土地，原则上应拿来同没收来的地主、富农土地一起混合均匀地分配。中农的土地非经本人同意不能平分。再次是避免一切氏族与地方斗争。在过去或现在发生姓界斗争的地方，在分田时应先召集两姓的代表会，缔结“团结公约”。充分说服群众，解释过去这种受豪绅地主欺骗的错误，发动本村本姓的贫苦工农，反对本村本姓的地主、富农，以阶级斗争代替姓界斗争。

（四）只有发动了广大群众自己动手来没收与分配土地，才能彻底解决土地问题。因此，必须进行充分的群众动员，派出大批的流动宣传队与分田突击队，到村子屋场群众中去“查阶级”、宣传土地法令及分田方法；宣传老苏区群众得到土地革命利益，生活大大改善的事实；发动党团支部、工会、贫农团热烈地讨论参与“查阶级”的运动。首先将地主、富农彻底查出，然后进行户口登记。关于登记土地的数量和质量，必须动员整个的工会支部，贫农团会员，吸引中农在党支部的领导与乡革委、土地委员会突击队的指示之下，分几路到田野中去正确估量与按丘登记。在分配时关于距离、春肥、分青苗（青苗应归分得田地的人耕作与收割，不过要偿还原耕之贫苦农民以人工、种子、肥料费或估计成本与劳动力，由分得田的人收获后，分几分之几给原耕之贫苦农民）等问题，应倾听与遵照群众的意见，由土地委员会协同工会、贫农团、革委会将田分好，发展群众讨论与认识自己的田。

（五）分配土地与武装斗争是不可分离的任务。因此，动员广大群众，消灭民团及一切反动武装，用一切旧式武器武装广大群众，建立赤少队与游击队，必须与分田斗争同时并进。过去有些地方脱离武装斗争去分田，以致工作人员、土地委员被民团、土匪杀害，或者因动员群众消灭反动武装而停止分田，这些都是错误的。

（六）在土地斗争中，应抓住群众高涨着的政治情绪，立即执行红军优待条例，帮助红属春耕，解决红属的一切困难问题。发动群众耕种红军公田，来造成热烈的扩大红军运动，动员广大工农加入红军。在分田的各种群众会议上，进行充分的鼓动与征集新战士的工作。同时从彻底消灭地主经济，没收与查出地主财物、粮食，向地主罚款等工作中（在已经确定了阶级的乡，应开始向富农捐款），筹定大批战争经费与收集粮食（与征发富农多余粮的一部分），充实红军给养，争取前线上的胜利。

（七）在分配土地之先，县区政府必须重新划分乡的行政区域，破坏旧的行政疆界。划定后，哪乡的土地，即归哪乡的群众去分配，防止乡与乡发生争田的现象。分好了田之后，应立即进行分山（大森林不分），分土，分池塘和房屋等，并没收地主及富农多余的耕牛、农具，组织犁牛合作社，解决贫苦农民的种子与粮食问题。同时由政府发给土地所有证，使农民深信，已经分得的土地，即是自己的土地，使土地在农民手中巩固起来，并热烈参加生产，发动广大的春耕运动，进行土地建设，使广大农民由土地上得到更多的利益。

（八）各级党部接到这一决定后，应立即召集会议，检查土地斗争，开展反对富农路线。反对对革命斗争估计不足，和不相信群众力量的右倾机会主义；反对“左”的侵犯中农利益与消灭富农的倾向；反对远离群众的官僚主义。并定出具体工作计划，进行分田突击运动。在已经分配了土地的地方，立即检查土地，继续深入“查阶级”的斗争。在分配了土地而没有查出什么是地主、富农的地方，立即进行查田运动。只有在土地革命果实落在地主、富农身上的地方才应重新分配土地。在分田斗争中应实行严格的工作检查，执行“三日检查”制，随时纠正下面的错误与给予分别的指示，防止“分一次错了又分一次”的现象。

中共湘鄂川黔省委

于塔卧

中共湘鄂川黔省委为筹足革命战争经费，收集粮食，统一财政，反对贪污浪费给各级党部的指示

（一九三五年一月二十九日）

各级党部亲爱的同志们！

目前在我们战线上与敌人新的决战，对于湘鄂川黔苏区的巩固和发展，以及配合全国红军最后的粉碎五次“围剿”是有严重的意义。我们党的中心任务，应当以一切努力来争取这一决战的全部胜利。筹足革命战争经费，收集粮食，保证革命战争的物质供给，是争取这一决战全部胜利的条件之一，同时统一财政反对贪污浪费，是筹足革命战争经费不可分离的工作。因此，省委特有下列的指示：

（一）关于收集粮食

粮食恐慌已经威胁在我们的前面了，而收集粮食工作恰是我们工作中最薄弱的部分。各级党部与政府必须立即动员，在分配土地斗争中收集大批粮食。一方面在分田查阶级当中，全部没收地主粮食，另一方面发动群众在解决种子与粮食斗争中，来彻底调查地主以前隐藏的或寄存的粮食（但今年没有缴给地主的租谷，我们不能向贫苦工农收取这种租谷）。在广大群众的发动之下，我们一定能查出很多粮食，但没收来的粮食一定要分一部分给当地最贫苦的群众，以解决他们的粮食问题。否则定要脱离群众，而收集粮食工作亦无法完成。

其次要从发展游击战争中，去白区运一部分粮食回来。白区地主粮食，应大部分给当地群众；同时发动新区群众同武装队伍去挑一部分，多宣传他拿出一半或三分之一来供给红军。并建立各级政府粮食部的组织和工作。

（二）关于筹足革命战争经费

新的苏维埃区域革命战争经费的负担应当完全加在剥削者——地主、富

农、资本家身上，这是苏维埃财政政策的原则。在阶级斗争中与地主斗争深入的地方，我们已经获得了一些成绩，但是地主的经济势力并没有完全消灭。而在阶级斗争与地方斗争不深入的地方，更有隐藏的豪绅地主及其财务没有被查出来。为着完全消灭地主封建的经济势力，筹足革命战争经费，必须深入阶级斗争和土地斗争的当中，团结工会、农工会、贫农团等群众团体。发动广大的工农群众“查阶级”，调查地主隐藏的财产，给以完全的没收，同时要严厉向地主罚款，反对对地主丝毫的怜悯姑息。特别是现在才查出的地主，要立即没收与捉他罚款，要很好地进行没收征收的工作。凡是金、银、花边、铜元都应缴给财政机关。衣服、被窝、用器等东西，尽量地散发给当地贫苦工农。应用技术审讯地主与搜挖地主的“地窖”，而且要积极设法去捕捉潜伏或已逃跑之地主罚款（但已缴清罚款之地主，必须经过肃反委员会严格审查后，才能释放）。

我们不仅要在新的苏区内部消灭封建的经济势力，来筹足革命战费，而且要在白区发动群众斗争与游击战争，来筹足革命战争经费。这就是要游击队在深入白区当中捉土豪筹款。各独立团营、游击队将收集资财，看成是自己的主要任务之一，但是要保障阶级路线的执行，防止脱离群众的现象。

富农捐款是削弱富农的经济势力，是筹足革命战争经费的来源之一，但是只有在已经经过群众确定了阶级的地方才能进行。现在有个别地方没有确定阶级，便无限制地随便地向富农捐无限制的款，以供给他们零星的应用，这一定要走到消灭富农、动摇中农的倾向。为着执行我们的正确的政策，巩固工人、贫农与中农的联盟，坚决反对富农，必须立即纠正这一错误（富农捐款不能超过他的流动现金的百分之四十）。在已分了田的地方，应征收富农多余的粮食的一部分。在城镇中必须向资本家、商人征收商业累进税，以扩大财政的收入，充裕革命战争经费。

（三）关于统一财政

首先建立与健全各级财政机关。各级革命委员会应该把财政机关的工作看作是自己一个重要部门。同时各级党部应当加强对于财政机关的领导，以保证财政的统一与完成党的政治任务，适合革命战争的需要。党应派忠实的同志到财政机关工作，提拔大批财政工作干部，充实与健全财政机关。实行预决算制度。各级机关的用费和地方武装（独立团、营）必须有预算和决算。在财政机关整个计划和规定之下，实行审查批准开支。以后一切没有预算和决算的用费，财政机关都不能负责认账和不发款。乡、区的现金不应保留，县亦不应多留现金，而应集中送到省革命委员会财政部。各级机关的行政经费须有预算、决算，报告省财政部，批准发给和转账。一切自由动用公共的款子和各自保守公共的款子，都是破坏财政的统一，必须给以严厉的打击。

（四）关于反对贪污浪费

在我们财政工作还未统一，反对贪污浪费斗争没有开展，阶级斗争还未普遍深入的情形下，混入在我们革命队伍中间的，特别是混入财政机关的害虫，毫无疑义的是有不少的贪污浪费。如龙家寨最近发现的贪污浪费案，已引起我们的警觉。这种贪污浪费是破坏苏维埃的财政，直接危害革命战争的行为。这是说明了我们加紧反对贪污浪费斗争的重要性。我们除了统一财政，在根本上杜绝贪污浪费的源泉以外，还应当消灭已经产生出来的贪污浪费现象，及破获隐藏着的贪污案件。首先要开展反对贪污浪费的群众斗争，把中央政府关于反贪污浪费的命令在群众中进行广泛的宣传和解释，抓住某一个贪污浪费的分子及其具体的事实，给以严格打击，来教育群众，把混入我们队伍中的贪污分子洗刷出去。同时各级财政机关应立即组织经济审查委员会，审查过去各机关及地方武装中的一切账目，在群众中间公布出来。审查的标准应根据地主罚款，富农捐款，没收祠堂、庙宇各种会的款子，没收豪绅、地主的粮食，各项用费等去审查。并且须深入群众中去考察以破获一切贪污案件，不让一个钱落在贪污分子的肮脏手里，使我们筹得的一切经济都能集中用到革命战争上面，争取战争的胜利。

中共湘鄂川黔省委

怎样开办支部流动训练班

（一九三五年一月三十一日）

一、开办支部流动训练班的意义

支部流动训练是支部教育党员、培养干部最主要的方法。在我们湘鄂川黔新的苏区猛烈发展的形势当中，无数的群众领袖和积极、先进、觉悟的分子似潮水一样涌进到党内来，这就加重了我们教育新党员的任务。新党员教育的加强，就是增加了党的战斗力量，直接帮助着战争动员工作的开展，和彻底的最后的粉碎五次“围剿”。在这里，支部流动训练班的开办更有严重意义。

二、支部流动训练班的组织

以小组为单位，人数五个至十五个组成一班。如人数少的小组，可以两组合并组成一班，内推班长一人，负管理的责任。如人数多的班，可在之下划分学习小组，人数三人至五人，设组长一人，做辅助班长管理的工作，同时在全班上课后，领导全组同志去研究和复习上课的材料。

小组多的支部，可以同时组织几个班。上课的时间按照班的数目轮流去上。如某个支部组成了三个班，则每班每隔三天轮流上课一次。其次〈以此〉类推。支部流动训练班是不脱离生产的组织，因此上课的时间，应在晚上，每次顶多只要上二点钟。训练班的地点，要设立在训练班内同志集中的中心地方。每上课十五次至二十次为一期。

三、教员、教材与教授的方法

1．教员：区委宣传科要组织流动训练教育委员会，吸收支部的党员教育干事和支部中文化程度较高的同志参加委员会，并训练他们为支部流动训练班的教员，要使他们深切了解教材的内容和教授的方法。一切不耐心地去训练当地的教员，而请求上级派教员来，在当前这种情况底下，是不可能的，事实上是对开办流动训练班机会主义的消极。

2. 教材：采取省委翻印的《新党员训练大纲》、苏维埃各种法令以及党每一时期发出的各种决议、决定和工作指示。在每个问题底下，提出详细的讨论提纲。材料的供给由区委宣传科计划。

3. 教授方法：要使教授的材料深入学生的脑海。不只是对于每个问题包括的内容，分条的详细的解释和浅近比喻的说明，而且要把教授的材料与支部的环境、生活及其工作紧密地联系起来。这样，一方面能把材料反映在学生脑海里，另一方面又可在实际工作中去实现。同时要用先报告与解释，后讨论和结论的会议方式。最后，要用问答的方式去考察学生的程度和引起学生的注意。区委宣传科应该要选好培训教员。教员在上课之先有很好准备，才能达到这样的教授方法。

四、区委宣传科对于支部流动训练班的领导

区委宣传科要把领导支部流动训练班的工作看作是自己的主要工作之一，对于支部流动训练班的忽视是不能容许的错误。区委宣传科不但要经过流动训练班教育委员会去训练教员，计划开班，而且要加强对支部党员教育干事的领导，使他成为支部流动训练班的主要负责者，同时要派人去帮助和检查支部流动训练班的工作，创造支部流动训练班的模范。

中共湘鄂川黔省委宣传部

中央及军委致湘鄂川黔省委及二、六军团关于战略问题的指示电

（一九三五年二月十一日）

省委及二、六军团负责同志：

（一）关于目前湘鄂敌人向你们进行的“围剿”，是用了何键的全部兵力及徐源泉、郭汝栋等部，情形是严重的，但在你们正确与灵活的领导下是能够打破的。目前南京政府的统治正进一步崩溃，全国革命斗争是增长不是低落。一些苏区及红军虽遭到暂时的部分的损失，但主力红军存在，游击战争是发展着的。四方面军正在向川敌进攻，我野战军正在云、贵、川广大地区活动，与你们相呼应，新的胜利已摆在你们与全国红军的面前。

（二）你们应利用湘鄂敌人指挥上的不统一与何键部队的疲惫，于敌人离开堡垒前进时，集结红军主力，选择敌人弱点，不失时机，在运动中各个击破之。总的方针是决战防御而不是单纯防御，是运动战而不是阵地战。辅助的力量是游击队与群众武装活动。对敌人采取疲惫、迷惑、引诱、欺骗等方法，造成有利于作战的条件。

（三）当目前敌人尚未急进时，你们可以向陈渠珍进攻，但须集结五至六个团行动，对陈部作战亦不可轻敌。

（四）你们主要活动地区是湘西与鄂西，次是川黔一部。当必要时，主力红军可以突破敌人的围攻线，向川黔广大地区活动，甚至渡过乌江。但须在斗争确实不利时，方才采取此种步骤。

（五）为建立军事上的集体领导，应组织革命军事委员会的分会，以贺、任、关、夏、萧、王为委员，贺为主席，讨论战略战术的原则问题及红军行动的方针。

中央及军委

中央书记处对二、六军团是否应该北渡长江的问题给任弼时同志的指示

（一九三五年四月五日）

弼时同志：

目前，你们那里胜利还是存在着的，仍应尽力在原有地区争取胜利。至于现在提出以后可能转移地区的前途问题，我们认为是适当的。如果渡江对于你们不成一个困难问题时，我们可同意你们渡江的意图，但这只是你们认为在原有地区不利于作战，且红军主力非转移地区不足以保存有生力量时，才可实行。对渡江的可能问题，你们必须精密地估计一切可能发生的困难与必须的准备工作。

中央书记处

二、流传在永顺的民间歌谣

好比儿女望爹娘

五黄六月望风凉，十冬腊月望太阳。
穷人只望共产党，好比儿女望爹娘。

穷人天天盼红军

穷人天天盼红军，夜头等到太阳升。
一壶好酒煨干了，木炭又添好几盆。

穷人只望贺龙军

上不起坡望坡平，六月天上望乌云。
口渴只望凉水井，穷人只望贺龙军。

听说红军翻了界

听说红军翻了界，拿刀去修路边柴。
等到三更半夜过，听到风声又起来。

翻身日子就要到

鸡公叫，红军到，腰里挂的盒子炮。
打倒土豪济贫农，翻身日子就要到。

红军是我穷人军

金银花开一根藤，蜡烛点亮一条心。
红军是我穷人军，吃颗芝麻平半分。

对待百姓亲一家

地米菜，开白花，红军哥哥到我家。
不是百姓故意夸，红军哥哥太好啦。
不是你争水桶挑，就是他把扫把拿。
不要百姓一灯草，对待百姓亲一家。

红军到了我的家

红军同志好辛苦，半夜时候到我屋。
恶霸土豪吓跑了，我们百姓才归屋。
口叫一声红军哥，抱柴烧水你洗脚。
今晚就在我家歇，明日再把土豪捉。
红军同志我家来，煮饭烧了几捆柴。
天亮起来开兵去，还给我家把钱开。

想红军来爱红军

想红军来爱红军，红军还比爹娘亲。
前娘后母有假意，红军永远是真心。
想红军来爱红军，红军到了我们村。
大路不平红军铲，扬眉吐气把冤伸。

定把江山夺回来

斧头不怕硬棍柴，红军不怕反动派。
红军百姓团结紧，定把江山夺回来。

村里来了贺龙军

村里来了贺龙军，好比日晒得遮阴。
田里无水栽得秧，路边凉水点得灯。

红军一到幸福来

阳雀一叫百花开，红军一到幸福来。
肚子不要填野草，走路也把脑壳抬。

红军进了村

鸡不叫，狗不咬，红军悄悄进村了。
只在堂屋开地铺，一不吵来二不闹。
光着头，赤着脚，半夜三更把敌摸。
摸到白匪用刀杀，摸到土豪捆着拖。
敌人见了缩脑壳，穷人见了笑呵呵。

最好队伍是红军

最好队伍是红军，红军做事最文明。
公买公卖合情理，到处人民都欢迎。
石榴开花满树红，红军个个都英雄。
坚持斗争有出路，杀敌立功真光荣。
打倒土豪和劣绅，农民兄弟把田分。
成立政府苏维埃，人民当家作主人。

红军威武震山河

高高山上红军多，红军个个是穷哥。
今日梭镖拿在手，红军威武震山河。

白匪好比瓦上霜

白匪好比瓦上霜，红军胜似红太阳。
太阳一出霜融化，枪声一响白匪光。

想起老百姓

吃的篙子粑，睡的猪油渣。
想起老百姓，再苦也不怕。

红军呱呱叫

红军背的刀，白军抬的炮。
两下接火线，红军呱呱叫。
白军胡乱打，红军都伏下。
你歇我来打，白匪乱如麻。
扯起腿杆跑，枪炮全丢下。
红军哈哈笑，百姓个个夸，到处都开胜利花。

红军来了财主慌

火烧竹子“噼啪”响，红军来了财主慌。
脸色好像黄书纸，走路脚像筛粗糠。

处处建立苏维埃

钢刀不怕青冈柴，红军不怕反动派。
穷人跟着共产党，处处建立苏维埃。

一定扎根闹革命

穷人穷得好伤心，无衣无食泪淋淋。
我们要想出头路，跟着红军闹革命。
我们人人去参军，打倒土豪捉劣绅。
一心一意跟党走，定要扎根闹革命。

扩红

扩红一百，只要一歇。
扩红一千，只要一天。
扩红一万，只要一转。

鲤鱼敢跳千尺浪

脚杆打断筋没断，接好骨头又爬山。
鲤鱼敢跳千尺浪，穷人就是要翻天。

天下要归苏维埃

红军来了心实在，天下要归苏维埃。
不信你到门口看，分田分地正插牌。

分田分地乐陶陶

红军百姓团结牢，打倒劣绅和土豪。
一切权力归农会，分田分地乐陶陶。

打倒土豪除大害

红军打到永顺来，平分土地插了牌。
打倒土豪除大害，一步一步上高台。

穷人喜欢苏维埃

太阳当顶又当岩，蜂子朝阳午时来。
财主喜欢进衙门，穷人喜欢苏维埃。

参加儿童团

年纪一十二，参加儿童团。
白天站岗哨，夜里做宣传。

拿起梭镖跟贺龙

大路弯弯像条龙，一家发财九家穷。
要过翻身好日子，拿起梭镖跟贺龙。

黑夜有了北斗星

吃菜要吃白菜心，当兵就要当红军。
穷人跟着共产党，黑夜有了北斗星。

红军到了十万坪

红军到了十万坪，我们个个去参军。
红军到了十万坪，打倒土豪和劣绅。
红军到了十万坪，一心一意为穷人。
红军离开十万坪，我们要扎革命根。

大家都来当红军

大家都来当红军，配合工农打敌人。
土豪劣绅和地主，打他一个不留情。
大家都来当红军，个个都是受苦人。
一根藤上结的瓜，红花绿叶互映衬。
大家都来当红军，红军个个目的明。
不为个人不利己，为的大家求翻身。

当了红军好大家

郎当红军妹在家，家中事情莫牵挂。
住在家里一人好，当了红军好大家。

送儿送女当红军

送儿送女当红军，送一村来又一村。
嘱咐儿女把敌杀，得胜回来看双亲。

妹儿送郎当红军

妹儿送郎当红军，漂白帕子递一根。
郎走夜路不要怕，当得天上月点灯。

胆大包天出远门

妹儿送郎当红军，闲言怪语郎莫听。
半斤鲤鱼三斤胆，胆大包天出远门。

当兵就要当红军

吃菜要吃白菜心，当兵就要当红军。
胆壮心雄志愿大，砍断枷锁庆翻身。

决心跟着共产党

乌鸦要叫尽它叫，风吹竹子尽它摇。
决心跟着共产党，踩不断的铁板桥。

就是海水也浇干

要行船儿不怕荡，一心要跟贺军长。
土豪恶霸有多少，就是海水也浇干。

当兵要跟贺龙走

打铁不怕炸火星，撑船不怕河水深。
当兵要跟贺龙走，铁打肝肠铜打心。

跟着红军打土豪

三斤毛铁打梭镖，跟着红军打土豪。
分他田来分他地，砍他脑壳当粪瓢。

火烧芭茅不死心

韭菜割了又长青，火烧芭茅不死心。
三斤毛铁打把刀，连夜去找贺龙军。

变鬼也要拖枪杆

要当红军打江山，不怕刀枪摆面前。
阎王殿上蹬三脚，变鬼也要拖枪杆。

生死要跟红军走

桐子开花心儿红，我们穷人爱贺龙。
生死要跟红军走，哪怕刀子割喉咙。

为了革命不怕死

骑虎不怕虎上山，骑龙不怕龙下潭。
为了革命不怕死，死为人民也心甘。

送红军

红军同志上了坡，百姓纷纷眼泪落。
亲爱兄弟和姐妹，久后一定要会合。

红军半夜要开兵

红军半夜要开兵，家家檐口挂盏灯。
桐油添了几灯碗，灯草换了两三斤。

哪天不盼老红军

高高山上云套云，天下穷人心连心。
星星跟着月亮赶，哪天不盼老红军。

红军走了我心伤

红军走了我心伤，门外来了国民党。
老的赶得没屋坐，少的赶得没处藏。

么时等得红军转

年年拖账没有钱，顿顿吃饭没有盐。
么时等得红军转，挖坨泥巴把坑填。

真金不怕烈火炼

刀砍藕断丝相连，钥匙套锁锁套环。
任你砍来任你杀，真金不怕烈火炼。

三、流传于永顺的红色故事

（一）智算“华容道”

贺龙在兵发十万坪的途中，命令一排枪手埋伏在龙家寨通往塔卧的必经之地梨子坳，排长心里很不是味道。十万坪战斗打响后，枪炮声不断传来，他和战士们坐在坳上，牢骚满腹，埋怨贺老总，让他们在这寒风呼呼的山坳上挨冻受冷。正在这时，几十个残兵败卒向梨子坳窜来，周矮子夹在当中。他一身叫化子打扮，烂棉衣上捆了一根稻草索子，手拄一根木棍，来到坳下哈哈大笑道：“都说贺龙用兵神出鬼没，我看也不过如此。如果是我，定会在这里埋伏一支人马……”他话没讲完，只听一声冲杀声从坳上压下来。这一仗，残兵败卒全部被歼，单单走脱了周矮子这个“叫化子”。

打扫战场后，贺龙问那个排长，有没有逃敌窜来，排长的脸被问红了。贺龙对他说：“这叫智算‘华容道’。”

（二）巧摆“骄兵计”

贺龙率兵来到离永顺县城三十里的吊井岩，在两面山上埋伏了人马，等待追敌。

周矮子知道贺龙足智多谋，善于用兵，进入永顺城后，迟迟按兵不动。

贺龙等了几天，不见敌人追来，便暗暗留下一个营兵力继续埋伏，大队伍浩浩荡荡向龙家寨挺进。

周矮子得到密探报告，才知道贺龙人马不足自己的三分之一，于是连夜与皮德沛、杨其昌、龚仁杰私密商议，火速追赶贺龙，立誓要把贺龙消灭在永顺境内。

次日清晨，先头部队在吊井岩与红军接火，不上半小时，红军撤出阵地后败退。周矮子见红军一触即溃，骄气更盛，命令紧紧追赶。接着又在新寨坪凉亭坳打了几下，诱敌的红军继续向北败退。周矮子哪知是计，更加洋洋得意，骑在马上冷笑，扬言“贺龙不过如此！”催马加鞭，直逼龙家寨。乘胜追击来到十万坪中时，突然两面山上枪炮齐发，将一万多敌军锁在“口袋”

里打了几个小时，打得敌军晕头转向，狼狈逃窜。这就是有名的“十万坪大捷”。可惜，让周矮子这条鲨鱼漏网逃脱了。

（三）扔炸弹

龙山石牌洞对面的山沟里，有十几个天坑眼，传说是贺龙扔炸弹造成的。

有一次，红军在龙山打了一个大胜仗，抓了 1000 多俘虏，缴获的枪支弹药数也数不清。第二天在石牌洞召开祝捷大会。

台上坐着贺龙将军、任弼时委员、萧克军长、关向应政委、王震、甘泗淇等领导。台下红军、百姓一两万人。开会搭台，大家唱的唱、笑的笑，热闹得很。

大会开始，贺龙将军作报告，他蓄着青虎虎的一字胡，嘴里含着小烟袋，他边说边笑，台下一时哈哈大笑，一时鸦雀无声。忽然间，来了 5 架敌机，台下百姓吓得乱叫乱跑。贺龙镇定自若，大声呼喊：“不要惊慌，不要紧，坐下来！”说完又继续作报告。

飞机绕着会场打了几圈后，对准台上开始丢炸弹了，丢下来一颗，贺龙接一颗，往对面山脚扔一颗，飞机丢了十几颗炸弹都被贺龙接住了。飞机不敢再丢，掉头回去了。

台下的红军战士和老百姓看得入了神，称赞贺龙将军是天神。贺龙扔完最后一颗炸弹，又继续作报告。

（四）“马夫”

1935 年夏天，红军刚在大庸驻扎下来，一位穿戴阔绰的绅士来到军部，他看见一个马夫打扮的红军在打扫渣滓，上前问道：“马夫，你们贺军长在哪里？”这个马夫打量了一眼来人，反问道：“你是什么人，找他有什么事？”那绅士拿出一张名片：“请你交给贺军长，说我有机密之事与他商量。”马夫正想和他风趣几句，这时警卫员跑出门来立正在马夫前报告：“贺军长，请你接电话。”绅士目瞪口呆望着贺龙，连说：“失礼，失礼。”贺龙笑道：“没关系，请进屋里叙。”

（五）稻草人

1935 年的深秋，红军军部驻扎大庸丁家溶休整。一天，贺龙下达命令、红军战士和家属，每人扎一个稻草人。

第二天一早，几十个红军战士在一块宽阔的坪场里，搭起了一个会台，挂了横幅，主席台上还摆了几排长凳。各团战士听候命令整队入场。

早饭后，每个战士和家属，各抱着一个稻草人进入会场。大家你看我，我看你，好笑得很，不知道贺军长今天要演什么戏。这时，贺龙出现在主席台上，向同志们喊话，要大家将稻草人整齐列队，然后退出会场。

不一会，西边的天际出现了 12 个黑点，传来了轻轻的雷声。渐渐地，黑点越来越大，变成 12 架飞机向丁家溶扑来。这群飞机绕着会场飞了几圈，看见主席台上和满坪场的人，好不欢喜，一个俯冲，丢一批炸弹，12 架飞机的炸弹丢完后，才调转头回去。

躲藏在附近树林子里的红军和家属，望着浓烟滚滚的会场笑了，这时大家才知道贺军长命令扎稻草人的用意。

（六）踩生

1934 年腊月的一天晚上，红军的队伍正经过永顺城里的岔那，这是一个土家族聚居的山寨，有二三十户人家。某连连长路过寨子时，忽然听到阵阵痛苦的哭喊声，便交待副连长带领队伍继续前进，自己带了一个战士循着哭声的方向走去。

他们来到一家土墙茅屋门前，屋里的哭声还在继续。揪心的痛哭迫使他们冲进堂屋，忽然被一个土家汉子挡住，鼓着一双铜铃大眼问道：“你们要干什么？”连长向他说明来意，那汉子摇了摇头。原来是他的妻子遇上头胎难产，正请巫婆装神弄鬼。连长一听飞奔出门来到路口，刚好碰上团部卫生队路过，简单向卫生队长汇报了这个情况，当即派了一名女护士长跟随连长去抢救难产妇女。

护士长冲进房内，几个妇女大吃一惊。她来不及解释，一把拉开正在蛮干的巫婆，来到产妇床边。这时，连长站在房外向房内喊话：“老乡，我们是贺龙领导的红军，是为老百姓打天下的队伍。这位女同志，是我们卫生队的护士长，医术很高，抢救过几次难产病人……”

护士长经过两个多小时的紧张手术，婴儿出生了。“哇哇”的哭声使站在门外的土家汉子流下了激动的泪水。他再也忍不住冲进房，站在床边，妻子无力地对他说："要谢谢这位红军。"

汉子深深地给护士长鞠了一躬。这时连长进来催促护士长赶队，土家汉子和他的阿妈双手拉住他俩不让走，把门外的红军战士也请进来，泡了三碗红糖炒米，要他们吃。不管连长怎样解释，不吃炒米阿妈硬是不让走。没办法，连长只好带头吃了这碗甜津津的红糖炒米。接着，阿妈又对连长说，按照我们的乡俗，小孩出生第一个进房的外人，就算踩生人。踩生人就是小孩的义父。土家汉子拉着连长的手说："没有你请来的护士长，我的妻子、小孩子不知是死还是活，你和护士长是我们家的恩人，请你按照我们的习惯，答应做孩子的义父，给孩子送个吉祥的名字吧！"

连长还想推脱，护士长为去赶队伍，抢着给孩子取了个"红生"的名字，家人听了十分高兴。妻子叫丈夫一直把连长送到县城。

（七）封条

十万坪大战后，龙家寨一带打土豪分田地搞得热火朝天，农会、赤卫队纷纷成立。一天，农会干部们拿着一张封条，贴在大土豪覃德政的大门上。封条上写着"主任甘泗淇封"六个大字，这六个字红光闪闪，黑夜看去就像一团团火。

覃德政听到这个消息，派他的管家晚上悄悄下山去撕这张封条。管家躲躲藏藏溜到门前，伸出老鹰式的干手爪，撕了好久没撕烂，封条好像用漆刷用胶粘了一样。

红军转移走了，覃德政从洞里钻了出来。看见那张刺眼的封条，心里实在恼火。一爪抓去，五个指头抓得钻心痛，污血淋了一摊，却没抓烂封条。覃德政恼羞成怒地吩咐管家拿着菜刀，一点一点刮，可是也没刮下来，覃德政下令找来一个木匠，要他用刨子刨。木匠用了好大力气，把封条刨光了，覃德政冷笑两声睡了个安稳觉。谁知第二天早上，门上又出现一张封条，字迹同先前那张一模一样。覃德政以为是从板子里面长出来的，叫人把这块门板换了。没想到第三天起来一看，封条又紧巴巴地贴在门上。覃德政又叫人做了一块新门板安上，把原来那块门板烧了。

这夜，他没有去睡，摆张椅子坐在门内，要看那封条到底是怎样长出来的。守到半夜，他开门看了一次，没有，闩上大门继续守。忽然，他听到刮来一阵夜风，又好像是很多人走路的声音，这声音在他的门外稍微停了一会儿，又一阵风似的向前卷去。

覃德政开门一看，差点吓得滚在地上，那张如火如荼的封条，像一把钢刀朝他劈来。他急忙呼叫来人，管家听见喊声，端来灯盏，只见那封条上又多了两行字：封条烧不掉，革命要胜利！

（八）“神医”

桃子溪战斗结束后，抬下来一批伤员，送进了设在塔卧王家湾的卫生队。

当时，卫生队缺医少药，器械落后。伤员们有的躺在用门板做的病床上，有的睡在地面的稻草窝里。开刀取子弹头，没有麻药，伤员们难以忍痛，喊天叫地，卫生队变成了赶场的地方。

中午，贺龙和王震同志来到卫生队，看望伤员。他们给伤员端茶送水，察看每一个伤员的伤势，具体交待卫生员如何对伤员进行个别护理，并将老百姓送来的草药交给卫生队，强调卫生队要想尽一切办法，抢救伤员，使他们早日痊愈，重返前线。

王婆婆觉得很奇怪，那些伤员为什么都不哼了！难道刚才来的这两个人是神医，有手到病除的本事。她悄悄去问卫生队队长，才晓得刚才那两个人就是贺龙和王震。她明白了，难怪红军打仗不怕死，原来是有这样关心体贴战士的长官啊！

（九）田三姐护伤员

田三姐是个贫苦的土家族女儿，父母双亡，从小四处乞讨，流浪到永顺县杉木村。长大后，她跟一个淳朴老实的贫苦土家族后生结婚成了家。

夫妻俩靠租种地主的田过日子，生活很苦，只盼望过上好日子，盼呀盼，贺老总率领的工农红军，赶走了村里的大恶霸伪保长向英武，成立了农会。田三姐和许多贫苦农民一道打土豪分田地，过上了好日子。

第二年冬天，红军要往桑植县转移了。留下了一批红军伤员，田三姐也接回来一个姓张的年轻战士。

田三姐照护小张，真像对待自己的同胞弟弟。她和丈夫在伙房里搭铺睡觉，让小张睡在床上，每天背柴卖，买回猪肉给小张煮氽汤肉吃，还请附近一个有名的草医找药给小张治伤。她每天给小张洗三次伤口，换三次药，小张恢复得很快，不久能动了，便在门口坪里栽了一株梨树。

过几天，伪保长向英武回来了，凶神恶煞地到处查户口，田三姐为小张心焦着急。一天，向保长过生日，田三姐计上心头，带上一正在生蛋的鸡婆和两升阴米籽前去拜生日，说小张是自己娘家弟弟，要求上户口。

向英武带两个狗腿子突然来到田三姐家门口，站在那株小梨树旁边，手提壳子枪，要亲眼查看田三姐的“娘家弟弟”，田三姐心里明白，小张是四川口音，一开口就会大祸临头，她灵机一动，大声说：“向保长，我弟弟是个哑巴，我就叫他出来。”说完，对屋里喊道：“哑巴弟，快出来，向保长要见你。”小张会意，“咿哩哇啦”乱嚷一阵。向英武气红了双眼，一无所获，摇着脑壳回去了。

红军快要北上，贺老总派人送来了通知，伤愈的红军立即归队。田三姐高兴地对小张说：“小张，你伤好了，该回部队去了。”小张紧紧握住田三姐的双手，激动地说：“你真是我的好姐姐！今天就动身吧！”田三姐轻轻摇了摇头说：“不行呀，白匪到处设有岗哨抓可疑的人，怎么走得脱身？”小张默默地望着远方沉思。田三姐微微一笑，说：“不要着急嘛。今天做好准备，明天清早我送你去。”

雄鸡叫过三遍，天还没亮，田三姐就起床办菜饭。吃完早饭，她从房里取出一件白色长衫送到小张面前说：“小张，把这件衣服穿上。”小张抬头看看田三姐，不禁大吃一惊；她穿了白袈裟，衣襟过膝，四指宽的襟边斜扣在胸前，头发剃得精光，俨然是一个尼姑。田三姐看出了小张的心思，连忙解释：“红军把和尚、尼姑叫作闭口劣绅，红军反对的人，白匪不会怀疑！”小张感动得流了眼泪，深情地说：“我的亲姐姐。”田三姐说：“快莫这样讲。你们跟着贺老总打白匪流血牺牲，还不是为我们穷苦人嘛。”

天亮了，田三姐和小张身穿白袈裟，肩挎小布包，离开杉木村，向红军的临时驻地桑植瑞塔铺进发了。

参考书目

【1】谢远学，郭山文主编．红二方面军征战纪实 [M]. 武汉：湖北人民出版社，2007.

【2】本书编委会．中国工农红军第二方面军战史 [M]. 北京：解放军出版社，1992.

【3】贺彪著．湘鄂西红军斗争史略 [M]. 北京：华夏出版社，1988.

【4】刘秉荣著．贺龙元帅 [M]. 北京：解放军文艺出版社，2006.

【5】刘秉荣著．贺龙传奇 [M]. 北京：中国社会出版社，2005.

【6】许福芦著．红二方面军长征纪实 [M]. 北京：解放军文艺出版社，2006.

【7】李立著．远征万里——红二方面军长征记 [M]. 北京：人民出版社，1983.

【8】本书编写组．湘鄂川黔革命根据地史稿 [M]. 长沙：湖南人民出版社，1985.

【9】中共湖南省委党史委编．湖南人民革命史 [M]. 长沙：湖南人民出版社，1991.

【10】任弼时选集 [M]. 北京：人民出版社，1987.